中国百村调查

中国百村调查丛书 · 北锅盔村

关东红果第一村

THE FIRST VILLAGE OF RED FRUIT ORIGIN IN THE NORTHEAST

主 编/沈 强
副主编/兰亚春
吴 莹
王丽清

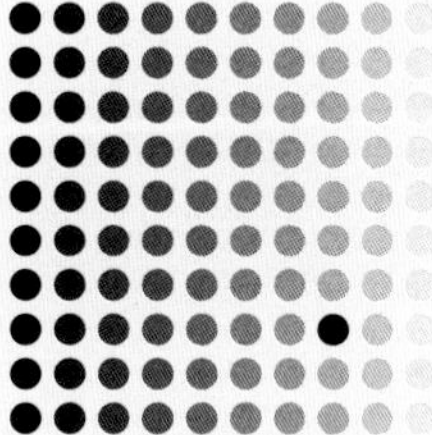

社会科学文献出版社
SOCIAL SCIENCES ACADEMIC PRESS (CHINA)

主　编/沈　强

副主编/兰亚春　吴　莹　王丽清

编　委/（按姓氏笔画为序）

于天红　万莉梅　王长海　王丽清　王兴业　孙　达
孙冬梅　李英林　刘晓霞　刘　利　成华威　庄海茹
许晓晖　汪　沅　杨　柳　苏荣凤　宋瑛璐　余　蕾
单奎贤　周晓虹　张建东　赵晓洲　祝　坤　姜　岩
徐永健　韩秋业

撰写及调研者/导　论

王丽清　韩秋业　杨光生　李冬宝

第一章　北锅盔村的形成与演变

兰亚春　万莉梅　王　月　李　丹

第二章　村落内生结构的主体

王长海　许晓晖　于明月　祝桂梅

第三章　村民阶层结构的分化

汪　沅　徐永健　刘晓霞　赵　卫

第四章　村域经济与产业结构的变迁

李英林　王兴业　成华威　王　江

第五章　村落的政治组织结构

姜　岩　单奎贤　张建东　刘　爽

第六章　村落文化的变迁

沈　强　赵晓洲　肖　强　宋龙丹

第七章　村级教育的持续发展

吴　莹　周晓虹　李　彬　陈　旭

第八章　医疗卫生的历史与现状

兰亚春　庄海茹　余　蕾　迟玉芳

第九章　高度耦合的乡村精英

孙　达　刘　利　安丽霞　朱江华　刘丽莉

第十章　村落经济发展与地方政府行为的关系

王国伟　于天红　宋瑛璐　刘军建　李荣莲

第十一章　生态环境的可持续发展与政府行为的关系

孙冬梅　苏荣凤　王　妍　景译卫

第十二章　北锅盔村户访问卷分析

沈　强　杨　柳　祝　坤　闫　冬

修改统稿/沈　强　兰亚春

书稿终审/沈　强

村路

宝山乡政府

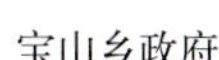

东北农家小院

宝山乡中学学校教学楼内

果农

路边出售水果的果农

茂密的果园

丰收果实

中国百村调查丛书总编辑委员会

总　序

中国百村经济社会调查，是继全国百县市经济社会调查之后，又一项由中国社会科学院组织协调的大型社会调查研究项目。进行这项大规模调查研究的目的，是为了加深对我国国情的认识，特别是为了加深对我国现阶段农民仍占总人口 70% 的农村社会的认识。

1988 年初，中共中央宣传领导小组提出，为了拓宽拓深对社会主义初级阶段理论的认识，要进行国情调查。中国社会科学院承担了这项工作，指派专业人员进行策划、拟定开展国情调查的方案，并于 1988 年 4 月在全国社科院院长联席会议上，向全国社会科学界发出了“开展县情市情调查”的倡议，得到了各省、市、自治区社会科学院、党校、高校和政策研究机构的响应和支持，并得到国家社会科学基金会的资助，被列为“七五”国家哲学社会科学重点课题（以后又列为“八五”国家哲学社会科学重点课题），从此，此项大规模的国情调查就在全国 31 个省、市、自治区开展起来。

1988 年 8 月，在全国范围内选定了 41 个县市作为国情调查的第一批调查点。8 月在郑州召开了首次国情调查协调会议，会议主题是讨论如何开展此项调查，怎样选点、怎样调查、调查内容和调查方法，与会代表对此项国情调查的重要意义和目标作了进一步的讨论，还就如何组建调查专业队伍等问题交流经验；会议还讨论修订了统一的县、市情调查提纲和调查问卷。

1989 年 5 月 24 ~ 25 日在南京召开了第二次国情调查协调会议。会议是在南京师范大学开的，由当时中国社科院分管政法社会学片的副院长

郑必坚同志主持，会议集中讨论了本次国情调查成果的编写方针问题，与会者结合已写成的《定州卷》等初稿，进行了热烈争论。最后确定，国情丛书的编写方针是，以描述一个县（市）1949 年以来，特别是改革开放以来的政治、经济、社会、文化的发展状况为主的学术资料性专著。实事求是，以描述为主，要具有科学研究价值、实用价值。会议还决定，本丛书正式定名为《中国国情丛书——百县市经济社会调查》。

1990 年 8 月在北京西郊青龙桥军事科学院招待所召开了第三次国情调查协调会议。出席这次会议的有总编委会的主要成员和各地分课题组的负责人共 80 余人。会前中国社科院党组决定了总编委会的组成人员，主编丁伟志，副主编陆学艺、石磊、何秉孟、李兰亭，何秉孟和谢曙光分别为正副秘书长。经过多方协商，丛书由中国大百科全书出版社出版，出版社总编辑梅益等领导同志给予了极大的支持，并于 1991 年成立以谢曙光同志为主任的中国国情丛书编辑部，专事于这套丛书的编辑出版工作。该编辑部后来成为总编委会事实上的日常办事机构。

本次会议的主题是研讨如何定稿。丁伟志同志在会上提出了这套丛书要在坚持正确的政治方向的同时，坚持严肃认真的科学态度，从实地调查到写作、定稿都要贯彻真实、准确、全面、深刻的方针，并为此作了详细的阐述。经过讨论，大家一致通过这个方针，认为这是实现这项大型经济社会调查既定目标的保证，也是检验每项调查、每本书稿的标准。为了保证丛书的质量，会议还确定，各地的书稿定稿后，先送总编委会，由总编委会指定专家进行审阅，通过后再交出版社编辑出版。本次会议还就第二批调查点的布点问题作了认真部署。

青龙桥会议以后，各课题组对初稿按总编委会的要求进行了认真修改，第一批书稿陆续送到北京。经何秉孟同志为首的专家审稿组的认真审阅，丛书编辑部编辑加工，第一本《中国国情丛书——百县市经济社会调查 · 定州卷》于 1991 年 4 月正式出版。20 世纪 30 年代，社会学家李景汉教授曾写过《定县社会概况调查》，定州卷则是描述了 30 年代以来，特别是 1949 年以后 40 多年的经济社会的变迁状况。

1991 年 4 月，总编委会在河北省香河县中国科学院大气物理所的工

作站召开了第四次国情调查协调会议。其间，国情调查的第二批点21个县市的调查已在各地展开，会上总结了国情调查3年来的经验和教训，对第一批点还未定稿的几个县市作了如何扫尾的安排，对第二批点的调查和写作提出了规范化的要求，特别强调从第二批点开始，都要求对城乡居民进行500~700户的问卷调查，此后问卷由总编委会统一印制，抽样、调查方法由总编委会数据组统一规定。经过大家讨论，认为强调县市调查要有居民家庭问卷调查，这是使本项调查更加科学规范，并能获得更深层第一手资料的保证。大家一致同意，从第二批调查点起，没有城乡居民家庭问卷调查及其数据分析的，不能通过评审和出版。会议上总编委会对第三批调查作了部署。

1991年9月总编委会在中国社科院报告厅举行了《中国国情丛书——百县市经济社会调查》定州卷、兴山卷、诸城卷、海林卷、常熟卷首批5卷成果发布会。丛书总编委会顾问邓力群、中国社科院副院长刘国光、著名学者陈翰笙等专家学者与上述5卷的主编和调查点的党政负责同志共百余人出席了会议。著名经济学家董辅礽、文献专家孙越生等学者对丛书首批成果作了评述。专家们对这项大型国情调查首批出版的成果都表示了充分的肯定和赞赏。从此，这套丛书就在国内外公开发行。

1993年7月，总编委会在中央党校召开了第六次国情调查协调会议。在会前，考虑到此项国情调查已经进行了6年，各地涌现了一批从事此项调查的专业骨干，他们都有继续长期进行国情调查，并作进一步研究的希望和要求，为了便于交流和研讨问题，经过酝酿并得到中国社会科学院的批准，决定成立中国社会科学院国情调查研究中心，由陆学艺任主任，何秉孟、谢曙光为副主任，北京和各地的一部分专家（多数是从事此项调查的）为研究员，聘请丁伟志、邢贲思为顾问。在协调会议期间国情调研中心举行了成立大会。此次协调会主要是研究讨论并解决调查点的调研、写作中的问题。考虑到前两批点，调查已经完成，但由于研究分析和写作、统稿等方面的原因，有些卷的质量达不到要求（有连续三次退回修改的），而调查的材料已有3~4年了，所以会议要求，第

一、第二批点未完成写作任务的，都要求再做新的调查，要把近几年的变化写进去。会议还布置了第四批点的调查。

到1994年底，有约50个县市完成了调研和写作，出版了30余卷。就全国范围说，100个县市调查的布点工作已经结束，但各地的课题组仍在继续进行调研和审稿工作。开始时总编委会商定，每个省市自治区根据人口区划的不同，部署2~5个调查点，要求选取不同经济发展程度，不同类型（山区、丘陵、平原等）和有各种代表性的县市，以求全面、准确地反映整体国情。1995年以后，总编委会根据各地调研的实际情况，又陆续批准了一些新调查点，以求填平补齐，使布点尽可能达到合理。另外还有一些是由于丛书出版以后，社会反响很好，有些市、县的领导主动要求列为调查点，如新疆的吐鲁番市、广东的珠海市等，总编委会根据总的布局平衡，也批准了一些新点，所以到最后全国一共布点108个。

1994年以后，总编委会的几位同志曾先后到湖北、新疆、广西、辽宁、山东、广东、江苏、云南、江西、海南、黑龙江等省区，同当地的社会科学院、党校的同志一起走访了这些省区被调查点县市的领导和群众，听取他们对丛书的意见，也参加一部分书稿的评审会或出版后的发布会。各地对本丛书调研、写作和出版都很重视，给予了很高的评价，有不少卷被当地评为社会科学优秀著作并获奖。

从1988年2月，中国社会科学院开始酝酿组织这项大型国情调查时起，直到1998年10月最后一卷出版，历时10年零8个月，终于完成了这项国情调查任务，这是中国自1949年以来进行的少数几次大规模经济社会调查之一。先后共出版了105卷，总数4000多万字。后来，经过总编委会和国情丛书编辑部的同志开会评议、协商，从中减去了5卷。所以，最后送交中国社会科学基金会作为最终成果的是100本。当时预定的目标，是希望通过对100个县市经济社会政治文化等方面的调查，对1949年以后特别是改革开放以来所取得的成就以及现代化建设中面临的各种矛盾、问题进行全面系统的调查研究，从多种角度、各个层面来提供第一手的真实准确的资料和数据，以便进一步摸准摸清我国的基本国

情，拓宽加深对于社会主义初级阶段理论的认识。可以说，这个目标是基本实现了。这100本国情丛书，每一本都是以描述一个县（或市）的历史和现实发展状况为主的学术资料性专著，它既可以作为制定政策和发展战略的依据，也可以作为全面研究基本国情或研究社会科学某一方面专题的资料，亦可作为进行国情教育的基础参考书，所以这套丛书既具有实用价值，又有科学研究价值。因为它是在20世纪80~90年代真实记录分布在全国31个省市自治区的各种类型、各种发展水平的100个县（市）的实际状况和发展轨迹，这些资料来之不易，十分珍贵，所以这套丛书又具有保存价值，历史愈悠久，其价值愈可贵。

国情丛书出版以后，受到国内外学术界的欢迎，被认为是社会科学界的一项很重要的学术资料基本建设，具有十分重要的学术价值。广东省社会科学院的一位领导说，将来这套丛书的资料和数据能培训一大批博士、硕士出来。实际工作部门的同志也很欣赏，诸城市委的领导在读了《诸城卷》之后，认为这部书是诸城的百科全书，应该是诸城干部特别是市委、市政府的领导干部必读的书，对熟悉市情，对做好工作，以及对外交流都很有意义。中国社会科学院在建院20周年，评选建院以来优秀成果时，给“中国国情丛书——百县市经济社会调查”颁发了特别荣誉奖。

国情丛书总编委会原来有个设想，在100个县市情调查告一段落以后，要组织相应的课题组，对这100个县市调查提供的资料和数据，分门别类，进行纵向的专题研究，写出如农业、工业、社会、文化、教育、科技等专题研究专著，最后进行综合研究，写出集大成的国情分析报告。20世纪90年代中期曾经启动过几项专题研究，但因人力、财力等各方面的原因，此项研究计划并没有付诸实施，这是美中不足的一个方面，有待以后弥补。

1996年，当百县市调查基本告一段落的时候，课题组内外的一部分专家提出，百县市经济社会调查是一项重大的学术成果，对认识国情有很重要的价值。但一个县市，上千、几千平方公里，几十万、上百万人口，所以，对县市经济社会的调查，总体上属于中观层次的调查。对农

村基层情况的调查还是比较少。而中国是一个农民占绝大多数的大国，改革开放以后，农村率先改革，这20年，农民变化最大，农村基层社会变化最深刻，这是决定中国社会主义现代化命运的基础，是弄清国情必不可少的。如能在百县市情调查的基础上，再做100个村的调查，从微观层次上对这些村乃至村里的每个农户在改革开放以来的变化状况加以调查，经过分析，全面系统地加以描述，形成村户调查的著作，这就更有意义了。百村调查是百县市经济社会调查的姊妹篇，两者结合起来研究，将相得益彰，对加深认识中国的基本国情，就更加完整了。对此建议，总编委会的几位同志经过反复研究，认为这个意见很好，而且很及时。于是做了两件工作：一是组织一个课题组，到河北省三河市行仁庄进行试点调查，形成村的调查提纲、调查问卷和写作方案，以便为将来开展此项调查作准备；二是在1997年7月写出了“中国国情丛书——百村经济社会调查”的课题报告，向国家社科基金会申请立项，基金会的领导同志认为这个创意很好，很有价值。但因为此时国家社科基金“九五”重点课题都已在1996年评审结束，立项时间已过，不好再单独立项。后来经过总编委会同国家社科基金会反复协商，基金会考虑到百县市经济社会调查课题组很好地完成了任务，考虑到再作一次百村调查是百县市国情调查的继续，很有必要。所以，于1998年10月特别批准了“百村经济社会调查”这个课题，将其补列为国家社科基金“九五”重点项目，并专门下批文确认，批文为98ASH001号。

“百村经济社会调查”立项后，受到各地社会科学界，特别是原来进行百县市经济社会调查的单位和专业工作者们的欢迎，至今已经有30多个单位组织了课题组，并已陆续选点、进点，开展了村情的调查。

“百村经济社会调查”的目的，同样还是为了加深对全国基本国情的认识，特别是要对全国农村、农民、农业的现状和发展有一个科学的认识。“不了解中国农民，就不了解中国社会”至今仍不失为至理名言。现阶段的农民境况到底怎样？他们在做什么？想什么？特别是他们将来会怎样变化？中国的农村将怎样实现社会主义现代化？不同地区的状况是不同的。我们要通过对不同地区、不同类型、不同发展程度的农村进行

调查研究，来描述、反映中国50年来农村、农业、农民变化的状况。

行政村是中国农民世世代代繁衍生息的最基本的地域单元，也是构成中国农村社会最基础层次的政治单元。20世纪80年代中期以后，农村实行了村民自治，由全体村民直接选举村委会主任和委员，组成村民自治委员会，实行民主选举，民主决策，民主管理，民主监督。十多年来，中国的村民自治已经取得了很大的成绩，积累了很多经验，造就了农村社会安定有序的政治局面。所以，党的十五届三中全会称赞村民自治是中国农民的又一个伟大创造。

行政村还是一个事实上的经济实体。它的前身是人民公社下属的生产大队。原来在政社合一体制下，既有组织生产经营的经济功能，又有行政功能。改革以后，农村实行家庭联产承包责任制，在生产大队一级组织村民自治委员会。法律规定，村委会是土地集体所有的承担者，是土地的发包单位。这些年实践的结果有多种情况，有些集体经济比较雄厚的村，在村民自治委员会以外，还组建有农工商公司或（合作）经济委员会，同受村党支部（或党委）领导，村是一个比较完整的经济实体，但这类村是少数。现在全国绝大多数村的状况是，村已不是完整的集体经济、生产经营单位，村作为集体所有土地的发包单位，把土地（包括山林等）分包给农户，农民家庭成为自主生产经营的实体。其中的一些行政村，还有一部分经济职能，对农业生产实行统一灌水排水、统一机耕、统一供种、统一植保等社会服务。而在经济不发达和边缘山区，行政村连这类社会化服务也办不到，只是一个基层的行政单位和土地发包单位。

从农村实行家庭承包责任制至今，已经二十多年了，总的发展是好的，农村有了很大的变化，但各地区村庄的发展过程和发展状况千差万别，农户分化的状况也是千差万别。我们这项百村经济社会调查，就是要通过对这100个村及其农户的调查，对这些村自1949年以来，特别是改革开放以来的政治、经济、社会、文化的变化过程、变化状况“摸准、摸清”，经过综合分析，通过文字、数据、图表把这个村过去和现在的状况如实地加以描述，既能通过这个村的发展展示农村50年、20年来发展

的一般规律，也能展示这个村特有的发展轨迹。

现在展示在大家面前的是一套与“中国国情丛书——百县市经济社会调查”有着天然联系的关于现实中国农村的调查研究成果，经与出版单位反复酝酿，最后定名为《中国百村调查丛书》，后缀所调查的村名。每本书有一个能概括该村庄内在特质的书名，如行仁庄是一个内发型村庄为基本特质的村落类型，我们就把这一卷定名为《内发的村庄》。

“中国百村调查丛书”同样是一项集体创作、集体成果。参加这项大型国情社会调查的，有国家和各省、市、自治区的社会科学院、大学、党校以及党政研究机构的社会科学工作者，同被调查地区的党政领导干部相结合，并得到他们的支持和帮助，并且只有被调查行政村的干部和群众积极配合，实行专业工作者、党政部门的实际工作者和农民群众三结合，才能共同完成这项科学系统的调查任务。

中国百村调查丛书
总编辑委员会
2000 年 12 月

摘　要

“关东红果第一村”——北锅盔村，是《中国百村调查丛书》中的一部分。课题组选择了能够代表吉林省村落普遍特点的北锅盔村进行跟踪调研，并从经济、社会、政治、文化等方面进行分析研究，系统地阐述了北锅盔村社会结构、组织方式、经济体制、文化习俗等的形成与演变发展过程，清楚地呈现了该村的历史与现状及其发展轨迹，反映出在社会主义市场经济条件下吉林省农村的发展变化和现阶段的状况。

全书共十二个章节，根据内容可以分为四个部分。第一部分通过对北锅盔村所在乡、市的区位特征和经济社会特征的详细介绍，从整体上对北锅盔村的地理位置、自然环境、经济特征有了一个客观的认识，并归纳出了北锅盔村域经济发展的一些特征。

第二部分是对于北锅盔村的政治、经济、文化等方面的发展演变及其现状的具体描绘和分析。首先介绍了作为“关东红果第一村”的北锅盔村形成果树专业村的背景和条件。然后从北锅盔村发展的内生结构入手，分析研究北锅盔村自己特有的变迁方式和发展轨迹。在村民阶层结构上，展现了从未分化的“村域共同体”到突出表现为贫富悬殊的阶层分化过程。在经济上，也展现了一个从封闭到开放、由落后到富裕的艰难的经济发展过程。在政治上，农民降低了对原来村落组织政治经济方面的依赖程度，强化了日常生活的自发互助功能。在文化教育医疗卫生方面，通过对节日民俗的研究、教育历程的回顾和医疗卫生的发展更加直观具体地展现出北锅盔村几十年来的发展全貌。

第三部分主要分析了推动村落经济发展的内部力量和外部力量。通过前两部分的介绍，已经全面呈现出北锅盔村的面貌和发展变化的轨迹以及所取得的成绩，但是要想深刻理解北锅盔村几十年来的变迁，就必须对影响其变化方向促进其发展速度的各种因素加以分析。首先，是作为村落经济发展的动力源并起决定性作用的内部力量，这主要是指村落内生结构主体各要素，以及村落内部的自然条件等。这里尤为突出的是乡村精英对农村社会发展所起的作用。可以说，农村社会的发展严重依赖精英人物是中国社会的普遍现象。其次，起关键作用的是外部力量，包括政府的支持和市场环境等要素，以及在整个国家经济、政策背景下进行的考察。

另外，在实现经济发展的同时，也要实现生态环境的良性循环。本书结合北锅盔村的现状对寻找农村生态环境的出路进行了探索。

第四部分是对北锅盔村的调查问卷，把日常生活的各个方面进行量化分析，从而对北锅盔村有更加直观的全面了解。

目　录

目 录

目　录

目　录

导　论

第一节　村落的选择与基本特征

一　村落的确定

我们选择调查的村庄是位于吉林省磐石市南部的宝山乡北锅盔村，该村是一个果树专业村。从吉林省长春市出发，沿着202国道一直向东南方向走，不到三个小时的车程就会来到磐石市宝山乡北锅盔村。早在清朝末年，中央政府在此添设官吏，予以治理之前，这里的先民就已经在此游猎和繁衍了。经过一百余年的历史巨变，历经前人耕耘积累，演变为现在村落的格局和发展现状。尤其是在改革开放以后，这里发生了前所未有的变化。根据“中国百村调查”课题的宗旨，全面、准确地了解中国农村基层社会改革开放以来的变化状况，特别是要对中国农村、农民、农业的发展有一个科学的认识。所以，我们选择了北锅盔村，该村极具代表性及典型性。

北锅盔村的代表性体现在它的一般性上，无论它的自然区位、资源环境、人口素质、政策惠顾都与吉林省大多数村落相近。北锅盔村的典型性不仅表现在它的变化与发展完全反映了国家农村政策落实情况，更重要的是，北锅盔村在专业能人的带动下，走出了一条因地制宜的内生性农村发展道路。反映了市场经济条件下农村发展路径的不同选择决定了农村的发展状况。

我们选择北锅盔村为研究对象，就是要通过细致的调查，真实把握改革

开放、市场经济所带来的村落变迁情况，通过对村落结构、利益分配、资源占有、民主政治、制度和观念的变化，剖析这些变化对北锅盔村发展的影响，以便从最微观层次上更具体、更准确地把握转型时期农村社会变迁的轨迹，为正确认识农村社会的变化提供系统的资料。

课题组于2002年7月开始入村调研，先后数十人次进驻北锅盔村，展开地毯式的全面调查，对全村百余村民进行访谈、座谈，通过问卷调查取得了187份家庭调查有效问卷，并通过SPSS分析软件分析，建立了相关数据库，获取了大量真实数据和原始资料。

二　区位特征

宝山乡北锅盔村位于磐石市南部。磐石市在行政区划上隶属吉林省，它位于吉林省中南部，是吉林市（地级市）管辖的县级市，被吉林省其他七个县市所环绕。磐石市北部与吉林省省会长春市和永吉县（吉林市管辖）毗连，东部与桦甸市（吉林市管辖的县级市）接壤，南部与辉南县（地级市通化市管辖）相接，西部与伊通满族自治县（地级市四平市管辖）、东丰县（地级市辽源市管辖）和梅河口市（地级市通化市管辖的县级市）为邻。磐石市处于以长春为中心，距沈阳、哈尔滨三个小时车程的经济圈中心地带，交通十分便利。202国道纵贯南北，省道长青公路、磐朝公路和磐桦公路横跨东西，沈吉铁路、烟白铁路在境内交会。磐石市南距沈阳290公里、距港口城市大连665公里，北距吉林省省会长春市约130公里、距吉林市约126公里。沈阳、长春、吉林均有空港可以利用。紧邻俄罗斯、日本、朝鲜等东北亚诸国，经满洲里、绥芬河、珲春等陆海口岸可与这些国家建立边贸往来。磐石市全市总面积3866.5平方公里，人口约54万人，其中非农业人口约17.3万人，有朝鲜、满、回、蒙古等14个少数民族。截至2002年，磐石市全市共辖13个镇、1个乡、3个街道办事处和1个省级经济开发区。磐石市境内川平土沃、资源富庶，山清水秀、林茂粮丰，极具发展潜力和开发价值。

宝山乡位于磐石市市区西南，地处松嫩平原向长白山脉过渡地带，属于丘陵半山区。年平均气温4.15℃，5~9月份降水545毫米，无霜期125天左右，4~10月份高于10℃的有效积温2700℃左右。辖区内有14个行政村，

吉林省磐石市区位示意图

73 个自然屯，111 个生产合作社。宝山乡总面积 241.6 平方公里，林地面积 7926 公顷，水面 8000 公顷，耕地面积 5871 公顷，其中旱田 3771 公顷、水田 2100 公顷，粮食总产量 6 万吨。

宝山乡毗邻磐石市城郊，具有“城边效应”的优势。同时 202 国道贯穿全乡南北，交通便利，因此又具有很强的公路沿线“边际效应”。宝山乡距沈吉铁路磐石中心站 4 公里，距大连 680 公里、沈阳 290 公里、长春 130 公里，地理位置极为优越。全乡共有乡村路 115 公里，无论晴天雨天均能畅通无阻。全乡有线电视覆盖面已达到 402 户，程控电话已达到村村通，低压电网覆盖面积居磐石市之首。

北锅盔村全名北锅盔果树专业村，村子位于磐石市南，北距宝山乡政府所在地 5 公里，地理位置优越，交通便利，202 国道从村中穿过、纵贯南北。北锅盔村分别被宝山乡其他几个村所环绕，北临宝山村、北河村，南接车家村、横河村，西与西孤顶子村、大安乐村接壤，东与锅盔村交界。北锅盔村是宝山乡目前 14 个行政村中唯一的果树专业村（其余 13 个村均为农业村）。

全村分为3个自然屯：北锅盔屯、大锅盔屯、水库屯。

北锅盔村属于半山区地形，毗邻锅盔山以北，因此而得名。全村现有耕地47.5公顷，其中22公顷为水田，主要种植水稻；其余均为旱田，主要种植玉米和大豆等。水田和旱田所种植的粮食基本上用作村民的口粮，并不出售。村民收入主要来源于果园收入。北锅盔村现有果园总面积77.5公顷，年水果总产量630吨。村内有一座锅盔水库，集水面积11.5平方公里，坝长590米，坝高9.7米，总库容达到142万立方米，灌溉面积120公顷，防洪除涝60公顷。

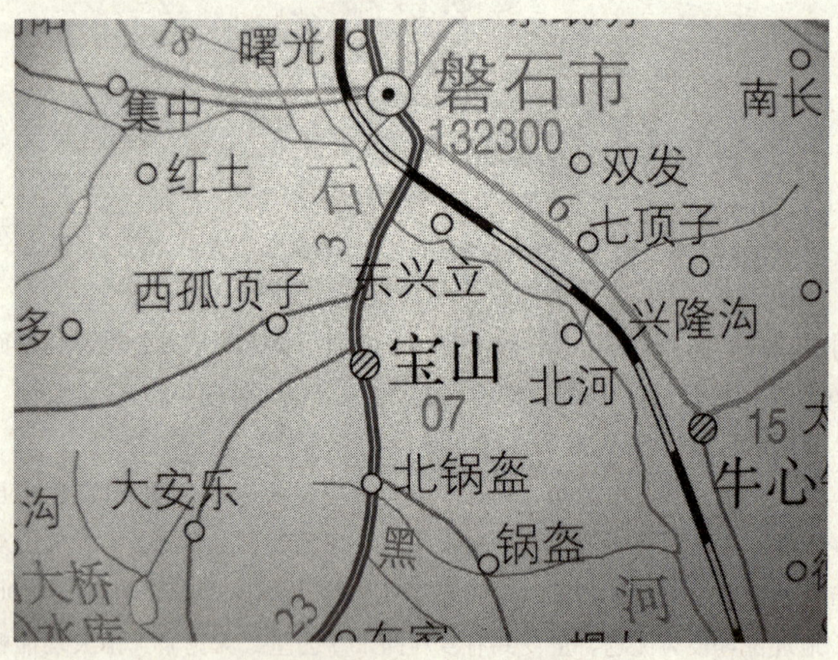

宝山乡和北锅盔村区位示意图

三　村落的经济社会特征

1. 磐石市

磐石市除具有得天独厚的区位特征之外，还拥有丰富的自然资源和良好的发展潜能。归纳起来有以下几方面。

第一，矿产资源丰富。磐石市有金、银、铜、铁、镍等高品位金属，硅灰石、方解石、石墨、花岗岩等非金属矿藏尤为丰富。硅灰石储量2600万吨，占中国储量的1/4，不仅品位高，而且质量为世界之首；石墨储量500万吨，是中国三大石墨产地之一；方解石、白云石、透闪石、石灰石、沸石、花岗岩、大理石等均为中国县级储量之冠，是中国十大非金属矿业开发基地之一和吉林省非金属矿产品开发基地。

第二，农副产品资源富饶。磐石市是全国商品粮基地县之一，素有吉林省中南部粮仓之称，粮食总产量稳定在50万吨，其中玉米26万吨；畜牧业十分发达，肉类总产量10万吨；特产资源丰富，建有东北最大的食用菌生产基地，123苹果、K9苹果有非常高的知名度，梅花鹿、林蛙等养殖都具有一定规模。

第三，磐石市工业基础雄厚。中国第一大镍盐、第二大镍金属生产基地——吉林吉恩镍业股份有限公司就坐落在这里。该公司拥有全资、控股企业14家，中外合资参股企业1家，2003年9月公司股票在上海证券交易所成功上市，为今后的发展奠定了坚实基础。吉林省第一家生产电解铝的国有企业——吉林铝业公司年生产能力8万吨，主要产品有：铝锭、铝杆、铝合金、铝棒、钢芯铝绞线等。吉林省唯一生产无缝钢管的企业——通化钢铁集团磐石无缝钢管有限责任公司年生产能力12万吨，产品广泛应用于冶金机械、汽车、船舶、电力、石油、化工、碳素等领域。

此外，年产100万吨带钢的吉林市建龙钢铁有限公司、年产水泥熟料150万吨的长春亚泰明城水泥有限公司、年产水泥熟料100万吨的冀东水泥磐石有限责任公司、吉林娃哈哈饮用水有限公司、杭州娃哈哈集团莲花山食品有限公司和吉林娃哈哈食品有限公司等知名大企业也坐落在磐石市。这些企业的健康发展，为磐石市的经济插上了腾飞的翅膀。2003年，磐石全市实现国民生产总值71.4亿元，实现财政收入3.82亿元。

几年来，磐石市积极推进和实施开放带动战略，着力优化投资环境，大力开展招商引资，年引资额均在10亿元以上。目前，磐石市已经形成了以食品产业、非金属加工业、金属冶炼业为三大支柱的产业格局，为经济的健康发展奠定了坚实基础。

2. 宝山乡

磐石市经济的发展壮大，为宝山乡尤其是北锅盔村确立了以果品生产为主导的产业结构和市场化导向的非农产业发展方向，创造了良好的外部环境和广阔的发展空间。目前，宝山乡共有果树面积 660 公顷，52.8 万株，品种主要有苹果、红果、梨等，年产量 5000 吨，远销哈尔滨、上海、广州等地，果品总产值 570 万元。全乡蔬菜专业大户已达 35 户，建大棚约 80 个、4900 平方米。全乡多种经营专业户已达 2835 户，专业村屯 12 个。畜牧业重点推广优良品种，育肥牛养殖专业户已达 60 户，全乡黄牛已发展到 21500 余头，生猪发展到 24000 余头，鹿发展到 3000 余头。

3. 北锅盔村

北锅盔村过去是宝山乡闻名的贫困村。1992 年被当时的磐石县确定为果树专业村以后，在不到 20 年的时间里，北锅盔村发生了翻天覆地的变化：如今北锅盔村拥有果树面积 130 公顷，共 13 万余株，户均 700 多株，全村

北锅盔村村口

年产水果5000吨，实现产值300余万元，仅此一项该村人均收入就达4000元，已经跻身为宝山乡比较富裕的村落。大部分农户拥有程控电话，98%的农户盖上了砖瓦房，100%的农户喝上了自来水……

从北锅盔村的“巨变”中，我们可以发现北锅盔村走的是一条迥异于大多数中国乡村的发展之路。那种祖祖辈辈以发展传统农业为主并依靠这种农业为生的典型的东北农村生存模式，在北锅盔村被最早放弃了。穷则思变，北锅盔村在改革开放之初就确立了面向市场的果品生产发展思路，从而较早地实现了农村、农业产业结构的调整和优化，并在市场经济中攫取了第一桶金。从北锅盔村村域经济发展的道路中，我们可以归纳出一些特征。

第一，依据独特的自然地理位置，充分发挥区位比较优势。北锅盔村的土地土质差，肥力低且石头多，不适宜发展传统农业，但是这里却有独特的小气候：年平均气温4.15℃，5~9月份降水545毫米，无霜期125天左右，4~10月份高于10℃的有效积温2700℃左右，比较适合发展果树种植产业。独特的地理位置、良好的自然条件是大自然赐予北锅盔村人摆脱贫困、走向小康的物质基石。此外，便捷的交通，为北锅盔村加强与外界的信息沟通和农产品的销售创造了便利的渠道。

第二，尊重村民的积极性，走内生内发型村域经济发展之路。北锅盔村作为宝山乡唯一的果树专业村，其果品发展方向的确立和巩固并不是行政力量使然，而是基于北锅盔村内部力量推动，自然而然形成的结果，这一点成为北锅盔村果品产业日趋繁荣的深层原因。

北锅盔村果品经济发展始于1958年前后，当地曾经有一个规模不大的集体果园，受当时“左”倾的影响，这个集体果园没有发展起来，最终趋于倒闭和解体。到20世纪70年代初的时候，当时的生产队开始聘请赵金成作为技术员管理集体果园，等到70年代末80年代初的时候，生产队的果园面积从不足2垧扩大到6垧。后来，生产队解散，赵金成承包集体果园开始单干，并着手研究新的果树品种。在赵金成的带动和支持下，到1992年果树专业村确立的时候，北锅盔村已经初步形成了以赵金成为果品技术带头人。果树种植技术拥有广泛的群众基础。果树种植大面积扩展的发展局面。所

以，北锅盔村果品种植发展道路的确立，既是历史发展的继续，更是改革开放后村民们自主选择发展道路的结果。

第三，以市场化为导向，发展村域规模经济。北锅盔果树专业村的确立，也就意味着果品的生产、加工、包装和销售一条龙紧紧围绕着市场而展开。也即北锅盔村的果品生产是以市场为导向的生产，必须遵循着市场规律。在北锅盔村技术精英赵金成的带领下，不断地加强与外界的技术交流，更新果树品种和增加种植种类：主栽品种为“金红 123”苹果和“K9”苹果，另外还有海棠、铃铛、李子、山楂、梨、草莓、红树莓等十多个树种，上百个品种。同时，为适应市场化品牌的要求，成功注册“磐宝”牌系列果品。该系列果品成功打入哈尔滨、上海、杭州、广州等大城市的超市，并且进入越南、俄罗斯等国外市场。

随着事业的发展，在水果品质日益提升和市场逐渐拓展的同时，北锅盔村村民也意识到只有具有一定规模才能出效益。自 20 世纪 80 年代末以来，在北锅盔村家家都有自己的果园，全村果树种植面积达 130 公顷，共 13 余万株，户均 700 多株，全村年产水果 5000 吨。目前，北锅盔村的果品生产已经辐射到周围的安乐、锅盔、车家和太平等几个行政村落，初步实现了规

丰收的果实

模经营。每到秋季，八方客商云集，北锅盔村已经成为远近闻名的果品生产、批发和销售中心。

第四，以果品经济为主导，发展多元产业。北锅盔村独特的自然条件和地理位置，曾经使几代人饱受贫穷，直到20世纪80年代末90年代初，这一局面才伴随着果树的种植而彻底改变。如今的北锅盔村在保证基本口粮的粮食生产前提下，已经是一个地地道道的果树专业村，果品销售所得已经占村民年收入的80%左右，果树的种植面积远远超过农业的种植面积，可以说北锅盔村已经形成了一个集果品生产、销售、加工等为主导的产业结构。

在发展果品经济的同时，北锅盔村人并没有“小富则满”，而是充分利用当地优越的地理位置逐步发展特色养殖业。如今北锅盔村已经开始尝试饲养鹿、狍子和狐狸等，并且初具规模。这里我们可以初步地看出，北锅盔村村民经营的多元化，必然改变和调整当地的产业结构单一化的状况，而且也减少和降低了经营的风险。各产业相互配合，相得益彰，一方面大幅度地提高了村民的收入，另一方面也带动了村域经济的不断发展。

第五，以点带面，发挥乡村精英的示范效应。近20年来，北锅盔村由一个出名的贫困村一跃成为全乡比较富裕的村落，这当然与北锅盔村发展村域果品经济密切相关。但是这样“巨变”的产生，始终同后来成为技术和政治精英的赵金成联系在一起。赵金成在20世纪70年代就开始在生产队从事果树管理，后来搞单干，事业发展越来越好。他致富不忘乡亲，并且无私地将自己的果树种植和管技术传授给周围的乡亲们，并担任全村的技术指导。在赵金成的示范带动下，如今的北锅盔村，几乎家家都懂果树一般的种植技术，家家都有自己的果园。并且，初步形成了由30多个经济大户（年收入在4万~5万元，约占全村的6.4%）带动整个村落发展的局面。北锅盔村果树种植给村民们带来了实实在在的收益，而且也影响和带动了周围的安乐、锅盔、车家和太平等几个行政村落的发展。在赵金成的带动下，宝山乡北锅盔村已经走上了一条由乡村技术能人带动的村落经济发展，进而向周边村落扩展的发展之路。这种以点带面，逐步扩散的带动效应，成为繁荣乡村区域经济的重要力量。

第二节 研究方法与全书结构

一 研究方法与研究重点

本课题研究自启动以来，课题组成员付出了辛勤劳动。课题组成员主要是来自吉林农业大学人文学院的学者、教授，还有上海大学、长春师范学院、北华大学、北京社会管理职业学院、吉林建筑工程学院、吉林工程技术师范学院、吉林艺术学院、聊城大学东昌学院和磐石市园艺特产技术推广站的有关学者也参与了课题的资料收集和调查研究。同时还得到了磐石市宝山乡和北锅盔村各级领导的大力支持。历经五年多的时间，进行了文献查阅、问卷调查、入户访谈等一系列资料收集过程。

课题组采取地毯式普遍调查方式，对全村近200户村民进行全面访谈和问卷调查，并且与查阅历史资料、实地考察、与典型座谈、入户访谈调查相结合，实证研究、比较研究与理论探讨相结合。调查组多次下乡，食住在农户，与农民交朋友，深入体验村民生活，与被调查村落建立了稳定的合作关系。在撰稿期间，研究人员又多次重返北锅盔村，进行实地核实考察，深入研讨、反复核实，详细挖掘，认真提炼，力争观点真实准确，力求客观真实地总结这个靠地域特色和能人效应发展起来的专业村落的成长过程。

在研究方法上，从定性的角度对北锅盔村的历史演变、村落特征、经济社会和组织结构等方面作了初步的分析之后，课题组从北锅盔村的人口与家庭结构、劳动就业、家庭企业经营状况、家庭收支情况、家庭财富、观念与行为等七方面设计了调查问卷。课题组发出问卷191份（该村共191个家庭），回收有效问卷187份。从定量的角度，进一步从总体上深入了解了北锅盔村的社会特征。

同时，课题组成员按照分工要求，多次分头深入农户进行访谈，并多次召集村民座谈，了解在社会变革中村民的观念走向、制度认识、行为逻辑。

研究重点是以社会学的学科视角，以历时性变迁为线索，以经济研究为重点展开全面研究。

二 全书的结构框架

全书分导论和共计十二章节内容。各章节分别从经济、社会、政治、文化等角度分析阐述了北锅盔村社会结构、组织方式、经济体制、文化习俗等形成与演变发展过程。

第一章 北锅盔村的形成与演变。描述了北锅盔村的形成、演变及其资源特点，主要介绍了果树专业村的形成。

第二章 村落内生结构的主体。从北锅盔村发展的内生结构入手，将北锅盔村原有的社会结构与新生的社会组织结构加以比较，研究发现内生结构的变迁受组织变迁的影响不大，它有自己特定的变迁方式和轨迹。一方面，村子社会结构在变动的方向上，相当程度地延续着过去的趋势；另一方面，又受新生的社会组织的影响，不断向新生组织延伸，被不断地创新，生长出新的功能。以家庭户为基本分析单位，分析了家庭的概况、家庭生产环境变化的特征、家庭关系及地位的变化、家庭消费结构的变化及农村婚育观念的转化。在亲族关系网络的分析中，分析了父系、母系亲缘关系的扩展及由此而形成的业缘关系。村民小组功能的变化，体现了村民小组在村民日常生活和农户经营中的地位。分析了东北地区村落中以“代东”为首的操办红白喜事的新的社会群体，介绍了这一纯民间群体在村民的婚丧嫁娶等生命礼仪上的组织功能。

第三章 村民阶层结构的分化。论述了未分化的“村域共同体”在生产结构调整之后的阶层分化过程。在20世纪50～80年代，从社会分层角度来看，当时的北锅盔村恐怕也只有一个阶级——农民群体，因为当时农村社会是一种“共贫”，整个村落仍然是一种未分化的“村域共同体”。到了90年代，随着北锅盔果树专业村的确立，果树种植业逐渐开始带来收益。在整个村落财富和收入日渐增长的同时，北锅盔村也开始因村民收入的差距而带来了相应的分化。这种经济上的分化更多地与村民在村落共同体中所从事的生产项目有关，更具体地说这种差别体现为发展传统农业还是从事果树种植和果品经营之间的差别。村民由经济收入的差别而带来的村落分化，也将体现为穷人和富人之间在诸如行为方式、价值观念和职业选择等方面的重大差

异。那么，由此分化势必也会造成整个“村落共同体”的分裂，而如何重新凝聚富裕起来的村民，恐怕这不只是北锅盔村面临的现实。

第四章　村域经济与产业结构的变迁。论述了改革开放以来，尤其是在20世纪90年代北锅盔村被确立为果树专业村，是北锅盔村域经济发展的一个分水岭。依靠果树种植，发展果品生产、加工、销售和批发，逐渐形成了一个现代的果品经济链，昔日贫穷的小山村由此变成今日富裕的“关东红果第一村”。从历史的角度来看，北锅盔村域经济的发展，既是几代村民偶然实践的必然结果，又是遭受贫穷之苦的村民们为摆脱匮乏经济对自身发展道路几经选择的结果，是依据村落自身区域特点走出来的内发型的发展之路。北锅盔村果品经济发展道路的确立，从一开始就意味着村域经济的发展必然要根源于经济结构的不断优化和生产市场化程度的逐步提高，只有在这一过程中才能逐步实现传统农业向现代农业的转变。村落经济领域的巨变和分化，成为理解整个村落结构、村民行为方式和思想观念变迁的物质基础。

第五章　村落的政治组织结构。从村落功能分化过程分析北锅盔村所处的历史位置。随着产业化带来的农村居民职业分化，人口流动带来的就业范围广域化，也随着村民民主意识的增强，村民对村组织的经济和政治依赖程度将逐渐降低，村落功能将逐步分化。村落作为经济单位的功能将被各种专业化的功能组织取而代之；乡镇政府行政功能将得到强化，村落承担的行政服务功能已经逐步集中到乡镇。而村落所承担的地缘社会最基础的功能——日常生活中自发的互助功能将得到加强。本章一是通过考察北锅盔村党支部、村民委员会、村经济合作社的组织结构与决策过程，描述村组织的实际运作规则；二是通过考察村内主要事务，研究村落的功能多元化特征，分析村集体与国家、村集体与村民个人的互动关系。搞清村落在哪些方面、在多大程度上为村民提供了经济、行政和日常生活上的服务。从村民的角度看，就是村民在哪些方面依赖村落，在多大程度上受村组织的制约和支配。

第六章　村落文化的变迁。农村经济飞速发展，农民的生活水平不断提高，因此，农民的节日习俗也在不断更新。调研组多次到北锅盔村对当地的节日习俗进行了调查，通过走访村户、座谈等方式进行调查和询问发现，富裕起来的北锅盔村，在文化习俗方面的转变是飞速的，更加趋于科学和理性。

第七章　村级教育的持续发展。通过对北锅盔村基础教育历程的回顾发现，改革开放后村民的教育观念发生了很大变化。崇尚知识、重视教育、尊重人才在富裕后的北锅盔村蔚然成风。

第八章　医疗卫生的历史与现状。阐述了北锅盔村医疗卫生发展的过程。可以说北锅盔村医疗卫生发展的过程正是村域经济开始腾飞、村民生活开始巨大改善的过程。虽然限于辖区所属和地理位置的关系，村域中医疗对象数量有限，医疗设施也比较简陋，仅仅以治疗小病为主，但其功能可以满足基本需要。从中我们仍然可以感受到富裕起来的北锅盔村民在医疗卫生方面取得的成就。

第九章　高度耦合的乡村精英。论述了精英人物在农村社会发展中的作用。在北锅盔村、宝山乡乃至磐石市，有一个远近闻名的“大”人物——赵金成，人们往往将北锅盔村的“巨变”同他联系在一起。我们从赵金成的人生轨迹中可以看出北锅盔村社会变迁的道路。在这里，农村社会的发展同乡村精英或者说经济精英的成长呈现出高度的耦合，甚至前者严重依赖于这种精英人物的资源。这一事实，不仅仅出现在北锅盔村，也是当下中国社会普遍发生的具有某种共性的现象。

第十章　村落经济发展与地方政府行为的关系。从村落内外两方面作为分析问题的视角，分析推动村落经济发展的力量。从村落的内部角度来看，构成村落内生结构主体的各要素，诸如村民、家族、村民小组、社区精英等，以及村落内部的自然条件、资源环境状况等，毫无疑问是诱发或制约村落经济持续发展的决定性力量。它们最终将决定或型塑着村落变迁的类型，即村落发展的方向、发展的道路以及发展的动力源等。从村落的外部来看，来自村落所在地方政府的直接介入、介入的方式以及村落所面临的市场环境等要素会对村落的发展起着关键性的作用。因此，要全面地理解北锅盔村经济发展的轨迹，仅仅将目光聚焦于北锅盔村内部，并试图从这一角度来理解村落的变迁，那显然是片面和不公允的。北锅盔村经济社会的恢复和发展也是宝山乡政府直接参与、介入以及对市场要素运用的结果。对北锅盔村变迁的探讨视野，还应该从村域内部走向村域的外部。分析市场转型国家的基层政府在村落经济发展中的定位、介入的方式和程度及其行为的边界问题，是

一个难以说清楚、没有定论的老问题，显然这也是一个难以回避的论题。我们也只是希望通过以北锅盔村为个案，对这一问题作出自己的回答和思考，进而有助于我们理解村落经济发展的逻辑。

第十一章 生态环境的可持续发展与政府行为的关系。通过对北锅盔村的环境状况调查指出：环境质量的提高虽然受制于经济水平这一为环境治理与改善提供物质条件的重要因素，但是产业结构、科技进步、环境法规与管理、环境意识等因素也对农村生态环境产生不可忽视的影响。如果这些因素发挥正面、积极的功能，就有可能弥补经济系统对环境投入的不足，跨越传统的依靠经济实力治理环境的思路，实现生态环境的良性循环。而这一切的努力，地方政府应承担起重要的责任，从对农村生态环境的重视，到环境政策的制定与实施，政府无疑是环境问题的主要建构者。然而许多环境政策在宏观上制定得有理有据，但在实际工作中却难以执行，导致政策的制定与执行之间存在着难以逾越的鸿沟。该章主要从环境政策制度分析入手，探讨地方政府在环境政策的制定与实施中存在的问题及原因。

第十二章 北锅盔村户访问卷分析。

第一章　北锅盔村的形成与演变

第一节　北锅盔村形成的历史背景

一　锅盔山的传说

在磐石市西南有一座山，山上古木参天，怪石林立。每年春暖花开时，粉红色的山杏花、紫红色的山丁子花满山遍野，在大自然的衬托下，显得格外美丽。山南的半山腰有一个山泉，泉水冬夏不断，水流如一条白色的玉带，这就是锅盔山。

相传在很久以前，这里是一个平秃的大山，山上有三个很大的泉眼，泉水喷高数丈，如同三条巨龙，从山南一直流入辉发江。

有一年天宫特别炎热，王母娘娘实在受不了这炎热的气候，要修一座凉爽的珍珠宫，就下令让北海龙王十日内进贡上好的珍珠上万颗。北海龙王领旨后，回到北海问手下的虾兵蟹将什么地方河蚌多、珍珠多，虾兵蟹将说辉发江上游河蚌多，于是北海龙王领着虾兵蟹将来到辉发江，令河蚌自愿献珠。河蚌虽然知道龙王亲自来要珠，不交是不行的，但是，珍珠是自己体内之物，取珠要剖腹，弄不好就丧命，所以河蚌迟迟不交。龙王一气之下命令虾兵蟹将杀蚌取珠，蚌类为了活命纷纷钻到泥里。眼看就要到进贡期限，龙王只好到宫中找王母娘娘回报。王母娘娘问用什么办法取珠最快，北海龙王说竭泽挖蚌取珠最快。于是，王母娘娘就派大力神，搬石填土想把锅盔山上的三个泉眼堵住。可是土石填了很多还是堵不住。王母娘娘只好派二郎神搬

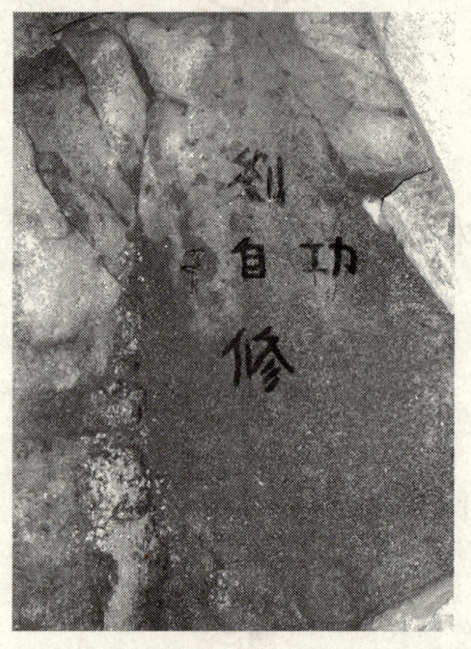

传说刘自功开凿的泉眼

来三口金锅扣到泉眼上。泉眼堵住了，辉发江干涸了，王母娘娘派天兵天将挖取珍珠，河蚌叫苦连天，骂声不绝。王母娘娘本想取完珍珠把锅拿回，可是河蚌谩骂王母娘娘竭泽太狠毒，王母娘娘一气之下决定金锅不取了。让辉发江永远干涸，把河蚌全部干死。辉发江干了，河蚌命在旦夕。一只老河蚌变成一个白胡子老头，到岸上找到老石匠刘自功，刘自功心地善良，听了老河蚌的哀求，第二天就在从南数第一口金锅旁建起烘炉，打了很多钢钎，昼夜开凿，终于把石头凿掉了一半，金锅打了一个豁口，一股清泉直流而下，河蚌得救了。河蚌的欢呼声惊动了天宫，王母娘娘派人把刘自功抓到天宫进行了处罚。河蚌为了感谢刘自功，就在泉边后壁上写了“刘自功修”四个苍劲有力的大字，到现在字迹仍然存在。后来金锅一直留在山上，天长日久，上面盖了很多沙石，便成了三个圆圆的山峰。由于远看三个金锅又像三个盔，所以人们就叫它锅盔山了。

二　北锅盔村的历史

锅盔山的由来同上述传说紧密联系在一起。锅盔村因为临近锅盔山而得名。1992 年，北锅盔村从锅盔村中划分出来成为一个独立的行政村，因在锅盔山以北，遂名为北锅盔村。

北锅盔村位于吉林省磐石市宝山乡境内。磐石市的前身为磐石县。磐石地区历史久远，据记载，磐石县境古为肃慎、渤海地，从公元前 11 世纪起，我们的先民就已经在这一带繁衍生息了。磐石县名的由来与磨盘山相关。磨盘山坐落在县城偏东北方 2.5 公里处，海拔 501.4 米，相对高度 170

米，周围约7.5公里。东山坡曾有巨石，形如磨盘，当地垦荒者称此山为磨盘山。

清光绪八年正月二十八日（1882年3月17日），在此山之南设磨盘山分防巡检。光绪十三年七月二十六日（1887年9月13日），吉林将军希元因磨盘山地区方圆500里“山深林密”，一员巡检难以“震慑”而奏请添官设治。光绪十四年八月十八日（1888年9月23日）议准裁去巡检，改设州同，名曰磨盘山分州。分州治所设于磨盘山脚下，州同王育枢借民房阎宅理事。光绪十九年（1893年），工程委员赵仙瀛主持修建磨盘山城。光绪二十八年八月二十九日（1902年9月30日），吉林将军长顺奏请，“磨盘山州同辖境宽阔，地势袤延，应即改建县治，以资治理，设知县一员，名磐石县”。是年十月二十六日（1902年11月27日）旨准，设县。因磨盘山名不雅，取“安如磐石”之意，定名“磐石县”，磨盘山城也随之改称磐石城。县治所设在磐石城，沿用原分州衙署。民国时期，磐石仍设县治。中华人民共和国成立后，磐石依旧设县治，截至1990年末全县共设9个镇、15个乡。1995年8月由国务院批准撤县设市，目前磐石市共辖13个镇、1个乡、3个街道办事处和1个省级经济开发区。

宝山乡于清光绪初年垦殖，光绪二十八年（1902年）分属信义、诚信乡；民国元年（1912年）分属一区信义、信诚二乡；1934年属一区太平保；1938年为太平村；1945年属细林区；1946年分属太平乡、横山乡；1947年为八区（太平）；1956年分属县直属宝山、长兴、红土、靠山乡；1958年为宝山人民公社；1983年改为宝山乡。

北锅盔村分为三个自然屯：北锅盔屯、大锅盔屯、水库屯。三个屯分别按其所处的自然地理位置而得名。北锅盔屯因位于锅盔山以北而得名；大锅盔屯距锅盔山最近，依山而建，大锅盔屯之“大”，是因锅盔山大而得名；水库屯也因附近有一座水库而得名。

据村里老人讲，最早来到大锅盔村的是一户汪姓人家。汪家初到此地时，这里还没有人家居住，于是汪家人便在此盖了5间房子，定居下来。后来，邓姓人家和唐姓人家也陆续搬来，居住在现在的大锅盔屯，从此，来此定居的村民就逐渐多起来。汪家因为是第一户来此地定居的村民，所以当时

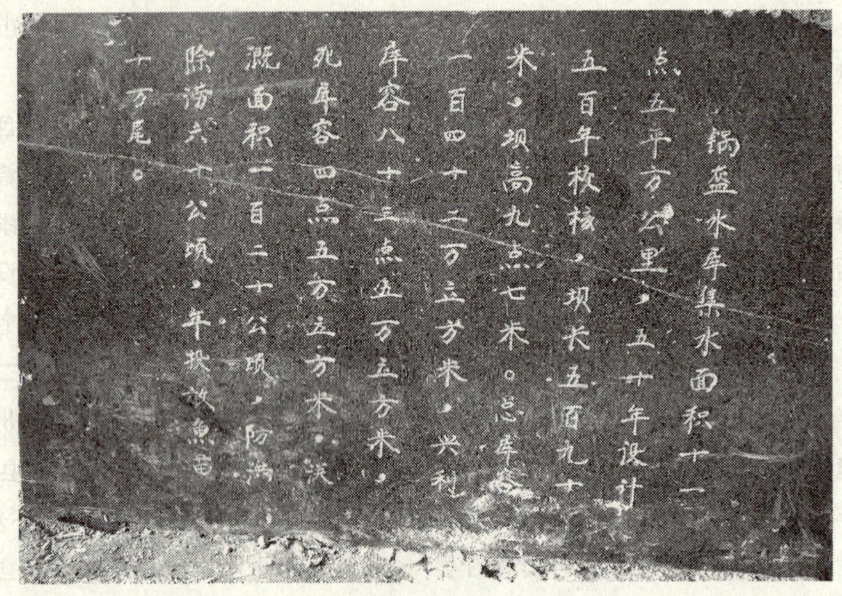

水库碑志

的大锅盔屯名为汪家村。后来汪家的人也因此当上了“百长”（现在的村长），负责村子的管理工作。

在大锅盔屯之后，北锅盔屯也陆续开始有人居住，当时的北锅盔屯名为井府村，而当时的宝山乡锅盔村则叫王道村。在抗战胜利之后，新中国成立之前的这段时期，汪家村、井府村和王道村逐渐合并形成了锅盔村，汪家村和井府村从此更名为大锅盔屯和北锅盔屯，过去的王道村也变成了人们口中的小锅盔屯。新中国成立以后，大锅盔屯的几户人家搬到了锅盔水库旁边安了家，后来随着到此地安家落户的逐渐增多，这里就逐渐演变成为北锅盔村的又一个自然屯——水库屯。

第二节　北锅盔村的自然环境与资源状况

一　北锅盔村的基础条件

北锅盔村所在的地域紧邻锅盔山，土质极其不好，石头又多，土壤肥力

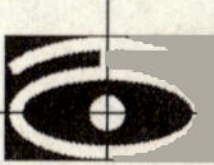

低，不适合种庄稼，“七山一水二分田”是当地的真实写照。在宝山乡所辖村中，北锅盔村是当时收入最低的一个村落。直到1990年，人均年收入还只有200~300元，而当时乡内的其他村人均年收入已经达到了700~800元。这说明北锅盔村依靠传统的农业种植之路是行不通的，残酷的现实逼迫北锅盔村民开始走上了另一种发展道路。

村民们逐步尝试种植果树，果树种植的起步是在20世纪70年代初，当时北锅盔村的一些村民开始小规模种植果树，建立小片果园。在后来的十余年里，许多村民将种植果树作为副业，果园数量逐步增加，可以说北锅盔村的果园一直在缓慢地发展并逐步形成一定规模。

二　果树专业村的形成

特殊的地理及气候环境，使得北锅盔村果树专业村的成立似乎成了一种必然。北锅盔村村民种植果树的实践，让当地政府也看到了使北锅盔村村民改变命运的机会。为了充分发挥当地优势，富裕当地农民，宝山乡人民政府在1990年发布了《关于对北锅盔村水库和大锅盔两个果树专业屯的有关规定》的文件。规定从1990年开始，水库屯和大锅盔屯确定为果树专业屯，而且对于成立果树专业屯，宝山乡政府还给予了一系列优惠的政策，其中主要有以下几项：第一，专业屯人均留口粮田0.6亩，其余耕地全部按规划栽植果树；水库屯人均口粮田水田0.33亩、旱田0.27亩；大锅盔屯人均口粮田水田0.26亩、旱田0.34亩。第二，农业税减免：水库屯减免6公顷，918.08元；大锅盔屯减免24公顷，3781.76元。第三，征购粮：水库屯免征水稻6100公斤、玉米8480公斤、大豆1400公斤；大锅盔屯免征水稻12000公斤、玉米40670公斤、大豆5400公斤。第四，口粮田按面积缴纳农业税。第五，自1993年始按果树面积征收农林特产税。第六，凡是应栽而未栽果树的农户，必须于1991年春建成园，并缴纳同年核定面积的农业税和交征购粮任务，对不愿交征购粮任务的户可收其差价款，上缴乡政府。

到了1992年，宝山乡政府为了实现“一村一品”的目标，将北锅盔、大锅盔和水库三个屯从锅盔村分出来组成新的北锅盔果树专业村，同时继

续给予这个新成立的专业村减免农业税和农业特产税的支持。也正是从那时起，这个宝山乡最年轻的村，也是唯一的专业村开始了它的快速发展历程。

在刚刚建专业屯和专业村时，有很多农民因其固有的小农意识和保守思想，对于种植果树持怀疑甚至反对的态度。对乡里的政策阳奉阴违，先是种上果树，待督导人员走后再拔掉树苗种上粮食作物。还有一些村民为生计所迫，在自家院内和田园间种植了少量果树以观后效。针对这些问题，乡政府和村委不断做村民的工作，在他们的努力下，北锅盔村的果树种植才渐渐有了一定的规模。

路边出售水果的果农

1994 年，北锅盔村果民迎来第一次收获，水果成熟后开始大批上市。当时市场上的水果价格虽然不高，但由于产量大，果民的收入增长非常可观。据宝山乡政府统计，当年北锅盔村种植果树村民的年收入普遍达到往年种植粮食作物时收入的 6 倍以上，有的甚至达到了 10 倍。在这种情况下，大量持观望态度的村民受到了强烈的震撼。于是，从 1994 年起，北锅盔村农民普遍开始大量种植果树，村里的果树林面积增长愈来愈快。在这时候，依旧

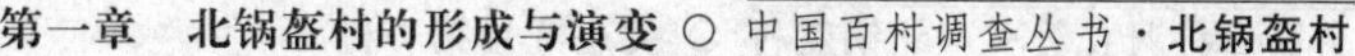

持观望态度的农民大大减少，已经不到村民总数的5%了，并且这一数字随着时间的推移更是一步步地逐渐缩小。

看到希望的宝山乡政府，为了进一步发展北锅盔村的果树产业，富裕当地农民，在1994年组织北锅盔村部分果树技术员在春秋两个季节外出考察，给村民们提供了学习外地果树种植的先进技术及管理经验的机会，重点纠正北锅盔村农民只重视水果产量，而忽视水果质量的错误认识和做法。到1995年，村里成立了果树专业协会，并且对村中农民进行果树专业知识的培训和日常指导与服务。目前，北锅盔村已经有5名村民拥有果树技师的专业资格证书，能够对村民的果树种植、化肥和农药的使用、剪枝和水果的储运等环节进行技术指导。目前，村中还有几位知名度很高的果品交易经纪人，负责为村民联系水果销路，为客商联系果源，成为北锅盔村果品交易不可或缺的、关键的中间人物。这些经纪人的存在，既方便了客商，有利于客商方便快捷地收购和运走果品；又帮助了村民，弥补了他们在销售果品过程中市场信息不畅等方面的不足，使得北锅盔村的果品一直保持良好的销售势头。

大锅盔屯被确定为吉林省“123”苹果生产基地

1994 年之后，北锅盔村一年一个台阶，取得了一系列成绩，果树种植面积不断增长，果品质量不断提高，果品销售区域不断扩大。现在，国内近到长春、哈尔滨，远达上海、深圳、贵阳、香港、澳门；国外北至俄罗斯，南抵越南，都有北锅盔村果品的影子。

从 2004 年起，受吉林省作为国家农业税改革试点省份的有利影响，北锅盔村享受了一系列的优惠政策，现在农业税和农业特产税都已经取消了。这些政策的实施，无疑将会更进一步促进北锅盔果树种植业的发展，但到底能带来多大的有利影响，我们正拭目以待。

第二章　村落内生结构的主体

在北锅盔村，由于山多地少，祖祖辈辈的村民一直为温饱和贫穷所困。新中国成立以后的30年间，北锅盔村村民的生活状况不仅没有发生什么实质性的改变和提高，相反，受当时政治环境等影响，北锅盔村一直是宝山乡远近闻名的贫困村，而且仅有的果园也濒临倒闭。穷则思变，改革开放以后，村民们也开始为改变自己的命运开始了新的尝试和实践，尤其是在乡村精英的带领和示范下，北锅盔村村民逐渐转变了传统的思维观念，拓宽了经济发展的思路，逐步扩大果树种植面积，果园建设日趋规模，最终走上了一条依靠果品经营而致富的道路。北锅盔村面貌的巨变和发展道路的成功，当然离不开当地政府的积极参与、指导和规划，但是，从根本上说这是北锅盔村村民自身实践的必然结果，更是他们总结自身发展经验，重新设计、选择自我发展道路的必然结果。

本章将从北锅盔村发展的内生结构入手，将北锅盔村原有的社会结构与新生的社会组织结构加以比较，从中不难发现内生结构的变迁受组织变迁的影响不大，它有自己特定的变迁方式和轨迹。一方面，北锅盔村社会结构的变动过程，相当程度地延续着过去的趋势；另一方面，又受新生的社会组织的影响，不断向新生组织延伸，不断地创新、生长出新的功能。本章从家庭研究入手，以家庭户为基本分析单位，分析了家庭的概况、家庭生产环境变化的特征、家庭关系及地位的变化、家庭消费结构的变化及农村婚育观念的转化。在亲族关系网络的分析中，分析了父系、母系亲缘关系的扩展及由此而形成的业缘关系；分析了村民小组功能的变化，体现了村民小组在村民日

常生活和农户经营中的地位。同时，特别分析了村落中以“代东”为首的操办红白喜事的新的社会组织，介绍了这一纯民间组织在村民的婚丧嫁娶等礼仪上的组织功能。

第一节　家庭

一　家庭基本概况

社会学家和文化人类学家习惯上将家庭分为核心家庭、联合家庭、直系家庭和直系联合家庭。我们习惯把核心家庭称为小家庭，而把联合家庭、直系家庭和直系联合家庭称为大家庭。

北锅盔村是宝山乡 14 个行政村中唯一的果树专业村。全村三个自然屯现有居民 191 户，约计 735 人；劳动人口 375 人，其中男劳动力约 216 人，女劳动力约 159 人。全村劳动人口从业状况为：农、林、牧、渔业约 295 人，交通运输、通信业约 31 人，餐饮、批发零售业约 5 人，外出从业人员约 44 人。家庭户类型基本以小家庭为主，大家庭户占少数。每户以 3 ~ 4 人为主，7 口人的户很少。在北锅盔村以赵姓、邓姓、陈姓、李姓为主，各个家族关系融洽。

北锅盔村的家庭以夫妻关系为基础的小家庭居多。家庭成员一般包括祖孙三代以内的直系亲属。多子女的家庭儿子在长大成婚后即与父母分开，另立门户。父母身边通常要留下一个最年幼的儿子，作为养老送终的依靠，独生子一般不分家。

在亲属关系上，以父亲近亲为主，一家为一个直系近亲单位，直系亲属有明确的称呼，过去的人都能背诵七代祖先的名字，现在的人一般也能记住前三四代祖辈的名字。父辈以下一般有四代的称呼，这反映了封建家长制大家庭的历史变迁延续及影响。旁系亲属间的伦理等级并不十分严格，直系亲属三辈以外的其他长幼辈不按辈次而依年龄大小来称呼。

二　家庭生产：随着社会环境的变化而变化

20 世纪 40 ~ 90 年代是中国农村社会变革最剧烈的历史时期，其突出标

志为40年代末50年代初的土地改革、50年代后期人民公社的建立和80年代初家庭联产承包责任制的实行。当社会变革发生时，北锅盔村的家庭生产也发生了变化。

（1）从生产方式上看，新中国成立后到80年代初期，表现为从土地私有制下的家庭经营到土地集体所有制下的集体经营，再到土地集体所有制下的家庭经营这样一个转变过程。农村财产所有制的变动轨迹为，由土改前财产的全面私有到集体经济时期的私有财产（例如房屋和部分小型生产工具）和集体财产（例如土地和大型生产工具）并存，再到联产承包责任制时期集体财产范围的萎缩，只剩下土地了。私有财产逐渐扩大，农民拥有土地之外的所有动产和不动产。其变动历程可以简化为：财产全面私有，集体财产与私有财产并存，集体财产范围缩小、私有财产范围扩大。

北盔锅村村民的生产方式和财产所有制形式也随着社会环境的变化而发生着变化，不同的生产方式和财产所有制形式决定着农民在家庭中的功能起伏变化。

第一，在土地私有制下的家庭经营模式中，农民具有生产组织权和财产监管权。在这种模式下，农民的地位最高，并责无旁贷地负担家庭之责。

第二，集体所有制下的集体经营模式，生产队队长是集体生产的组织者和集体财产的临时监管者。农民不负责对生产的组织和土地的管理，他只是生产队的普通劳动者；在土地及主要生产资料集体所有制下，房屋等财产和主要生活资料的私有性质又使他仍具有监管这部分家产的权利。同时，农民还有负担家庭的责任。在集体经济下他们更多地表现为一个户主，对家庭的负担责任被弱化了。因为家庭生活条件的好坏、生活水平的高低，并不完全由其劳动能力所决定，而取决于集体生产经营的效果和分配水平。

第三，土地集体所有制下的家庭经营模式将生产队长组织生产的权力剥夺了，而且其监管集体财产的权利也丧失了。与此同时，农民的生产组织权利被恢复，家庭成员的基本生活主要依赖农民和其他有劳动能力的家庭成员提供。

（2）从生活方式上看，尽管家庭形式一直存在，但生活资料来源却

有差异。

第一，在土改前私有制时期，村民家庭成员完全依赖家长扶养，其生存质量取决于家庭占有的土地数量和生产资料的多少，并与家长组织生产的能力和家庭劳动力的数量、素质密切相关。

第二，土地集体所有和生产集体经营时期，村民的生活资料来源于集体组织，它依照“人七劳三”的原则对参与生产的劳动者及其家庭成员进行分配。这一原则既有按劳分配性质，又有最低生活保障功能。它决定了集体组织内部各个家庭的生活资料占有虽有差异，但差异很小。家庭养育子女的成本得以部分转移到集体组织上，表现出一定甚至较高程度的外部性。

第三，土地集体所有和家庭生产时期，除了“五保户”外，集体经济时期对弱者的生存照顾基本被取消。不过，口粮田占有和责任田使用相对平均，土地被禁止买卖，它使农民家庭的最低生存水平得到保障。在多数农村，无论贫富，食物资料的获得或满足都已不存在问题。

长期以来，北锅盔村农民在农业之外缺少谋生途径。在土地私有制度下，占有土地数量多少决定着农民家庭生存水平高低；土地集体所有制下，集体生产和相对平均的分配制度既使多数农民的生存能力增强，又将他们紧紧束缚在土地上，不仅长距离就连村际之间的谋生性流动也被禁止。因为每个农村劳动力都隶属于一个生产队，生产活动不允许雇人经营，由此堵塞了劳动力流动的通道。

20 世纪 80 年代初以后，北锅盔村家庭生产功能的恢复与集体经济前乃至土改前私有制下家庭生产功能相比有重要变化，主要表现为农业生产对农民的生存意义发生了改变。联产承包责任制时期的家庭生产与土改前私有制下家庭生产的主要差异是土地对家庭人口的生存价值有高低之别。土改前，自耕农民的生活资料和收入约有 80% 来自其耕作的土地；联产承包责任制时期，尽管农民的食物资料获取方式仍主要靠亲手耕作，但货币收入却依赖非农业活动。由于平均占有土地的数额很低，多数人均在 2 亩以下，因而耕地所获可以保障农民生活之需，但不足以提高其收入水平。

家庭贫富差异的决定因素在于劳动力能否摆脱对农业生产活动的依赖，能否更多地进入非农业领域。土改前，在主要以土地为生的环境中，有地农民在家长组织下耕垦于田野，家长权威得以建立和维系；联产承包责任制时

期，耕作只占农民劳动时间的一小部分。为增加收入，家庭的年轻劳动力纷纷走出田野，离开乡土，摆脱了家长控制。不过，就大多数农民家庭来说，尽管土地的生存价值依然保持，但土地对家庭财富的增值作用已很有限；从非农活动中取得收益的农民家庭，土地对其成员的生存价值也在降低。农民的家庭生活开始了更深层意义上的变革。

自从 1982 年北锅盔村实行生产责任制以来，家庭的生产功能又重新发挥作用。因为土地的分配是以农户为单位进行的，而自此以后的生产经营也就在相当程度上变成家庭的行为。与村发生生产关系的单位不是个人而是家庭户。在生产队时期，生产活动是在生产队与生产大队这一层上进行的，传统家庭的生产功能基本上已不复存在。实行生产责任制以后，家庭的生产功能又得以恢复，原来生产队的生产功能基本丧失，生产大队即后来的行政村的生产功能也有所变化。家庭的生产功能与村的生产功能处于一个互动的过程中。家庭取得了一部分原属村级组织的生产功能，同时，由于北锅盔村集体企业的存在与发展，家庭生产和成员就业仍然在很大程度上依赖于村级组织，而且家庭生产的实现形式主要还是农业生产，即家庭承包制下的土地经营。这种农业生产的生产资料仍归村集体所有，所以家庭生产仍然在很大程度上受制于村。

实际上，从 1992 年改为专业果树村以后，北锅盔村的农民从以农业生产为主转为主要从事果树经济，村民收入主要来源于水果出售。水田和旱田所种植的粮食基本用于村民的口粮而不出售。也有一部分村民从事果业以外的生产，如从事交通运输、通信业、餐饮、批发零售业等，也有的外出寻找职业。这种家庭生产形式不仅改变了户与村的联系方式，也改变了户与村的生产关系的联系内容、联系方式以及联系强度，而且使家庭成员分工明确，使职业角色多样化，从而使家庭资源得到重新配置。

三　家庭关系及地位结构的转化

在家庭内部随着北锅盔村村民物质生活水平的提高以及核心家庭模式的形成，传统家庭关系发生了显著的变化。

1. 老年人在家庭中的权力下降

在传统大家庭中老年人是家长，具有绝对权威。如今在北锅盔村，老

年人在决定家庭事务中的权力有明显的下降。原因是：一是农村中联合家庭、主干家庭减少；二是老年人由于体力、精力、知识等方面的限制，已无力管理家庭中的重大事务。而家庭成员是否有知识、思想是否解放、是否有创新精神，已成为北锅盔村家庭致富的关键。传统的老经验越来越行不通，家庭中能者当家、能者决定家庭事务成为大势所趋。在北锅盔村，老年人普遍得到赡养，在家庭中从事简单家务和副业劳动不再过问家中大事的现象已经非常普遍。村里还出现了以家庭中能人为核心而不按年龄辈分排列的现象。

村民自办的商业网点

2. 丈夫决定家庭事务的权力有所改变

传统家庭的分工模式是“男主外，女主内”，家务劳动是妇女的天职，丈夫基本上不干家务，现在的北锅盔村家庭中多数依然如此，但已经在发展变化。特别是近十几年来，北锅盔村妇女参加劳动的时间增多了，除农业生产外，还从事家庭副业生产，有些人还从事商业活动。在这种情况下，家庭收入从单一渠道变为多渠道。妻子有了收入并构成家庭收入的一项主要来

源。这改变了妇女在家庭中的传统地位，使旧的男女分工格局受到了不小的冲击，丈夫在家中承担一些家务劳动成为一种趋势。从现状来看，家务劳动仍是妻子比丈夫承担的多，但在决定家庭中的重大事情，如从事何种生产、购买大型生产资料、耐用消费品、日常生活开支、储蓄、借款等，夫妻共同商量的比例上升。在个别家庭中由于性格、能力等原因，还有妻子决定家庭事务的情况。由此可见，改革开放后，北锅盔村家庭中的夫妻关系向民主、平等的方向迈进了一大步。

3. 家庭权力分散

在子女已经成人的家庭里，子女参与决定家庭事务的权力提高，家庭权力出现了分散的情况。从北锅盔村的现状来看，成年子女往往受到了一定程度的文化教育，观念新、易于接受新鲜事物，对采用新的科学技术有更多的兴趣，加之年轻、独立性强，在家庭收入中担任了重要角色。这一切决定了他们在家庭中发言权的提高。我们在村中看到成年子女下地植树、外出打工、从事家庭副业、从事餐饮、搞运输等非常普遍。许多年轻人在自己从事什么职业、学习什么技术等问题上往往自主决定，父母的意见仅仅作为参考，可以不予采纳。而父母对子女的择业问题也采取了较为宽容的态度。最突出的是，过去子女的婚姻完全由父母包办，青年男女在结婚前没有见过面是一种普遍现象。而现在村中男女青年虽然在社会交往中仍然受到一定限制，但婚姻由自己决定已成为普遍现象。我们的调查表明，在北锅盔村，夫妻共同决定家庭事务、妻子决定家庭事务、夫妻共同承担家务、丈夫承担一部分家务等所占的比例越来越高；同时，家庭的权力也越来越分散。

四　家庭的消费结构

家庭消费结构的变化受制于三大因素：一是农户收入水平的提高，二是传统的消费习惯，三是城市消费文化的影响。调查发现，北锅盔村从20世纪60年代初到70年代末，来自集体的年人均收入一直在100～150元之间浮动。若平均年收入以120元计，则粮草等实物收入约占80元，货币收入约占40元。在这段时期，农户家庭副业和畜牧业得到较为稳定的发展，村

村中的集市

民家庭副业和畜牧业的人均年货币收入约 80 元，实物收入（主要是蔬菜、蛋禽）约 20 元，这样，村民实际年收入约在 220 元。1983 年实行家庭联产承包责任制之后，农户收入迅速提高，收入提高的原因有三：一是农业生产职能返归家庭之后，生产效率提高了；二是果树专业生产得到发展；三是乡村企业发展带来的收入。

北锅盔村村民传统的消费是维持自身生存和家庭延续，终年辛劳的唯一目的是获取吃、穿、用、住诸方面的基本生活资料。在集体经济时期，村民微薄的收入只能维持最基本的吃、穿、用，根本无力改善自己的居住条件，穿的是自纺自织的土布，有时也购买一些土布或棉布。家庭木器用具及瓷、陶用品大多祖传，结婚时打制新家具所用的木料多数属于自家栽种的树木，故而全年收入中的绝大部分进入口腹。从 20 世纪 70 年代末到 80 年代初，随着村民收入水平的逐步提高，在自给性和商品性两类消费品中，商品性消费逐渐上升。在食品消费中，蔬菜及蛋禽依然自给，但鱼肉、豆制品、烟酒及各类调料的商品类消费有所增加。在 80 年代初，北锅盔村的赵姓户每年消费自给的口粮 350 元左右，消费自产自给的蔬菜、禽蛋 250 元左右，消费购于市场的鱼肉、豆制品、调料、

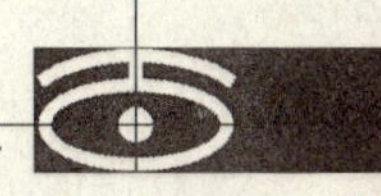

烟酒、水果约300元，全年食物消费共计900元。该户得自生产队的净收入每年约1000元，来自家庭副业和畜牧业的净收入约450元，这两笔收入全部用于家庭消费，其中食物消费占全部生活消费的65%左右。农户建房及婚丧之际，食、衣、住的费用便大幅度增长。而在集体所有制时期，农户的银行存款甚微，若有存款也大多零存整取。除非筹办结婚、造房大事，否则超过一年以上的定期存款甚少，且总有部分农户在年末决算时倒欠生产队的钱。

村民居室内的陈设

以上调查反映出在农业集体化时期，同村各农户收入虽有差异但不大，消费结构大同小异，故而该村一个中等农户的消费状况大体上能反映多数村民普遍的消费特点。自实行家庭联产承包责任制后，农户间收入差异逐渐扩大，那些富裕起来的农户率先接受城市消费方式，他们吃得好、穿得时髦，家用电器等高档耐用品不断买回家中，象征富裕和地位的砖瓦房、铝合金门窗也屡见不鲜。截至2003年，全村98%的农户住上了瓦房，传统的消费结构彻底被打破。

五　社会变革与农村婚姻和生育观念的转变

1. 婚姻观念转变，自主选择性增强

北锅盔村也和其他村庄一样，在土改前的传统社会父母被赋予为子女主婚之权。除对婚姻年龄做出不具约束力的规定外，政府并不直接介入村民的婚姻缔结过程。初婚行为表现为女性普遍早婚，早性、早婚和晚婚行为并存。建立在财产基础上的门当户对的婚姻观念充分体现出来。由于婚姻目的在于结两姓之好，避免家族内部关系受到削弱，村内婚姻成为普遍做法。土改之后，家长主婚权被废除，政府通过建立婚姻登记制度直接介入婚姻缔结过程，极端早婚现象和畸形婚姻得以消除。由于政府可以借助集体经济组织对民众实施全面管理，因而初婚年龄规定表现出很强的约束力。建立在财产基础上的阶级内婚被以家庭为标识的阶级内婚所取代，出身地主、富农等家庭成分中的男性出现婚姻困难。传统家族组织解体，宗族观念对族人约束减弱，男女婚姻自主能力增强。但集体经济时期的农村，父母对子女婚姻仍有相当的决定权，村内婚在集体经济时代得到发展。联产承包责任制后，法定婚龄成为结婚的唯一准绳，政府指导且带有一定强制性的晚婚规定被取消，低于法定婚龄的早婚行为有所增加。由于经济发展，村与村之间交流越来越多，村与村之间的人际关系得到发展，村外婚比例明显增加。它同时迎合了婚龄男女的愿望，村内婚姻圈因此呈萎缩之势。

改革开放前，农民被束缚在土地上不能自由流动。北锅盔村的村民也如此，农民的交往圈十分狭小，青年人找对象也只能靠熟人在附近农村寻找。因此，选择范围十分有限，造成一些个人条件或者家庭条件不好的青年择偶困难。家庭经济困难的、出身不好的、个人长相较差的、身体有残疾的或者性格特别的，甚至要求过高的，往往难以找到对象。不少人过了正常结婚年龄而成为光棍汉，20 世纪 80 年代初北锅盔村有十几个光棍。

改革开放以后，通过各种途径大量外来妇女嫁到北锅盔村，解决了这些本来似乎与婚姻无缘的“光棍汉”的难题。这些外来媳妇主要来自附近的伊通县、磐石市以及黑龙江、辽宁等省。不仅如此，进入正常结婚年龄的青年择偶范围也有所扩大。大量的外地妇女嫁入北锅盔村的原因有客观的，也有

主观的。就客观方面来说，当地的果品经济效益在不断提高，当地的知名度也在上升，外地前来打工的妇女增多，并且在20~30岁之间的为多。而20~30岁恰是谈婚论嫁的年龄，这就为这种婚姻的形成提供了客观的外在条件。从主观方面说，本地男子与外来的女子结婚，婚姻缔结的成本比与本地女子结婚要少得多。在调查中，很多人对这一点直言不讳。与外地女子结婚，由于女方家距离结婚地较远，彩礼也全部折成了现金汇过去，省去了买彩礼的麻烦，而且礼金数额可以降低一些。在访谈中我们了解到，在当地娶一个本地女子的婚礼费用在2万~3万元之间。而外来女子婚礼费用只需几千元，婚礼仪式也只需请男方亲友；给女方家庭礼金多少一般由男方决定，汇过去即可；另外，结婚的程序也大为简略。

2. 生育观念转变，性别意识淡化

村民传统的生育观念是传统经济和传统社会的文化体现，受家庭文化和村落文化的影响。首先，农民传统生育文化是一种重生育的文化，是为了“传宗接代”和“延续香火”。所以，在农村多育、重男，有时不仅仅是出于家庭的考虑，更多是文化习惯和文化压力使然。其次，解决养老问题是生育观改变的关键。所谓“养儿防老”、“多子多福”都是出于把生育孩子作为自身未来生活保障的投资来考虑，尤其是生育儿子。

随着经济发展形势的好转，北锅盔村村民的生育观念发生了根本的变化，计划生育工作也逐见成效。农民切实感受到少生孩子所带来的好处；加之村委会运用个体利益导向的原则，对实行计划生育的家庭给予多方面的帮助和照顾，使之在致富的竞争中占据优势，尽快富起来。同时，为广大农民家庭起到示范作用，促进农民家庭生育观念的转变，形成新的农村生育文化。

如今的北锅盔村，已经由宝山乡14个行政村中年人均收入最低的村，一跃而成为年人均收入最高的村，而且近年来持续拥有着这一桂冠。现在，北锅盔村人均年收入已经达到5800元左右，绝大多数人家已经安装了固定电话和有线电视，还用上了自来水。

20世纪90年代以后，从北锅盔村被调查的育龄妇女的婚育情况看，晚婚晚育确实占有相当大的比例，被调查对象中晚育比例甚至占50%，

村里嬉戏的孩子

如农村育龄妇女没有20岁以前生育的，而25岁以后生育的达到生育数量的50%以上。从北盔锅村家庭现有孩子的数量情况看，有3个及3个以上孩子的家庭很少，调查中了解到一些家庭目前只有一个孩子，按照政策可以生育二胎的却没有生，并且也不打算再生。因为这些家庭在生育观念上已经发生了一定程度的转变，认识到致富不能多生，摆脱了愚昧的“越穷越生，越生越穷”的恶性循环。这些情况说明，现在农民家庭生育观念确实发生了巨大的转变。北锅盔村的独生子女户很多，村里规定，第一胎是女孩的允许要第二胎。改革开放以后，村民的思想发生了深刻的变化，第一胎是女孩的，有的村里给指标都不要了。从前抢生育指标，做结扎时到处跑着躲起来，那时的计划生育工作不好做；现在北锅盔村的计划生育工作名列宝山乡前茅。传统家庭人口再生产的格局发生了显著变化，生育繁衍人口不再是妇女的沉重负担，妇产院、妇幼保健院、幼儿园等机构的不断完善，使夫妻双方有更多的闲暇时间从事各自的事务，妇女的身心健康有了保障。

第二节　亲缘网络

亲缘在普遍使用时包含了血亲和姻亲两重关系。在一个家族村落中，原则上以父系血缘的单向亲缘关系为核心。以父亲血缘关系为主线条、家庭为本位、由家及族的单系格局构成北锅盔村的主要社会关系构架。单系传承推动了外婚制的盛行，“母系”是嫁入村的，来自几个固定的异姓家族村，通过姐带妹、婆带媳的“对村亲”，在村子里结成一个庞大的母系联姻集团。这种姻亲关系，使父系格局中的纵向关系之间，有了横向的血缘联系，因而也成为这个村子社会关系中不可忽视的重要组成部分。由此结成的网络关系，正是村庄亲缘关系的基础。

一　父系亲缘关系的扩展

从父系血缘出发，最基本的单位是家庭。家即是扩大了的家庭，在家族人的意识中，家是可以推展也可以缩小的，小到家庭，大到家族。“家本位”也可称作“家庭本位关系”。由于家庭是家族成员的第一血缘关系，亲子的伦理和行动规则决定了村里人与家族社会的关系格局，影响到人们的整体社会价值观和认亲认族的基本标准和线索。人类学和社会学意义上的家庭，一般是指一个包括父母及未成年子女的生育单位，但就中国乡村的家庭结构而言，家庭包括的子女有时是成年或已婚的子女，或者还有父亲的亲属，因而有所谓核心家庭、联合家庭、直系家庭和直系联合家庭等类型。

北盔锅村现有 191 户人家，共 735 人。从结构上看有三种类型，由一对夫妇和未婚子女组成实际上也生活在一起的核心家庭约 135 户，约占全村家庭总数的 70.6%。实际上的核心家庭还应包括那些户籍册上只填入了单亲而事实上完整的家庭。这由两种情形构成，一种是丈夫在外地打工，村里只留下“妻子和子女”的两地而居的家庭，另一种是已出嫁到外村外地而户籍和人都留在村里的“母亲加子女”的家庭。第二类家庭中的丈夫往往也来到村里工作，他们在户籍上被称为“空挂户”，而实际上的“家”可能安在村里，也可能安在别处。如果将这两种家庭也计算在内，这个村的核心家庭可

达约161户，约占全村家庭总数的84.2%。由两代一对已婚子女组成的主干家庭约有30户，约占总户数的16%，由两代以内两对已婚子女组成的联合家庭户、直系家庭和直系联合家庭等约占总户数的15.7%。村子里极少有单身家庭，一辈子没结过婚的现在只有五人，另有两个男性老人，孤身生活。村里无亲人照料的孤寡老人只有1户，由村委会出资请人照料。如果将村里人的家庭与家族联系在一起观察，可以概括为“大族小家”的结构。在同一族姓中不存在异姓竞争和分割，却面临着家族内部的诸种矛盾，家庭规模趋向于小而分散，则可以避免大家族中因劳逸不均和利益不均造成的内讧，也利于小农式的经营。当需要在政治上联合或经济上合作时，家族结构即可提供便利，以往互助合作时期和实行家庭联产承包制时，这个村里就一直有“亲帮亲”的合作组织形式。当然，大族小家的结构，是我们为便于对“族”和“家”划分边界而作的一种定性的描述和划分。在实际生活中，无论从亲缘关系还是出于事业上的考虑，村里人的亲缘确认都要从家庭向外推展出去。

北锅盔村对亲属的认同绝不局限于家庭这个小的群体。从这个小的群体延续父系的血缘关系向外推三代，是他们的近亲圈子本家。村里人虽同家族的血脉关系，但说亲戚，一般只说到本家，而本家以外的关系，并不再认真地确认谁是再远一点的亲属。特别是中年以下的人，很少能够数出四五代以上的家族的脉络，对于辈分也只确认一个有限的范围，并不那么十分讲究。这从家族内部并不那么认真排辈也可说明一二。在一般的大家族内部，辈分关系是通过辈字作为符号来确定的。传统上，家族成员名字中的第二字大多是用来作为辈分象征的，确定之后，同族内的人便可以方便地辨认对方属于哪一辈，然后确定自己应该采取什么样的态度。可是，在这个村的各个家族中，却没有排辈字的传统，村民姓名中的第二字并无规律可循，只有个别字如金、本、水等出现的频率较高，但已失去了辈字的意义。实际中的家庭生活也极少与本家以外的人发生联系，即使在与亲属有关的重大活动中，如祭祖、办红白喜事等，也是这样。

北锅盔村中以本家、族逐渐推展的亲属关系，形成了村民的基本社会活动圈，不仅在祭祖活动中，就是在其他活动中也都照例行事。家庭的红白喜事，一般是由本家人操持办理，但参加者的范围往往比过去还要扩大。范围

的大小，不仅取决于处于中心地位的当事人家庭势力的强弱，也取决于其经济实力的大小。基于历史的传统，本家一般都集中在同一个小村里，原来居住很集中，现在则随着新的住宅从旧宅向外延伸或搬迁，逐渐分散。不过，经济活动和行政关系使他们仍同属于一个小村。

村民邓氏家族族谱一

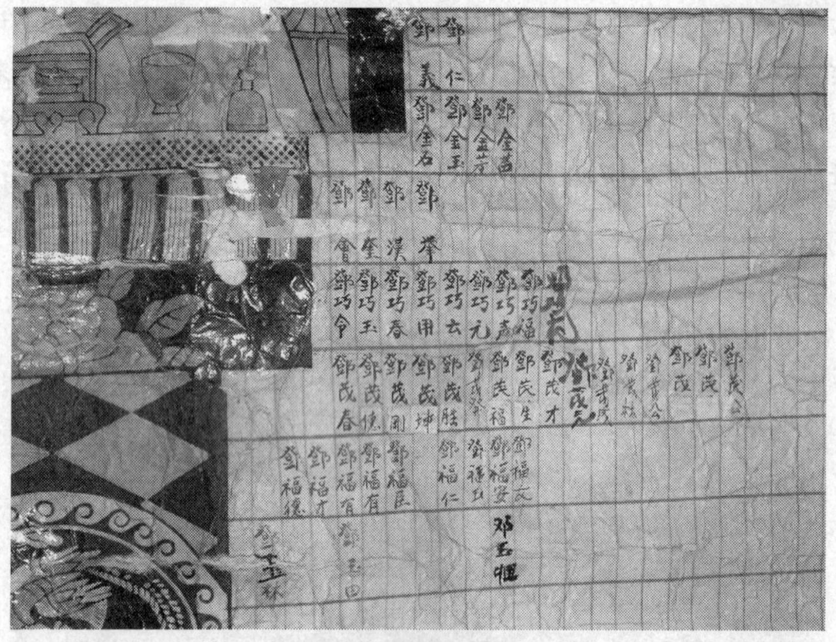

村民邓氏家族族谱二

家是一个扩大的父系亲缘群体，它不包括母亲方面的亲戚和已出嫁的女儿。父系亲缘群体的成员在分家后，仍然在一定程度上保持着原来家庭的社会关系。当家庭的核心增大时，这个群体就变得不稳定，就会导致分家。但已经分家的相互间又不完全分离。经济上他们独立了，即他们各有一份财产，各有一个炉灶，但各种社会义务仍然把他们联系在一起。他们通常住在邻近的房屋里，有时共用一间大的堂屋，在日常生活中关系比较密切。第二代之间的相互帮助和日常交往的密切程度视亲缘关系的远近和居住地区的远近而异，但关系较和谐融洽。

北锅盔村家族图谱模式：

赵氏家族名谱录

本家族基本情况：我赵氏家族祖先最早从云南移至山东省强南县辛王庄一带生活。大约在清朝道光（1821 年）与咸丰（1851 年）年间，第一、第二代又从山东胶东半岛坐船至辽东半岛，在下船时，不知何因少下船一人，从此就一直无音信。剩下三人开始到吉林省梨树县某地居住。在1895年左右又搬迁到磐石市大锅盔村下开荒种地直到现在。现在已经发展到第八代了，人口近200人（包括已故去的）。我们衷心希望本家族一代比一代兴旺，直至走向辉煌。

编后语：

经过多方努力与考虑，尤其在我三伯父赵祥的支持和帮助下，搜集了大部分相关资料，终于把家族名谱录定稿打印成册。名谱录主要包括三个内容：家族支系分支图、家族支系示意总图和家族人员明细表。

制定本家族名谱录主要目的是一代接一代延续下去，促使我家族发扬光大。这本家族名谱录与以前记载供奉的家谱有所不同，现在除了记载名字还尽量把出生时间与故去的时间、属相、从事何种工作及居住地点一一记载，还把女儿与女婿都记录在册。本名谱录中运用的编号，第一位数字是代数，第二位数字是上一代的排行数，第三位数字是本代排行数。A代表男性，B代表女性。

最后，衷心希望本家族一代比一代兴旺，直至走向辉煌。也希望每一代人都负起一定的责任，将其详细耐心地记录下去。

赵氏家族1~8代支系见图2-1。

二　母系亲缘关系的扩展

母系亲缘关系的扩展构成北锅盔村社会关系的另一重要方面。从北锅盔村现行的亲属和亲戚关系上看，村里人不排斥母系亲属之间联姻。嫁入的媳妇，自动成为配偶所属家族的成员，所以，村里人并不排斥作为媳妇的外来人。村里人认亲的秩序是对因母系结成的亲戚采取冷淡和疏远的态度。由此看来，母系亲缘关系的形成，实则是为了父系血缘的世代传承，从这层关系上说，母系亲缘关系结成的亲戚关系从属于父系亲属关系。

北锅盔村地处平原和半丘陵地带的交界处，周围村社和集镇密布，与外

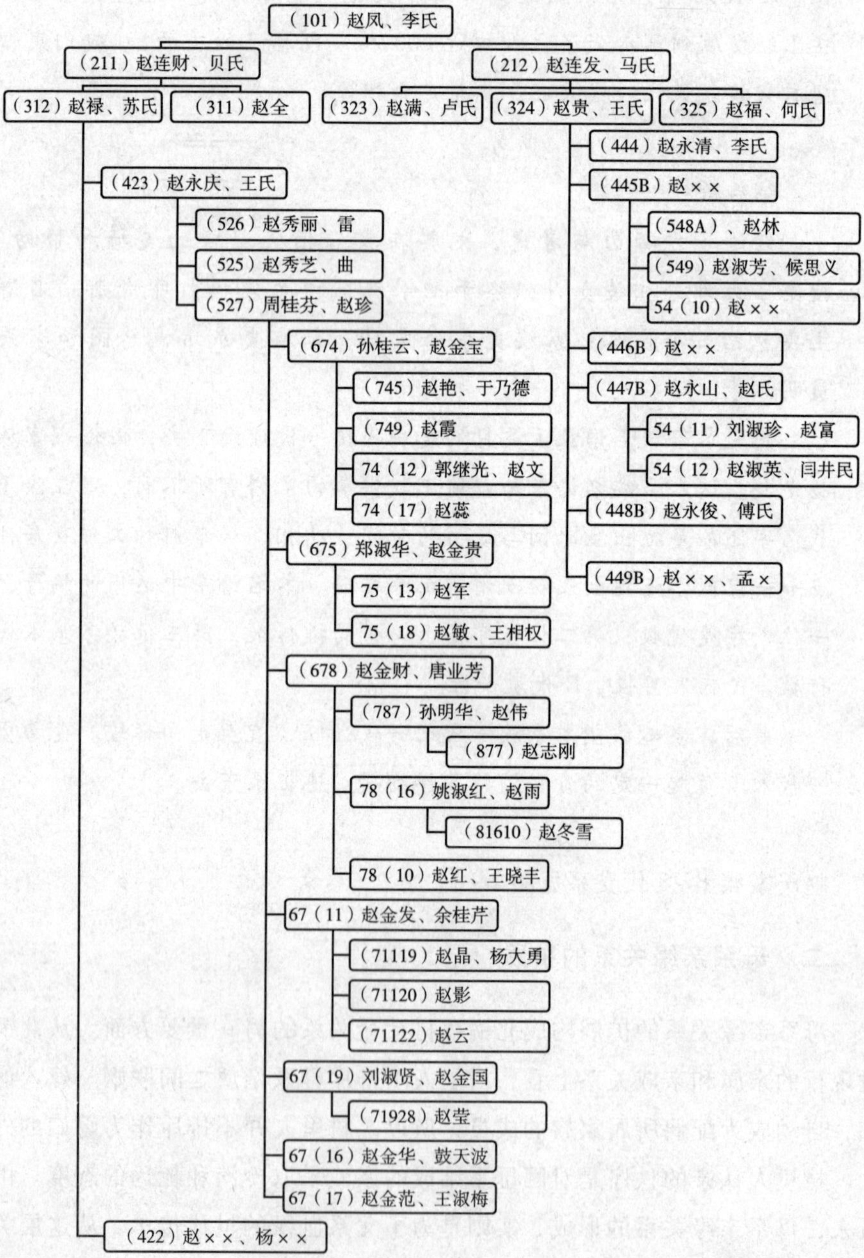

- (101)赵凤、李氏
  - (211)赵连财、贝氏
    - (312)赵禄、苏氏
      - (423)赵永庆、王氏
        - (526)赵秀丽、雷
        - (525)赵秀芝、曲
        - (527)周桂芬、赵珍
          - (674)孙桂云、赵金宝
            - (745)赵艳、于乃德
            - (749)赵霞
            - 74(12)郭继光、赵文
            - 74(17)赵蕊
          - (675)郑淑华、赵金贵
            - 75(13)赵军
            - 75(18)赵敏、王相权
          - (678)赵金财、唐业芳
            - (787)孙明华、赵伟
              - (877)赵志刚
            - 78(16)姚淑红、赵雨
              - (81610)赵冬雪
            - 78(10)赵红、王晓丰
          - 67(11)赵金发、余桂芹
            - (71119)赵晶、杨大勇
            - (71120)赵影
            - (71122)赵云
          - 67(19)刘淑贤、赵金国
            - (71928)赵莹
          - 67(16)赵金华、鼓天波
          - 67(17)赵金范、王淑梅
      - (422)赵××、杨××
    - (311)赵全
  - (212)赵连发、马氏
    - (323)赵满、卢氏
    - (324)赵贵、王氏
      - (444)赵永清、李氏
      - (445B)赵××
        - (548A)、赵林
        - (549)赵淑芳、候思义
        - 54(10)赵××
      - (446B)赵××
      - (447B)赵永山、赵氏
        - 54(11)刘淑珍、赵富
        - 54(12)赵淑英、闫井民
      - (448B)赵永俊、傅氏
      - (449B)赵××、孟×
    - (325)赵福、何氏

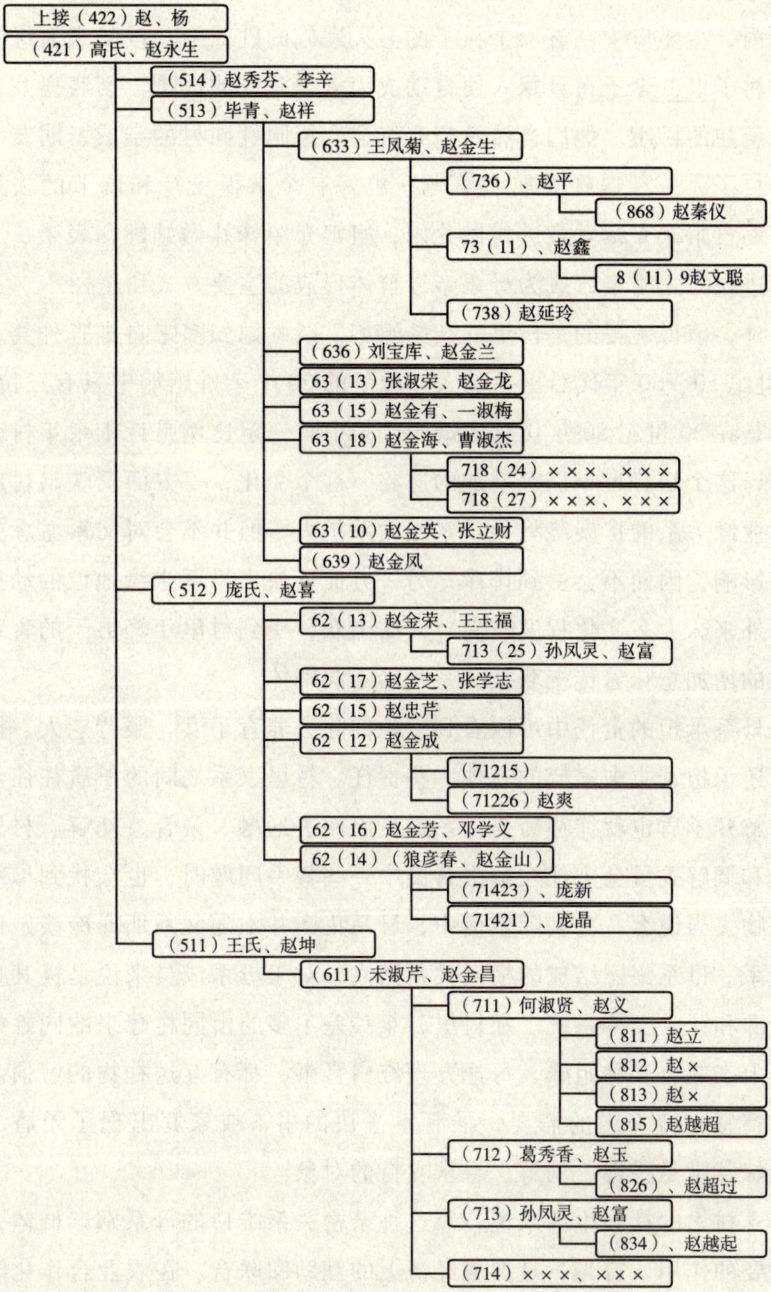

- 上接（422）赵、杨
- （421）高氏、赵永生
  - （514）赵秀芬、李辛
  - （513）毕青、赵祥
    - （633）王凤菊、赵金生
      - （736）、赵平
        - （868）赵秦仪
      - 73（11）、赵鑫
        - 8（11）9赵文聪
      - （738）赵延玲
    - （636）刘宝库、赵金兰
    - 63（13）张淑荣、赵金龙
    - 63（15）赵金有、一淑梅
    - 63（18）赵金海、曹淑杰
      - 718（24）×××、×××
      - 718（27）×××、×××
    - 63（10）赵金英、张立财
    - （639）赵金凤
  - （512）庞氏、赵喜
    - 62（13）赵金荣、王玉福
      - 713（25）孙凤灵、赵富
    - 62（17）赵金芝、张学志
    - 62（15）赵忠芹
    - 62（12）赵金成
      - （71215）
      - （71226）赵爽
    - 62（16）赵金芳、邓学义
    - 62（14）（狼彦春、赵金山）
      - （71423）、庞新
      - （71421）、庞晶
  - （511）王氏、赵坤
    - （611）未淑芹、赵金昌
      - （711）何淑贤、赵义
        - （811）赵立
        - （812）赵×
        - （813）赵×
        - （815）赵越超
      - （712）葛秀香、赵玉
        - （826）、赵超过
      - （713）孙凤灵、赵富
        - （834）、赵越起
      - （714）×××、×××

图 2－1　赵氏家族 1～8 代支系示意总图

界的联系极为方便广泛，但婚姻选择的范围却是狭窄的，在方圆 5～8 公里的地域内，主要集中在五六个村子的五大宗族的姓氏上。以父亲血缘关系为主体的村子里，妻子一旦嫁入便自动成为丈夫家族的成员，彻底离开自己社会关系所在的村庄。他们自然希望有机会介绍同姓同村的亲戚、朋友一同来到新的村子，一旦遇到委屈和难题，也好有个求得支持和调节的去处。于是，婆婆自娘家介绍女亲进村做儿媳，姐姐介绍妹妹做妯娌，表亲、朋友相互介绍进村与之结亲，成为母系亲缘群体形成的主要方式和途径。

另外，值得一提的是村里的杂姓媳妇。杂姓媳妇多来自本省外县，大多是 20 世纪 50～60 年代后出生的人。村里的 20 个杂姓媳妇中只有三位老人，其余都是在 20 世纪 80 年代后成婚的，其中有一定比例是近十余年村企业的打工妹，这个趋势近年仍有增加的迹象。这个变化，一方面反映出村庄工业化后，业缘关系的扩展终将导致亲缘关系扩大，但并不会对父系血缘关系产生任何影响，因而不会受到排斥；另一方面反映出母系亲缘地位的动摇，嫁入村的外来妹大多文化程度较高、人品出众，受到村里年轻男子的青睐，她们人数的增加意味着传统联姻关系开始走向解体。

从母系承担的责任中可以看到，她们除去养育子女、服侍老人、操持家务外，还承担着丈夫家族的其他一些责任。村里家系之间的矛盾往往与妇女有关，解开矛盾也就往往需要母系成员出面去通融、说合、劝解。村里的妇联主任和调解委员会主任在解决村民中一些棘手问题时，也会找到母系中的关键人物去当说客。在实际生活中，母系集团并不随父系那样冷淡她们相互间的关系。母系集团结成的横向关系网络，对于母系成员来说是极其重要的社会资源和社会支持系统。在村里，年龄差不多的由同村嫁来的同姓姑娘即使认不上亲戚也互称姐妹，每逢办理红白喜事，都有互送礼物的习惯。她们之间有情感支持安慰的需要，谁有不愉快的事，或家庭出现了矛盾、受了气，姐妹常常是投诉、劝解、寻求支持的对象。

对于村里的社会生活来说，靠这种亲密关系维持的母系姻亲群体，同样具有重要的作用。首先，是形成经济上的互助和联合。在农业合作化时期和家庭联产承包制时期，农户之间多有经济上的互助合作，合作的对象主要是近邻和姻亲。虽然在发生经济纠纷和承担风险时，亲戚是最难处理的关系，

但在需要经济支持和合作时，他们也是最可靠、最可信任的社会关系。其次，母系联姻结成的关系网络是一个十分便捷的传播网，村中的许多信息都是借助于这个网络而传播的。事无巨细，只要进入这个网络几乎就村人皆知，人人参与其中了。村里人虽然有“女人不管外边事”的说法，却又不能不承认在她们中传播的消息不能不听。由于母系联姻集团的存在，她们之间结成的特殊社会关系使这个村子的妇女对村里事的参与比我们所见到的其他村庄更深入，议事论事比街头巷尾“妇道人家的闲言碎语”更有“水平”。因此，母系联姻集团结成的传播网为村民有效地参与村中事务起着推波助澜的作用。

因而，母系亲缘关系的存在，已经在某种程度上改变和调和了父系血缘关系的体系格局。只确认父系血缘关系的社会是一个典型的纵向结构的社会体系，母系亲缘关系的存在虽然没有也不可能动摇或改变这个纵向垂直的结构，但却使由“族—户”形成的纵向链条之间发生了广泛的横向间的联系。这种母系亲缘关系之间结成的横向联系，不仅在一定程度打破了父系辈分间森严的等级关系，而且对这个等级森严、结构严密、关系复杂而多有摩擦的体系，起着“润滑剂”的作用。母系在结构中的穿插，实际上对以父系为基本骨架的社会结构具有监控、缓冲、调节和平衡的意义，它存在的价值就不仅只是达成婚姻上的方便，也在于使父系为主的社会结构协调地运转。

三　由亲缘关系扩展而形成的业缘关系

在事业上扩展的亲缘关系，沿父系的坐标从家庭推展开始，到族结束，村即是它的边界；沿母亲的坐标虽有村际间的交叉，但由于村里人对母系姻亲关系持冷淡的态度，村际间又有地理上和交往上的隔膜，一般娘家人极少参与村民日常生活。不过，我们在北锅盔村里却可以发现亲缘关系向村域外扩展的事实。亲缘关系向村域外的扩展遵循的不是“家”作为血缘群体的原则，而是作为“事业单位”的原则。主要沿着两条线索进行：一种是出于发展事业的需要，借助宗族的亲缘联系，进行地域上的扩展，结成家族的地方群体联盟；另一种亦是出于发展事业的需要，拟制出类似亲缘的关系，在利益加感情的双重关系下，结成家族与非家族成员间的合作联盟。

在乡村中，家族不仅仅是一个亲缘群体，还是一个事业社群，家的大小是依着事业的大小而决定的。如果事业小，夫妇两人的合作已够应付，这个家也可以小得等于家庭；如果事业大，超过了夫妇两人所能担负时，兄弟叔伯全可以集合在一个大家里，这种特性不仅在传统的乡土社会中十分明显，在改革开放后的新的经济和社会活动中，仍然延续并且有效的作用着。在现实生活中，如果不同族杂居人们就开始更多的认同地缘关系和行政关系，村民的日常生活和重大活动都很少回到原来的同族中去。一个例子是办红白喜事时不再只照顾同族的亲戚关系，还包括大多与自家并不无同族关系的村民，新婚的年轻夫妇甚至将本村以外的同族的数得上辈分的年轻人称作朋友。朋友是他们有意避开家族关系的称谓，主要是同族间业缘和情缘关系扩展的结果，大多是因为一起做买卖、一起上班和一起玩而结成的密切关系。在村里结成的朋友关系也是重要的社会性资源，一个人朋友多村里人对他的人缘评价就高，而“缘分多”得到的社会资助也就多。村里人在做生意、介绍工作、集资和其他社会活动中都依仗这种关系。

进入 20 世纪 90 年代后，北锅盔村的经济已经到了在域外寻找出路的阶段。一方面，宏观经济体系或主流经济并没有给村办企业多少域外发展的余地，这一类远离村庄的产业，往往难以控制和运作，一遇风险，首先受到冲击。另一方面，村庄的产业很难融入域外的社会，它们离开本土和村庄也就失去了社区的保护，在异地难以生存，遇到经济纠纷和其他与地方打官司的问题，往往难以胜诉，向域外发展已成为一个“两难选择”。所以，北锅盔村的亲族网络不仅充分利用了村落内部的资源，而且将网络延伸到村外，将村外的资源带到村内来发挥作用，为村民个人、家庭乃至整个村落共同体的发展提供了累加的资源。例如，利用北锅盔村联合建起的娃哈哈水厂，不仅开发了当地的自然资源，而且还带动了当地的经济发展，为当地村民提供了进厂工作的机会。

第三节 村民小组

村民小组是人民公社时期的生产队的前身。北锅盔村的生产队编制经历了多次变迁，1956 年建立北锅盔屯，是当时自然生产队。1962 年 9 月，《农

村人民公社工作条例修正草案》将公社的基本核算单位改为生产队，改变了生产单位与分配单位相分离的状态，确立了以后长期得以执行的“三级所有，队为基础”的人民公社体制。这一年北锅盔村被分为三个社即大锅盔社、北锅盔社、水库社，直到 1980 年散社。

在人民公社时期，生产队对本队范围内的土地、劳动力和大牲畜等拥有所有权，独立核算，自负盈亏。在生产管理上，生产队有权制订生产计划，直接组织生产，组织本队一切有劳动能力的人参加劳动，按照劳动的质量和数量记工分，根据工分分配收益。由于生产队拥有所有权、组织集体生产劳动的自主权和分配权，生产队对内对外享有强大的领导权力。

1981 年北锅盔村实行大包干（村民又称为“单干”），生产队随之解散，分成了三个村民小组，各小组的户数和土地规模与生产队时期相同。但在日常生活中，村民仍然习惯称自己是“××社的”或“××屯的”。1992 年三个村小组合并成北锅盔村，成立村党支部和村民委员。此外，每 10 户有 1 个村民代表组成议事会，议事会有家族的性质，如姓张的选一个代表，代表本家族。村党支部和村民委员所有干部都选举产生（每三年一次改选）。1997 年北锅盔村进行了人口普查统计，全村总户数是 191 户，总人口 771 人。

村小组与人民公社时期的生产队相比，村民小组的功能发生了很大变化。但是，生产队时期形成的社会关系依然延续，村民小组仍然是村民日常生活和生产经营中相互扶助的基本单位。

1. 耕地分配和农业生产互助的基本单位

1982 年，北锅盔村第一次按现有人口实行土地承包，施行并遵循统一经营包干到户和死不退生不补的原则。大队与每一农户签订了责任合同书，将口粮田按人口承包，每人 3 亩，由农户自主经营。合同书规定了每户承包责任田的面积、缴农业税额、提留任务、义务工和计划生育等内容。1996 年调整土地时，按此原则进行了二次承包，在上一次规定的原则上又规定了承包 30 年不变，承包之日起自己可以转让或承包。

北锅盔村作为中国北方的一个小村，土地不算多。村里根据自身特点早在 1974 年就派出人员外出学习果树栽培技术。1988 年北锅盔屯就是一个果树专业屯，成立北锅盔村后成为果树专业村。村里最先种海棠，后来改种金

红苹果，现在主栽“123”苹果，目前正在酝酿改种耐寒、耐热、耐储存的大型果，并努力使果村基地向产业一体化方向发展。从果树品种的调整过程来看，我们仍然可以发现北锅盔村村民在农业生产和经营上对集体和村民小组的依赖性仍然很强。

2. 村民小组具有传达功能

各户的征粮通知单、交款单和电费单等均需村民小组挨门挨户送达。村民小组长又称社主任，是北锅盔村村民代表会议的组成人员。小组长的人选由村党支部提名，不直接投票选举。作为村民代表，他们负有反映村民意见的责任。一般来讲，村民的意见主要集中在修路、土地分配和村落建设方面。

现任村书记主要对全村总负责和财政审批；村长负责行政、生产、治保；村小组长负责通知、管理本小组，调解纠纷，在村与小组服务中起衔接作用。每个村民小组有一名妇联委员，主要负责计划生育，组织育龄妇女的孕检，报酬和小组长一样，每年400元。

第四节　村落民间自治群体——“代东”

提起“忙头”，大家也许并不陌生，在陆学艺等主编的《内发的村庄》一书中已介绍了“忙头”。“忙头”这一群体不仅普遍存在于中国华北地区的村落，同时也存在于中国东北的广大乡村。正如陆学艺所言，其称呼略有不同，在北锅盔村将“忙头”叫“代东”，但意思都是代表事主说话，帮助事主处理并组织红白喜事的全过程。

以“代东”为首的红白喜事的主事人所构成的群体，是一种具有民间组织功能的群体，承担与村民婚丧嫁娶等生命礼仪相关的事务，在这一范围内的成员具有超越血缘纽带、日常利益的在生命意义上的共同归属意识，是中国村落共同体的基础要素。所谓村落是一个与家庭同时存在的实体，是农村聚落的简称，成为长期生活、聚居、繁衍在一个边缘清楚的固定地域的农业人群所组成的空间单元。[①] 村落承担了一种保护、保障村落成员的功能，因

① 刘沛林：《古村落：和谐的人聚空间》，上海三联书店，1997。

此它是作为社区成员的共同体而存在的。虽然关于中国农村是否具有村落共同体的性质，长期以来在社会学界有着不同的看法，但支持村落共同体存在的基础似乎主要来自两大方面，第一是村落作为社区对于社区内成员有保护、保障功能，对社区外成员则具有排斥功能；第二是国家力量在管理农村方面通常以村落为基层单位，一般并不直接面对数不胜数的家庭。因此，只要这两个基础，特别是前一基础不瓦解，村落作为乡村社会的一种共同体始终会得以存在。本节就以北锅盔村为例，研究中国村落共同体的基础要素——一种具有民间组织功能的“代东”。

一　“代东”群体

北锅盔村的“代东”自治群体包括以下几类人员：“代东”是这一群体的领袖，代表东家说话办事，负责组织红白喜事的全过程，召集帮忙人手，确定分工，安排酒席，接待客人等。“忙工头”主管后勤人员的任务分配，如炒菜、烧火、做饭、传菜等人员的任务分配。“落忙”也叫忙工，他们是由一群20岁左右的小伙子组成，主要承担端菜、盛饭等的体力劳动。

“代东”自治群体除了以上三类主要人员外，还有接亲（一般为女性，岁数偏大）、领亲（亲属当中选，性别不限，能压事即可）、主持（常是男性，无偿服务，但现在一般去城里雇）。

代东和忙工头都是村民们公认的民间能人，而不是由村党支部指定。他们具备一定的素质，有丰富的经验，精通当地的民间习俗；有威望、办事公正、热情、有信用、能组织；被公认为办事认真，不给房东乱花钱。所有这些都为他们赢得了极高的社会声望。然而一开始他们也只不过是一般的村民，但他们突出的办事能力、为百姓服务的热情，被百姓看重，所以每当有红白喜事，百姓都会上门去找他们帮忙，久而久之他们便自然成为这类人员。公认的社会角色一经确定，他们也便由百姓上门去找变成了积极主动的上门服务，但这种服务是纯义务的、无偿的劳动。四五年前，这类人员都是由岁数偏大的人员组成，每社大约有三四人，一干就是二三十年，但目前有年轻化的趋势。

表 2－1 中杨振军之父杨贵是上一任代东，今年 66 岁，干了 27 年，因年事已高，身体欠佳已退任，现看水房；唐春材之父是上任忙工头。表面上看，好像是继承现象，其实不然，这里没有家传这一说法，主要还是看个人能力，即使可以家传，没有办事能力也是不能担此重任的。

表 2－1 北锅盔村大锅盔社现任“代东”自治组织成员名单

头 衔	姓 名	性别	年龄（岁）	工作年限	备 注
代 东	吴玉福	男	60	30～40 年	—
	杨振军	男	33	2004 年上任	本社社长，年轻化趋势
忙工头	唐春材	男	38	7 年	年轻化趋势
接 亲	杨 芹	女	60	35 年	—
主 持	赵红生	男	43	10 年	—

二 代东的工作过程

1. “红事”与代东

东北地区农村的婚嫁程序一般为：①订婚：双方亲属认识，相互沟通，确定彩礼、婚礼日期，操办方式等；②结婚：这一过程则主要由代东负责；③回门：也叫回酒，一般指结婚后的 3～7 天（视娘家远近而定），男方陪同女方一起回娘家看望父母，男方父母一般会给新婚夫妻带上葱（聪明）、花生（早生贵子）、糖果（生活甜甜蜜蜜）。

在北锅盔村，婚嫁的时间一般为春冬两季（基本上代表了整个东北农村现象）。原因之一，这是农闲时间，事主可以有足够时间去准备。因为无论是男方还是女方至少都得准备两天，第一天为水桌，第二天为正日子，有些大户人家准备就得两三天。无论时间长短，这一过程都需要村民们的参与，只有在农闲时间村民们才会乐此不疲。原因之二，这一时期的剩饭菜可储存，避免浪费，节俭这一习惯在农村一直保存着，不仅事主可储存剩饭菜，左邻右舍都可去折一些剩饭菜。

上文已经提到，一般的婚嫁都至少需要两天。第一天，代东就会主动出现在事主家，和事主协商整个婚礼的过程，并安排忙工头、落忙、主持等各自的任务。这一天的任务主要是准备工作，如买菜、布置新房等。第二天婚

村民婚礼礼单

礼正式开始，一大清早代东就会带人在事主家院子里布置典礼现场，先是放个大屏障，上面贴上红色大喜字、对联，再写上新郎新娘的姓名，然后在前边摆个桌子，铺上红色台布，放上鲜花等。与此同时，接亲的队伍也就出发了，一般在上午的8～9点（视新娘家距离的远近而定），这一队伍主要由接亲负责。随着农村生活水平的提高，村民也开始雇各种轿车去接亲，一般4～5辆，如果新娘是本村的，可不用车或少用车。北锅盔村有一风俗，就是在男方院子里铺上红布，从大门口一直铺到新房门口，供新娘和娘家亲在上边走进新房。婚礼的仪式一般在上午10点左右举行，主要由主持念结婚证，新郎新娘拜见男方父母，有时也会让新郎新娘介绍一下恋爱经过，提高喜庆的气氛等。这一仪式已有五六年的历史，类似于城里的仪式，同时也是从城里学来的，这说明城乡距离正在不断缩短（雇车、请主持都能说明这一点）。仪式过后，就是招待娘家亲等八方来客了，一般在10:30左右开席，四十多分钟一席，每席10～12桌，每桌10人左右，视客人的多少定席数，但最少也得四席，第四席主要招待代东、忙工头等帮忙人及自家人。大约在下午2点整个婚礼就结束了，随着婚礼接近尾声，代东、忙工头等人的工作也就完成了。

虽说代东、忙工头等人员的劳动都是无偿的，但喜事办完后事主也要答谢，如送毛巾、手套等实用物品，没有现金报酬，但如果主持、厨师等是从城里雇来的，那就是现金报酬。在北锅盔村有一特殊的风俗：在宴席间事主如果吩咐厨师给娘家亲加菜，娘家亲就会当场给厨师赏钱，那么事主也要给厨师同样的赏钱，厨师就会拿着这笔钱去买烟，然后给后厨人员平分。

2. “白事”与代东

白事不同于喜事，无法准确预测时间，一般比较紧急，因此代东必须具备很强的应变及组织能力。在东北农村，白事办三天，北锅盔村也不例外。随着国家殡葬改革制度的实施，北锅盔村也响应了地方党委和地方政府的号召改土葬为火葬。

第一、二天，事主找代东，商量丧事操办事宜。随后代东就会召集一些忙工来帮忙，无论叫到谁都得随叫随到，而不能以任何借口推脱，否则轮到这样的人家办事时，就会被故意拖延或加大开销等，这就是一种民间惩罚制度。然后，代东派人向亲属报丧，给死者净体、更衣，并供上祭品（一般有馒头、苹果、橘子、香蕉），同时点着一盏小油灯。子女一律着孝服，晚上亲属要守灵。在亲属、乡亲前来慰问死者家属时都会上礼，过去百姓送的是烧纸（阴间钱），现在变成了送一定数额的礼金，金额不限。

第三天，下葬。早上 4 点左右，先去火化，然后下葬。根据当地风俗，一般男性亲属都去，而女性不去。在去营地的途中，儿子要打领路幡，走在灵前，姑爷扔买路钱，路过河、桥时要压一张烧纸。到墓地后，儿子要挖头锹土，葬毕要立碑，并摆上祭品。10 点左右，送葬队伍就会返回，这时事主就要设宴招待八方来客。

从亲人死亡第一个七日起，每逢第七天都要祭亲，一般以 5 个或 7 个为常见。以后每逢死者忌日、春节、清明、农历七月十五（即民俗所谓鬼节）等，家人都会焚香、烧纸、上供来祭祀死者，并祈祷死者保佑家人。

随着北锅盔村变成果树专业村，那里的村民生活水平日益提高，除了婚丧嫁娶受到百姓的重视外，盖房上梁、父母过寿、生子、升学等都被那里的村民视为头等的大事。每当这样的大事发生时，村民都会办酒席。与此同时，以代东为首的代东组织就会主动出现在事主家里，为事主办事，为百姓服务。

第三章　村民阶层结构的分化

在20世纪50~80年代间，由于当时特殊的政治环境，再加上北锅盔村恶劣的自然条件不适合传统农业的种植和生产，因此，当时的村民普遍处于贫穷和饥饿之中。那么，从社会分层角度来看，当时的北锅盔村恐怕也只有一个阶级阶层——农民群体，因为当时农村社会是一种“共贫”，整个社会仍然是一种未分化的“村域共同体”。

20世纪90年代，随着北锅盔村果树专业村地位的确立，果树种植业逐渐开始带来收益。在整个村落财富和收入日渐增长的同时，北锅盔村也开始因村民收入的差距而带来了相应的分化。那么，从北锅盔村经济发展的过程中，我们可以清楚地看出，这种经济上的分化更多地与村民在村落共同体中所从事的职业有关，更具体地说这种差别体现为从事传统农业还是从事果树种植和果品经营之间的差别。

或许，这是北锅盔村村民第一次真真切切地感受到彼此之间的“不同”和差异，不管怎样，这种分化一经产生，必将持续下去。村民由经济收入的差别而带来的村落分化，也将体现为穷人和富人之间在诸如行为方式、价值观念和职业选择等方面的重大差异。那么，由此分化势必也会造成整个“村落共同体”的分裂，而如何重新凝聚富裕起来的村民，恐怕这不只是北锅盔村面临的难题。

第一节　村民的阶层结构

一　改革开放以后社会各阶层及其基本特征

在计划经济体制下，北锅盔村的农民利益一致，职业相同或相近，居住环境相同，共同拥有生产资料，基本上也是平均分配。虽然在职业上有农业劳动者、企业职工、手工业者和干部的区别，但在人民公社体制下，大家在生产队中的地位和收入方面的差别很小，没有明显的阶层分化现象。

随着计划经济向市场经济的转变，农民开始表现出地位的差别，这种差别是以占有生产资料和在现代社会生产中从事不同职业或由职业引起的利益一致与不一致为出发点的。

在市场经济条件下，随着北锅盔村果品经济的专业化，村民的职业类型也开始多样化了，劳动空间拓宽了，收入差距扩大了。目前，在北锅盔村已经形成了果农、果树技术员、果品经纪人、外出打工者、乡镇企业职工、管理者、文教和医疗工作者等七个阶层群体。根据我们在北锅盔村所收集资料的统计，北锅盔村目前有果农 600 人，占 80%；果树技术员 15 人，占 2%；果品经纪人 15 人，占 2%；外出打工者 80 人，占 12%；乡镇企业职工 15 人，占 12%；管理者 8 人，占 1.5%；文教和医疗工作者 5 人，占 0.5%。他们具有各自不同的经济利益、社会地位、生产方式和价值观念。

1. 果农群体

北锅盔村是果树专业村，果农是直接从事果树种植生产，以果树种植收入为主要来源的劳动者。这个阶层人数最多，有 600 人。他们的学历普遍较低，大部分是小学文化，文盲、半文盲占 1/4。人均年收入大约 5800 元。他们对职业和收入的自我满意度较高，普遍认为自己的收入较以前有明显提高。这是一个收入水平提高、传统观念较强、对自己的职业和生活比较满意的阶层。

2. 果树技术人员

北锅盔村果树技术人员是从其他阶层中分离出来的，他们掌握果树技术，而且多数是兼职人员。在北锅盔村，从事这个职业的人数为 15 人，与周围普通群众相比，他们文化程度相对较高，高中毕业的人占多数。这个群体仅每年为村民提供技术支持和服务一项，收入约在 2000 元，相对于他们的主要收入来说，这属于额外收入。总而言之，这个群体的社会声誉在村中位于中等偏上。

3. 果品经纪人

这个群体人数是 15 人。他们的工作风险较大，一般是村干部和产业大

户。他们年收入在5000~8000元之间，社会声誉一般，文化程度多数是初中，高中较少。这个群体大都与村里事务紧密相关，无论是村官，还是产业大户都直接或间接影响和左右着北锅盔村的发展。他们能够从事果品经纪人工作，这与他们掌握着村里的行政资源和具有乡政府的背景密切相关，而且他们对市场的了解和与外界的联系比较频繁，也是他们能够胜任的重要条件。

4. 外出打工者

他们是拥有某种技术或经营能力、自有生产资料或资金，从事某项专业生产的劳动者。约有80人，他们文化程度低于企业职工，但高于果农。他们承包着村里的土地，却又以转租的形式，交由别人代种。作为个体体力劳动者，他们离土又离乡，一半以上在外省市工作，上不能侍奉父母，下不能抚育子女，有后顾之忧。他们凭自己的技艺和经营能力吃饭，直接承担市场风险，职业压力很大。政治参与度高于农业劳动者又低于企业职工，对国家的个体经济政策比较关心。一部分人在县城买了房子，为子女买了户口，准备迁居。有些人在大城市工作了十多年，乡土观念日渐淡薄，很想在城市落户，但苦于无门路可走。他们人均年收入8000~10000元，对职业和收入的满意程度既高于农业劳动者，也高于企业职工。这是一个经济得到实惠、生活比较充裕、兼有传统农民与城市居民生活方式、与农村若即若离，同城市又难以完全融合的阶层。

5. 乡镇企业职工

乡镇企业职工离土不离乡，早出晚归，以工为主，兼种承包地。文化水平较高，中学生比重达78.9%。以18~35岁青年为多，约占57.9%。其中女性占47.4%。

他们常常加班加点，节假日不多，而且早晚还要种承包地、做家务、扶老携幼，少有空闲。这个群体人均年收入为15000元左右，职工之间收入差距较大，多的1万多元，少的3000多元，他们没有“四险一金”，十分担心养老保险问题，希望也能实行8小时工作制，过正常的节假日，病有所医，老有所养。这是一个经济上处于中等、政治上比较开放、初步具有现代意识和价值观，对发展前景充满向往的正在发展壮大的一个阶层。农民职工是社会主义市场经济条件下成长起来的农村工人阶级，他们与现代大工业和市场经济相联系，思想解放，勇于开拓，必将随着农村工业化的发展成长壮大，成为建设现代化新农村的主力军。农村个体劳动者是乡村工业起飞前农民分流的主要渠道，也是农村工业化的产业后备军，私营企业主的摇篮。

6. 管理人员

这个群体是从事着领导、经营、管理以及其他脑力劳动的村干部。这个阶层共 8 人，人数虽少，但担负着重要的社会职能。他们也是兼业，在从事体力劳动的同时，也从事脑力劳动。年龄在 40～50 岁之间，男多女少，而且学历以中学为主，约占 50%。收入略高于果农、个体劳动者和企业职工。从政治面貌上讲，以党员居多，约为 60%，他们政治参与意识强，是政府联系农民的中介和桥梁。这个群体心理压力较大，既有来自上级机关的行政压力，如产值指标、各项评比检查等，又有来自市场的压力，还要承担着计划生育等与群众切身利益紧密相关的工作，有时还会与村民发生冲突。因此，他们的社会压力较之其他阶层较大。总体上看，这是一个在政治上参与意识强，在经济上相对富足并维持较高生活水平，同时对个人职业和社会整体都感到相对满意的阶层。因此，无论是职业声望、社会地位，还是自我满意程度等方面，他们都是村民中最高的。

7. 文教和医疗工作者

这个群体主要是医生和教师，全村共有 5 人，学历层次主要是高中以上，主要从事脑力劳动。他们大都年收入在 15000 元左右，有正常的节假日，病有所医，老有所养，是思想比较活跃、获得信息量比较大的一个阶层，社会声誉比较高，自我认同程度也较高。

二　改革开放以后各阶层的关系及阶层结构的特点

1. 改革开放以后北锅盔村各阶层的关系

改革开放以前，北锅盔村各阶层间社会关系比较复杂，各个阶层的矛盾比较多，主要集中为两对矛盾：第一，村干部与其他社会成员之间的矛盾。这种矛盾一般表现为管理者与被管理者之间的矛盾。在高度集权又相当封闭的人民公社体制下，这种矛盾尖锐突出：一方面，管理者作为诸多脱离实际、强迫命令的执行者，常常与群众发生直接冲突，成为社员攻击的对象；另一方面，管理者在劳动、分配、当兵、招工等方面集中把握着农村大权，这些权力大多是无规则的，全凭干部说了算。尤其是极为紧缺的职业流动机会，往往是干部亲属近水楼台先得月，激起社员的愤恨。第二，农业劳动者与个体手工业者、企业职工之间的矛盾。原因在于收入差距带来的心理不平衡，因为手工业者、企业职工收入相对高一些，参加农业劳动少，却要分粮分草，农业劳动者认为不公平，是自己辛辛苦苦养活了他们。从社会学意义上说，众多农民挤在极其窄小的土地上，缺乏通过职业流动来改变社会地位的条件和机会，阶层堵塞，城乡封闭，英雄无用武之地，想改变社会地位而不能，只好“窝里斗”。矛盾日积月累，很可能酿成社会危机。

改革开放以来，随着社会经济的发展和农民阶层的分化，北锅盔村原有的矛盾冲突缓解了，农村社会关系趋于和谐：第一，开放式的职业流动，增加了农民改变社会地位的平等机会，动能得到释放，缓解了地位差别带来的冲突。乡村干部对农民自由择业的行政约束基本失效，择业的规则日益公平，通过自身努力提高社会地位成为可能，从而激励农民把主要精力放在寻找新的机会、投入公平竞争中去，“窝里斗”大大减少。第二，各阶层在空间上拉开了距离，减少了直接冲突的机会与可能。农业劳动者在村里种地，个体劳动者大多在外地工作，职工更多地受企业的约束，村干部的行政管理职能大大简化，管理程序化，随意性减少。各个阶层各司其职，各尽所能，保持一定的空间距离，有益于关系融洽。第三，经济收入主要取决于个人能力，阶层之间直接利益冲突减少。过去农民在生产队一口锅里争饭吃，总量有限，此多彼少，必然引起冲突。现在情况不一样了，八仙过海，各显神通，不存在谁挤占谁的问题。虽然收入差距拉开了，但体现了各尽所能、按劳分配的原则，这已经被北锅盔村农民各阶层所认可。

2. 北锅盔村村民阶层结构的特点

第一，各阶层的社会地位和层级次序变化不大。管理者社会地位最高，农业劳动者社会地位最低，企业职工和个体劳动者同属中间阶层。但相对地位发生了变化。与改革开放前相比，个体劳动者和管理者社会地位相对上升，企业职工阶层和果农地位相对下降。决定各阶层相对地位升降的主要是经济地位即经济收入，以及由此带来的自我满意度，与职业地位、文化地位不相关，与政治地位关联不大。

第二，层次结构比原来清晰。改革开放前，北锅盔村管理者、企业职工

阶层差别小，同处较高的社会地位；农业劳动者与个体劳动者人口比重大，处于社会底层，层次接连，阶层结构比较简单。改革开放后，管理者、企业职工、个体劳动者、农业劳动者的人口比重拉开了，处于高层地位的管理者与处于低层地位的农业劳动者层级差距扩大，处于中间层次的企业职工和个体劳动者阶层差距缩小，形成层次分明的阶层结构，趋向合理化。

第三，中间阶层比重加大，企业职工和个体劳动者影响力上升。改革开放前，主体阶层是农业劳动者，占90%，社会地位最低，中间阶层只占10%。改革开放后，作为中间阶层的个体劳动者和企业职工占14%，个体劳动者社会地位上升，成为该村最具影响的阶层，而农业劳动者比重缩小。

第四，将来职业变迁的方向已经明确。像最近二十多年这样剧烈的结构调整不再重视，但阶层分化还将继续，阶层内部将出现新的分化。大部分个体劳动者将继续保持个体经营的特点，一部分善于经营、有一定资金实力或组织能力的人将分离出来，成为私营企业主；由于生产协作的需要，也由于个人经营能力的限制，一部分个体劳动者可能成为同行业老板的雇工。企业职工会进一步突破所有制、乡土地域的限制，在更大范围内流动择业，一部分经营、技术骨干可能成为管理者或白领工人，也可能分流出来成为个体劳动者或私营企业主。

三　北锅盔村阶层变化的原因分析

改革开放以来，随着城乡封闭壁垒的削弱和社会经济结构的调整，北锅盔村农民开始了急剧的阶层分化，这一变化主要通过农民向个体经济和乡镇企业的大规模流动得以发生。二元结构条件下的城乡差别、工农差别是职业流动的内在原因，收入差距拉大成为阶层分化的物质基础。

第一，农村阶层结构的变动是在多种经济成分并存、非公有制经济加快发展的过程中出现的。通过改革开放，中国的经济制度已经发生了深刻变化，过去单一的所有制结构已经改变，以公有制为主体的多种经济成分并存，共同发展的格局已经形成。当农村在集体经济之外引入个体经济和私营经济，在所有权和经营权相结合的形式之外又形成了新的统分结合的双层经营形式，在农业之外又开发了其他产业之后，农民相互之间的地位差别才开始出现，这种所有制、经营方式、产业的多样化反映在农民身上，就是农民

之间在劳动中分配地位、使用生产资料的方式、所从事职业的差别，正是这种差别才使农民阶级分离为不同的阶层。农民阶层的变化促进了非公有制经济的发展，也推动了整个社会的经济发展。改革开放的新时期，就全国来讲，从纵向来看，国营、集体、个体、私营经济发展迅速；但横向来看，包括公有制的集体经济、个体私营经济以及中外合资的混合经济发展最快，并成为我国经济发展新的、强有力的增长点。就农村来讲，乡镇企业和个体私营经济发展得最快，并进一步推动了农民阶层的分化。个体私营经济的发展，不仅引起、促进了农民阶层结构的巨大变动，而且也促进了社会的进步和发展，其中最突出的表现是社会财富增多，相对独立的社会力量形成。

第二，农村阶层结构的变动是在北锅盔村产业结构优化、乡镇企业发展、第三产业兴起、小城镇建设加快的相互作用中加速加大的。中国共产党十一届三中全会以来，广大农民创造了以家庭经营为主要形式的多种形式的联产承包责任制，提高了生产力，使农业向着产业化的方向发展，并促进了农业向着较大规模的商品经济转化，这是农村阶层结构变动的基本前提，也是变动从产业开始，带动、促进地域变动的重要因素。进入 20 世纪 90 年代，农村产业结构由以果树种植业为主，以粮为纲发展为种植业、养殖业、乡镇工业、第三产业协调发展的局面，特别是农产品的商品化率已发展到 60%。种地糊口已不再是绝大多数农民的营生。乡镇企业的发展成为农民阶层变动的主要渠道，一个最有力的支点。第三产业的发展给农村带来了繁荣。

第三，农村阶层结构的变动是在市场因素逐步扩大，权力因素逐渐减弱的新机制下出现的。改革开放前，中国城乡两元社会结构明显地分为城市里的工人、干部、知识分子和农村里的农民。农民与干部、知识分子的划分不仅是职业和阶层的区别，更是身份等级的差异。其特点是界线分明，并具有权力控制的严密性，一旦取得某种身份就很难改变。身份之间的不平等性、差异性和身份内的相同性、平等性形成鲜明对比。阶层地位的获得还具有先赋性和遗传性，造成这种阶级、阶层格局的原因是计划体制下的权力、单一的生产资料所有制形式、落后的生产力状态等因素。农村经济体制改革使农民有了生产与分配的自主权，国家对生活资源控制的减弱、商品与市场的发展，使大批农民有了改变自己农民身份的机会。这就是通过市场把劳动者、

经营者和生产资料等生产力要素从计划和行政管理的束缚中解放出来，使劳动者有权自主经营、独立选择劳动方式和经营方式，为农村劳动力资源的有效配置创造了条件。

第四，农村阶层结构的变动是在允许一部分人先富起来的政策下出现的。这个政策使一些农民先离开农业而从事其他产业，直接进入商品经济、市场经济，原来由国家、集体直接安排农民地位、职业的现象正在减少或正在消灭。农民阶层结构变动了，这种变动是由市场的作用和竞争所决定的，一种新的由市场决定农村劳动力资源、职业地位的体系打乱了原有计划和行政权力决定社会成员职业地位的分层体系，农村劳动力资源越来越具有更大的自主性、流动性，分层体系的运行也从以权力为轴心向以市场为轴心转变。在市场机制下，经济地位变得越来越重要，并具有更大的独立性，行政权力将处于宏观调控和服务的范围内。人们地位的获得靠的是能力和机遇，为每个人自由发展创造平等竞争环境和相同机遇的分层体系将促进社会安定和社会进步。

第二节　人口流动

20 世纪 80 年代后期以来，随着改革开放的深入，中国出现了一股汹涌澎湃且至今持续不断的大规模农村人口流动潮流，人们称之为“民工潮”。由于农村人口基数大，每年进入劳动年龄的人口数量也很大，在未来很长的时间内，我国农村劳动力的供给还将大大增加。由于耕地日益减少，土地收益增加很慢，无法承载如此多的农村剩余劳动力，因此，通过人口流动转移剩余劳动力就成为必然选择。

世界各国的发展历史表明，人口的自由流动是经济发展的前提和必要条件。我国几十年的经济发展历史表明，人口流动是建设现代化的必然步骤。实现人口的自由流动对保持社会稳定、增加就业机会、促进经济增长都有极大的作用。实现农村剩余劳动力的转移，对于推动我国的人口城市化、农村城镇化和农业产业化的进程，实现全面小康目标和农业、农村的现代化都具有十分重要的意义。从目前来看，城乡之间的劳动者流动，能够为农村居民和社区带来大量非农的现金收入；从长远来看，这种流动，包括更为永久性

的城镇化，将缓解中国长期以来存在的人多地少的问题。

北锅盔村人口总数为735人，每年外出打工的流动人口数为60人左右，占总人口数的8.16%。逢年过节时回家的人口数58～59人，返乡率为98%。外出的流动人口主要是常年在外打工者、农闲时外出打工者、在外地求学读书者及已经找到男女朋友和已婚者。外出打工者有从事服务生职业的，有从事商场直销员（站柜台）职业的，有在兰州、重庆等城市打井、钻孔承包工程的，也有去沈阳、大连经商做买卖、出海打鱼的，流动人口的亲缘、地缘关系较浓。北锅盔村嫁出去的姑娘少，嫁进来的姑娘和随姑娘来此生活的女婿较多。在北锅盔村大锅盔队有7～8个女婿在此定居。北锅盔村有一个特殊的现象就是多数人家的儿媳妇都是从内蒙古等地远嫁过来的，因为在内蒙古等地外出打工者较多，亲缘较浓。此外在北锅盔村还有3个外地人来此买房生活发展，因为北锅盔村属于果树专业村，来此生活容易发财致富。在北锅盔村，外出流动人口还包括参军入伍者。在北锅盔村大锅盔队就有一名在部队服役的，现在的征兵制度已经一改以往的每年都需要有硬性指标，参军入伍自愿。除此之外，北锅盔村基本上再无其他流动人口，多数村民还是留守在农村种地种果。

北锅盔村虽然作为果树专业村，也存在劳动力过剩的问题。种植果树与种植其他农作物一样，受土地、气候等因素的影响较大，属于季节性农作物，农忙时间较短，农闲时间较长。大多数劳动力滞留在农村且农闲时多数以打麻将、打扑克来消磨时间。一方面大量农民劳动力在农闲之时或地少人多的情况下，受土地、气候的制约性较强，苦于找不到新的就业门路，脱贫致富的门路狭窄，农民收入增长的现时矛盾极其严重；另一方面大量农民劳动力过剩，使得人力资源得不到合理配置，不利于经济发展，同时也对社会秩序的稳定带来影响。

虽然农村人口流动已经成为社会发展的必然趋势，但作为果树专业村的北锅盔村，还没有出现大规模的人口流动。2005年外出人口只有55人，其中包括8名育龄妇女。这些外出人口主要是到附近的城市靠体力打工，由于他们的文化素质较低，无法从事脑力劳动，因此，他们的收入较低。也许正因为这样，他们迁移的方式主要是个体模式，而不是全家迁移，家里的大部分成员还扎根于此村。外出打工者随时都可以回来，他们还是北锅盔村的村

民，由北锅盔村进行管理。任何一个想出去打工的人，村委会都会大力支持，并为他们办理流动人口证、婚育证明等。

经过调查，我们发现此村人口流动的原因主要有以下两点。

第一，长期以来，由于城乡人口二元结构管理，引起人口身份的不同，城乡人口所享受的各种社会待遇和可能得到的社会资源等方面有很大的差别。因此，力争改变社会身份和待遇的期望，以及对美好生活的向往，成为此村人口向城市流动的基本动机和行动目标，也是直接推动此村人口走出大山村寨的原始动力。

第二，北锅盔村剩余劳动力的大量沉积，是该村人口向城市流动的客观必然要求。几十年来，北锅盔村人口不断增加，耕地减少十分明显，家庭户经营的耕地面积从 1997 年的平均每人 2.07 亩，下降到了 2001 年平均每人 1.99 亩的水平。在当前生产条件下，如果农民仅依靠这人均 1.99 亩地的作物产出，要维持家庭温饱还有可能，然而要进一步走向小康或富裕就会有一定的困难。

虽然此村的人口流动还没有形成规模，但这依然是社会发展的必然趋势，在建设有中国特色社会主义市场经济的过程中，需要采取有力措施，促进人口自由流动。一是改革户籍迁移制度，促进人口自由流动。不合理的户籍迁移政策，造成了城市和农村的二元结构，极大地阻碍了农村经济的发展和农村人口流动。二是建立劳动力市场的服务体系，为劳动力的合理流动提供信息服务，建立城乡一体、规范、开放和信息对称的劳动力市场，加强劳动力市场的信息网络建设，为人口流动提供服务平台，从而减少劳动力的盲目流动，降低劳动力流动成本。

第三节　融入村落的群体——外来媳妇

在北锅盔果树专业村，从职业分布来看，绝大多数村民都从事果树种植业，有少数几户从事养殖业、交通运输、仓储、餐饮和批发零售等行业，也或多或少与果品种植有关。可以说，果树种植和果品收入是北锅盔村村民收入的主要来源。因此，在北锅盔村外出就业的村民只占非常小的一部分，这一点可以从后文关于外出务工的数据分析中反映出来。这说明，在北锅盔村

基于村民就业而产生的人口流动是非常少见的。与村民外流相反，在北锅盔村有一类特殊身份的群体——外来媳妇——不断地从外地迁入该地。

在我国广大农村，特别是经济比较落后的地区，有一种非常普遍的现象，即大量的妇女由于各种各样的原因离开出生地嫁入他乡。在北锅盔村，也有这样一群妇女，她们从本省或其他省的不同地区来到北锅盔村生活、劳动，开始了新的生活。她们在这里组建家庭、繁衍后代，通过辛勤的劳动创造自己的家园，慢慢地融入到村落中。我们通过对北锅盔村外来媳妇现象的形成原因、外来媳妇的流入渠道、外来媳妇在村落中劳动和生活状况的分析，来讨论外来媳妇在村落中的融合问题。

外来媳妇，也有人称之为外来妇女，作为一个社会学用语已经越来越为人们所重视。有学者这样定义外来媳妇：外来媳妇是指从某一个较远、贫困地区嫁到另一个相对富裕地区的女性，这种婚姻流动主要指农村之间的流动，婚出地是偏远、落后的地区，而婚入地则是靠近市区、经济比较发达的沿海或平原地区的农村。随着我国改革开放和实行社会主义市场经济以来，人们的思想和价值观念发生了很大的变化，同时由于交通和通信的便利，各地区人口往来十分频繁，人员流动已经成为一个非常普遍的现象，很多大、中、小城市中也有很多外来媳妇，这样定义外来媳妇范围就显得有些狭窄。但就农村来说有一点是不容忽视的，就是能够吸引外来媳妇的一个重要条件就是当地经济发展水平比输出地发达，正是因为有这样的优势，才会吸引外来媳妇。

在北锅盔村，人们通常把外来媳妇叫外屯的，具体指从吉林省附近的农村嫁过来的女性。进入20世纪80年代以后，随着北锅盔村果品批发业务的不断拓展，生产的红果远销哈尔滨、上海、杭州、广州等大城市。北锅盔村村民与外界的联系日益广泛和紧密，与外省果农的频繁接触，使外省的农民知道了北锅盔村。也有一些女性通过与北锅盔村经营果品贸易知道和了解了北锅盔村，从辽宁、黑龙江等省嫁过来。在我国农村的很多地区由于各种各样的原因比如土地分配，有排斥外来人员的现象，很多外来媳妇生活在村落的边缘地带。但在北锅盔村，虽然外来媳妇被称为外屯的，但本村人并不排斥她们，在经过一段适应期后很快地融入到村落中，而人们也很自然地把她们看成是本村的一分子。

外来媳妇的幸福家庭

北锅盔村从20世纪80年代初期到2004年9月底，娶外来媳妇的男性共45人，其中娶过两个和两个以上外来媳妇的有2人，共流入外来媳妇47人，其中有3人因各种原因已经离开村子，北锅盔村外来媳妇有如下特征。

从迁入年份看，外来媳妇的大量流入集中在1990～2000年，其后外来媳妇流入数量逐渐减少。据不完全统计，不同时期婚嫁至北锅盔村的外来媳妇数量为：1985年1人，1987年2人，1990年3人，1992年2人，1993年3人，1994年2人，1995年6人，1996年7人，1997年6人，1998年8人，1999年2人，2000年2人，2001～2005年3人。

北锅盔村外来媳妇数量大量增加是在20世纪80年代后期到90年代末期，这主要与我国经济社会发展的环境有关。在计划经济时代，由于体制原因，人口的流动受到很大的限制。进入20世纪80年代以来，社会经济进入了转轨时期，市场经济的出现，一方面使北锅盔村的社会经济快速发展，人民的生活水平普遍提高；另一方面，人们的思想观念逐渐转变，虽然最初对外来媳妇有看法，但随着时间的推移和双方接触的增多，都在互相改变着自己的看法和行为

方式，大家可以接受的东西越来越多。在婚出地，嫁入外乡是改变生活的一种方式，是可以接受的；而在婚入地，村民也承认和接受了外来媳妇在本村的合理存在。

值得注意的是，外来媳妇流入集中在20世纪90年代中后期。造成这一现象的主要原因是：这一时期是北锅盔村经济发展最快的一段时期，也是对外交往联系密切的时期，经营果品批发使更多的人知道了北锅盔村，也了解了北锅盔村，很多人看好北锅盔村的发展前景。到2000年之后外来媳妇流入数量逐渐减少，原因有以下几点。

第一，吉林省内农村经济上的差距越来越小。近些年来，国家在政策上作了调整，提出振兴东北老工业基地和关注三农问题，吉林省进入了经济快速发展的时期，特别是农村经济有了一定的发展，使得很多妇女在远嫁问题上开始慎重起来。因为外嫁是对经济发展好的地区的向往，如果经济差距不大，很多人就不愿意离开自己生活多年的故土。另外，传统的观念使人们还是不愿意远行，因为离家远总觉得没有靠山，有时会感觉很孤独。只要有可能还是希望住的离娘家近一些，好有个照应。

第二，从迁出地来看，主要集中在吉林市附近的一些农村地区，其次是四平市、辽源市附近的一些农村地区，也有从黑龙江省和辽宁省的农村迁入的，主要迁出地还是以东北三省为主。

第三，从结婚时的年龄看，平均为21岁。这个年龄低于我国婚姻法的法定年龄，原因一是长期以来我国广大农村青年结婚时的年龄普遍偏低；二是越贫穷的地区结婚年龄越低，家庭希望通过这种渠道减轻负担，而当事人则希望通过婚姻改变生活现状。

第四，文化程度构成：基本上是初中毕业，也有一些小学毕业。在北锅盔村有一点是值得注意的，不管什么文化程度，必须要掌握的一项基本技能就是会算账，因为北锅盔村以果品经营为主，因此基本的数学知识必须要掌握。

一　外来媳妇的成因

北锅盔村之所以能够吸引外来媳妇，其原因大致有三点。

第一，贫困地区女性对美好生活的向往。外来媳妇中有相当一部分人是想通过婚姻来改变贫困的生活状况。北锅盔村距离宝山乡2公里，距离磐石市仅4公里，202国道贯穿村内南北，明显的区位优势和便利的交通条件为城乡物资交流搭建了平台。这种地理位置上的优越性既为北锅盔村村民发展经济创造了良好的外部环境，也为寻找配偶的村民提供了便利的条件。与此同时，北锅盔村果树产业发展非常快，自1992年被当地政府命名为水果专业村以来，北锅盔村依靠发展果树产业，现已由昔日贫穷的小山村变成今日富裕的"关东红果第一村"。经济条件的优越使得北锅盔村的村民在寻找配偶时，有着落后地区无可比拟的经济和心理上的优势。由于对美好生活的向往，一些贫困地区的女性想通过婚姻来改变生活，而北锅盔村地理位置优越，交通便利，经济发展相对较好，很自然成为吸引外嫁妇女的地区。

第二，北锅盔村村民有迎娶外来媳妇的需求。随着物质生活的改善，村民精神生活的需求也不断提高。以往村民寻找配偶很多并不是由于爱情而可能更多出于生计或者是传宗接代的需要，不会更多考虑两个人兴趣爱好，只要能娶上媳妇就不错了。可现在经济条件改善了，寻找配偶更多的是考虑两个人的情感需要。随着对外联系的加强，生活范围的扩大，村民不再把自己的生活空间局限在狭小的范围内，如果本村没有自己喜欢的女性，就把目光转向了外乡。北锅盔村娶外来媳妇的有80%多是想找一个性情相投的，而不是因为在本屯娶不到媳妇。从这个意义上说，选择外来媳妇可以说是北锅盔村村民的一种进步。

第三，改革开放以后，农民获得了经营自主权，对人口流动的控制力大为削弱。20世纪80年代开始，随着中国农村改革进程的加快，以土地家庭承包经营为主体的农村经营体制代替了人民公社的大锅饭式的集体经营体制，多元化的收入分配方式，代替了单一的计划经济分配方式，农民从对农村集体和土地的人身依附中解脱出来，获得了生产的自主权、迁徙的自由权和剩余劳动产品的处置权，大多数农民从此摆脱了贫穷的困扰。生产方式的自由选择，使农民有了闲暇的时间参与非生产性的活动；温饱问题的解决，使农民有机会考虑非物质方面的精神享受。同时新闻媒体不断发展，信息渠道的畅通，使农民接触的信息越来越多，视野不断开阔。人口流动的增加也

为北锅盔村村民寻找配偶提供了渠道，在寻找配偶时自然不会局限于本乡本屯。

二　外来媳妇流入渠道

关于外来媳妇的流入渠道，不外有三种情况：一是通过他人的介绍；二是通过自己认识自由恋爱而结合；三是出外打工时结合返回村里的。在很多落后的农村地区，由于生活贫困而娶不上媳妇，不得已要通过人贩子买媳妇，在北锅盔村则没有买卖人口的事例。原因在于，一是北锅盔村经济条件相对比较好，不愁找不到媳妇；二是随着经济发展，对外联系的增多，农民的法制意识有所增强，没有人通过这样的渠道找媳妇。

通过他人介绍嫁入北锅盔村的，约占外来媳妇总数的66%。农民获得信息渠道虽然拓宽了，但在选择配偶的时候，还是需要他人的帮忙。据调查，在娶外来媳妇的男性中，除了几个是因为自身条件差，在当地娶不上媳妇外，找外地媳妇的很多都是感觉本村没有合适的。寻找伴侣是人生一辈子的大事情，不能将就，如果外地有条件相当、性情相投的也是解决终身大事的好办法。而最初的外来媳妇在村里口碑也很好，为外来媳妇树立了很好的榜样，得到大家的认同。同时北锅盔村通过果品产业使农民与外界架起了交往的桥梁，接触外界的机会就多了，认识的人多了，寻求配偶的机会也多了。例如，有一个长期和北锅盔村做果品生意的人，由于每年都来，慢慢地和很多村民都熟悉了，看到本村没有结婚的男青年，有合适的就把同乡介绍来，落户北锅盔村。

在与外界的经济交往联系中相识并自由恋爱，以这种方式结合的约占外来媳妇总数的24%。北锅盔村有一些村民通过经营果品结识了外地女性，由于性情相投结为夫妻。

外地打工自愿结合返回北锅盔村约占外来媳妇总数的6%。对外联系加强以后，北锅盔村也有一些年轻人出外打工，这既可以增加收入，同时也可以增长见识。在打工期间遇见了合适的，结婚后返回村中，以种果树为生。

三　外来媳妇的生活和工作

在北锅盔村，外来媳妇和本村妇女一样，主要从事家务、农业生产劳动

和果树种植。北锅盔村地理位置优越，202 国道贯穿村内南北，便利的交通条件为运输和经营果品创造了条件。很多外来媳妇学会了经营水果生意。外来媳妇组建的家庭，在本村来说过得都不错。这里简单列举几户，可以看出他们的生活状况。王某，桦甸县人，1985 年嫁入北锅盔村，嫁入时婆家条件不是很好，但王某非常能干，条件也日渐好转，如今育有两个孩子，有一个孩子已经升入大学。程某，四平市伊通县人，1992 年经过大姑姐介绍嫁入北锅盔村，刚嫁入时男方家庭条件一般，但夫妻都很勤劳，以种植果树为生，在邻国道附近开了个食杂店，在村中属于中等户。贾某，吉林市太平村人，2003 年嫁入，婆家经济条件也很好，目前以种果树为生。曲某，梅河口市兴华乡人，2004 年春天嫁入，婆家在村中属于经济条件好的，结婚时婆家给了很多钱，家里置办得很齐全，曲某也很通情达理，婆媳关系融洽，家庭生活和睦。伊某，辽宁大连人，几年前与北锅盔村姚某结识，2003 年嫁入，结婚后在村中又买了两片果园，以种植果树为生，伊某在村中人际关系很好，人又勤快，生活非常幸福。

四　外来媳妇现象的影响及与村落的融合

外来媳妇的现象对迁出地和迁入地来说都会产生一定的影响。

对迁出地的影响首先表现在对迁出地性别比例的影响，由于经济相对落后地区的女性嫁入北锅盔村，可能使当地男性找媳妇相对困难些，在当地找不到媳妇只有通过其他途径。二是心理的失落感，觉得在当地连媳妇都娶不上，姑娘都跑到外地去了，觉得很丢面子。

对迁入地影响积极的成分相对要多一些。外来媳妇的到来，给北锅盔村带来了新的气息，一些外来媳妇把本村风俗和技能传入北锅盔村，可以说在一定程度上起到了文化传播的作用。

外来媳妇在北锅盔村能够很快融合的原因主要有以下四方面。

第一，北锅盔村相对来说土地不紧张。北锅盔村山区面积广大，村民以种植果树为生，影响贫富的原因主要在于自己种植果树的技能，相对于土地资源短缺的地区，争夺土地的矛盾要少很多，这是不排斥外来媳妇的最主要原因。

第二，由于经济发展，接受的信息多，人们的思想比较开放，减少了排

外心理。

第三，首先嫁入北锅盔村的外来媳妇的榜样作用。最初嫁入的外来媳妇大多很能干，日子过得比较红火，在村里起到了较好的带头作用。

第四，外来媳妇在外表、语言上与当地人没有差别，而且以东北三省为主，生活习惯和风土人情没有什么不同，所缺少的技能就是果树种植，而随着嫁入年头的增加，加之勤快好学，慢慢都学会了果树种植技术，因此外来媳妇能很快地融入到村落中。

第四章 村域经济与产业结构的变迁

改革开放以来，尤其是1988年北锅盔村被确立为果树专业村，是北锅盔村村域经济发展的一个分水岭。依靠果树种植，发展果品生产、加工、销售和批发，逐渐形成了一个现代的果品经济链，昔日贫穷的小山村由此变成今日富裕的“关东红果第一村”。从历史的角度来看，北锅盔村村域经济的发展，既是几代村民偶然实践的必然结果，又是遭受贫穷之苦的村民们为摆脱匮乏经济对自身发展道路几经选择的结果。北锅盔村果品经济发展道路的确立，从一开始就意味着村域经济的发展必然要根源于经济结构的不断优化和生产市场化程度的逐步提高，只有在这一过程中才能逐步实现传统农业向现代农业的转变。村落经济领域的巨变和分化，成为理解整个村落结构、村民行为方式和思想观念变迁的物质基础。

北锅盔村域经济的发展道路，为我们提供了一条基于历史经验、教训和现实条件来寻求自身发展的宝贵经验。或许，这正是我们时代需要的，也是我们苦苦追寻的吧。

第一节 农业经济的历史演变

从封闭到开放，由落后到富裕，北锅盔村经历了一个艰难的发展道路。这其中的曲折迂回，同当时的政治形势高度吻合，对北锅盔村村域经济的恢复和发展产生了深刻的影响。北锅盔——这个地处东北山区的村落，成为当代整个农村历史变迁的一个缩影。

一 土地改革与农业合作化

1948年冬，东北局向当地派驻了土地改革工作队员，组织成立了农民协会并领导已经开展的土改斗争，从此打破了延续几千年的封建土地制度。1949年春，是农民分得土地后的第一个春耕，群众生产热情十分高涨，但由于缺少车马等农具，党号召农民自愿组成互助组。互助组有临时、季节和常年几种形式，帮助生产困难的农户解决牲畜等问题。1954年，党中央提出了过渡时期总路线，对农业、手工业和资本主义工商业实行社会主义改造，翌年，锅盔村（北锅盔村的前身）以行政组（自然屯）为单位，共成立3个农业生产合作社，历史上称这种合作社为初级社。初级社的生产方式和分配形式是将各户土地、车马农具作价入社，劳动力出工记分，秋后按工日分红。

1955年冬，在初级社刚刚普及一年的情况下，便又开始向高级农业生产合作社过渡，撤行政村建小乡后，1956年成立了北锅盔村高级农业生产合作社。1958年公社化运动初期，北锅盔村是宝山公社的一个管理区。在总路线（鼓足干劲，力争上游，多、快、好、省地建设社会主义）、"大跃进"和人民公社"三面红旗"指导下，锅盔村也出现了脱离实际、劳民伤财的冒进。当时的情景是，公社干部下乡包死点，轮流吃派饭，发动群众搞秋翻地、深翻地昼夜不停；还组织农村干部"打擂比武"，一时间吹牛皮、说大话之风盛行。对所谓跟不上形势要求的农村干部实行就地免职，此举又称为"拔白旗"。为了体现公社的"一大二公"，北锅盔村下辖的3个自然屯合为一个生产队，还成立了公共食堂。由于"共产风"愈刮愈烈，加之此后连续三年的自然灾害，终于导致人民群众以瓜菜代粮的局面，给群众的生产、生活造成严重困难。

1962年，中央开始纠正"大跃进"的错误，放宽了农村的经济政策，允许农民开小片荒和发展家庭副产业，并缩小了生产队的规模，实行了"三级所有，队为基础"，锅盔村管理区改称生产大队，下辖北锅盔屯、大锅盔屯、水库屯3个生产小队。从此，锅盔村的经济开始得到恢复和发展。

1966~1976年的"文化大革命"期间，由于受"左"的路线影响，锅盔村的经济也处于停滞和倒退的局面。多劳不多得，少劳不少得的平均主义现象十分严重，计划、包工、发展家庭副业等调动农民生产积极性的做法被

统统当做资本主义道路而受到批判。在20世纪70年代初，工分日值逐年下降，连年在两三角钱的低水平上徘徊，农民出工不出力。因此，群众形容当时的生产队是“破大家，散大院，谁拿东西都随便”。

二 农村经营制度的建立

1978年党的十一届三中全会以后，锅盔村的经济出现了历史性的转折。1982年1月，在中共中央1号文件批准的《全国农村工作会议纪要》中，第一次明确肯定了“双包”的社会主义性质，并指出：“国家实行的各种责任制，包括小段包工、定额计酬、专业承包联产计酬、联产到户，包括列户、列组，包干到户、到组等，都是社会主义集体经济的生产责任制。”

这意味着，从20世纪50年代以来在全国蔓延的人民公社和“大跃进”运动统统被取消和修正。农村的经济发展又回到了一个新的起点。在中央1号文件的指引下，锅盔村于1982年落实了包干到户责任制，生产队生产资料作价分到户，原生产队解体。从行政上改生产大队为村民委员会，改生产小队为村民小组；从生产组织上而言，村称生产联社，原小队称农业社。实行包干到户后，北锅盔村3名联社会计协助村里管理各社农民往来账目。1985年原生产队的资金和社员往来账目，上缴宝山乡经营管理站，实行组有乡管，1986年完成折股到户。

三 村域生产力的状况

新中国成立前，“男耕女织”一直是传统中国人家庭经济的分工协作模式。新中国成立后，广大妇女在政治上翻了身，自农业合作化以来，农村劳动大军又增加了一支妇女队伍。20世纪80年代中期，乡镇企业异军突起，北锅盔村劳动结构也在此时开始发生变化。实行包干到户和生产责任制以后，北锅盔村又迅速掀起了学科学、用科学的热潮，农村实用技术培训成为提高农民素质的有效途径。随着农时季节的变化和新兴产业的发展，各类实用科技培训也逐渐向宽领域拓展和向深层次挺进。目前，全村430个农村劳力中，已有2/3的青壮年劳力掌握了粮食、蔬菜、果树栽培，畜禽养殖技术。

众所周知，长期以来，我国农村的农业生产工具十分落后，到20世纪60年代末期才逐步实现铡草、粮食脱粒和制米的电气化。随着农业机械化

的发展，到70年代初生产队仍然是以畜力为主，手扶、四轮拖拉机虽然开始出现，但多数只供运输所用。北锅盔村大队机耕队成立后，连片的平坦地块则实现了链轨拖拉机的翻、耙、起垅、趟地等机械作业。从农村改革开放实行包干到户生产责任制之首，机械化农田作业每公顷收费不超过70元。落实农业生产责任制以后，大队机耕队解体，机车和配套农机具均作价出售给个人经营。

由于分散的一家一户的经营模式不利于大范围的机械化作业，于是小型的动力机械，如手扶式和四轮拖拉机等便被派上了用场，然而使用畜力耕作的仍占全村耕作面积的1/2以上。近年来，随着市场经济体制的逐步深入，计划经济时代只生产不流通的格局已经打破，在政府的引导下，村民开始盯着市场，并围绕市场使用土地。需求——赚钱，已成为北锅盔村民的共识。在农业生产组织化程度还不是很高的情况下，农民群众为解决出售农产品运输问题，纷纷购买小型机动车辆。据2004年统计，全村农业家庭共拥有8马力配带车厢的摩托车多达147辆，占全村总户数的86%。

第二节　特色经济的形成

锅盔村在自然、历史、社会的构成的三维背景下，走过一条曲折而又坎坷的发展道路。直到20世纪80年代中期，锅盔村才选择并确立了符合当地自然特征、具有自身特色的经济发展模式，进而开启了村域经济发展的新局面。就当时锅盔村经济的发展现状而言，它已经完成了由传统自给自足的小农经济向现代面向市场生产的商品经济转变，从而使村域经济中现代果品经济初具规模。在这一过程中，锅盔村的产业结构、经济状况、生产的专业化程度以及社会服务体系建设等方面均取得了巨大成就，从而形成了具有地方特色的经济发展模式，并促进了当地经济的发展和繁荣。

一　产业结构调整与经济总量的增长

1992年北锅盔村成立，北锅盔村距离磐石市仅4公里，处在202国道的沿线边缘，交通条件十分便利。村内有山林资源、可供开发的丰富的优质矿泉水资源，耕地面积自1982年包干到户以来一直稳定在人均0.2公顷，全

村3个农业化的社均耕地将近50公顷。在1991年的“大稳定、小调整”之后，直到1997年的第二轮土地发包，北锅盔村充分尊重绝大多数农民的意愿，并从维护农村稳定出发，均未进行打乱重分，而只进行个别调整。然而，单一的农业经济、单一的粮食经营却延缓农民增收的步伐，所以，北锅盔村开始探寻自己新的发展道路。

丰收的大田作物

在“大帮轰”年代，这里也曾流传这样一句俗话，叫做“吃粮靠集体，花钱靠自己”。改革开放前农村实行的是集体所有制经济，耕地、大牲畜和主要农业生产资料均为生产队集体所有。一个五口之家全年挣满工也会因为工分日值率均在1元以下，只能领到口粮而已。所以，农民家庭副业仅限于猪、鸡等家禽的饲养和少量自留地经营。生产队的集体副业只有季节性的豆腐房、磨米房、农闲马车运输等。1981年，锅盔村（北锅盔村的前身）的人均收入只有80元左右，这其中来自集体经营收入却占90%，而农民家庭副业收入只占10%。而到了1982年实行包干到户生产责任制的第一年，全村人均收入翻了一番，达到164元。可以看出，改革旧的经济体制促进了经

济的发展。

经过二十多年的改革开放，北锅盔村的经济总量迅速扩张，农业产业结构调整步伐不断加快，商品率为52%。到20世纪90年代中期，北锅盔村粮食总产6200吨，出售粮食3200吨。第二产业增加值因长期无个体、民营企业而成为空白，2004年第二产业增加值在统计表中的首次出现是当年引进一户投资500万元的果品深加工企业，建设具备储存500吨水果能力的冷藏库及加工车间，其中一期工程已经竣工并投入使用。第三产业增加值较低，是因为餐饮服务业等还不发达，目前全村只有5家小卖店、2个卫生诊所，转移农村剩余劳动力仅有50人，占劳力总数的12%。可以看出，北锅盔村的经济结构调整目前仅限于种植业结构调整，第二和第三产业等非农业也只是刚刚开始发展。

农业内部结构的调整，主要是种植业和养殖业的比例关系，以及种植业内的粮食作物与非粮作物比例关系的调整。北锅盔村的养殖业增加值仅仅是村民收入的一小部分。这一点我们可以从畜禽总量上看出：2004年北锅盔村有生猪700头，黄牛400头，羊60只，禽类18000只。种植业调整比例是粮豆作物种植面积略有减少，果树栽培面积大幅度增加。改革开放初期，村集体果园只有果树228棵，到1994年则达到1万多棵，果农达到140户；种植参药4户，达到3公顷；栽培食用菌2户，达到8000平方米。到2004年，全村大小果园70多个，各类成龄果树14万多株，共有“123”、“K9”等百余个品种，果园面积达到220公顷，年产红果3000多吨，仅果品收入就达到300多万元，约占农业总收入的70%。而村民的收入绝大部分也是来自果树种植的收益。从这个角度上讲，北锅盔村也是名副其实的水果专业村。

二 与村域外部的联系

北锅盔村经历了从封闭到开放的历史演变。由于经济落后和居住的分散，小小天地，几十户人家生息繁衍，与外界近乎隔离。在集体化体制的年代，除了因病、因事外，社员是不能旷工外出的。显而易见，当时的闭塞程度已经达到了极限。实行家庭承包责任制以后，农村产生了大量剩余劳动力

和剩余劳动时间，农民家庭一年的农活所用工时也就 3 个月时间，正如农村流传的“三个月种田、七个月干闲、两个月过年”。由于商品经济的发展，农民商品意识的增强，激发了农民积累财富的欲望，同时市场经济也拓展了农民致富的渠道。在市场经济环境下，农民与外界的联系广泛和紧密了。如今，北锅盔村已形成果品生产、包装、储藏、批发、销售、技术服务的一条龙经营格局，已经注册的“磐宝”牌系列红果，远销哈尔滨、上海、杭州、广州等大城市，并且打入了俄罗斯、越南等国际市场。

从对外联系的内容看，长期以来主要表现为完成对集体和国家应尽的义务。公社化时期，农民应尽的义务均通过生产队集体安排来实现产业税，征购粮价款都由生产队和生产大队会计到粮库统一结算，农民筑路架桥、挖沟修渠，挣的是本生产队工分，干的是超出村域以外的体力劳动。改革开放后，随着农村市场经济的发展，把农民引进市场，将农副产品推向市场而进行广泛的沟通、联系和交流，是村域经济发展的迫切要求，也是市场经济条件下农村经济发展的必然趋势。北锅盔村在与村外经济方面可以说已经迈出了坚实的一步。这成为新时期北锅盔村与外界联系的主要内容和动力。

在人际交流方面，已经突破了屯与屯、村与村的界限，特别是十一届三中全会以来，商品经济大潮猛烈地冲击着以农为主的村落小社会，也冲刷着一切旧传统。昔日留在农民头脑中的旧观念、旧意识正在发生转变。北锅盔村农业的小生产所造成的农民对土地过分依附的观念，伴随着村民的求富热、求知热在发生从未有过的松动。到 2004 年，北锅盔村农民从事第二、第三产业的共有五十多人，还有几户在磐石市拥有住宅楼。

在与村外进行经济交流的过程中，村民开阔了视野，增长了经商的知识和经验。村民中出现了农业经济人，这些人也推动了与外界的沟通与交流。果树种植业拓展了村民的人际交往圈子和范围，反过来也促进了果树种植业的发展。

在物资交流方面，主要是销售农产品，购进生产生活必需品。北锅盔村明显的区位优势和便利的交通条件，为城乡物资交流提供了得天独厚的优势。近年来，由于生产经营和文化娱乐活动的需要，村内平均每天都有三五十人来往于村市之间。到 2004 年底，北锅盔村粮食的商品率已超过 70%，经济作物、各类畜牧产品、果品的商品率分别达到90%以上。水果输出3000多吨，收入300多万元。

村民们在采收“123”苹果

在资金交流方面，依靠当地银行和信用社贷款是资金交流的主渠道。改革开放初期，农民由于长期受“左”的思潮影响，对政府号召发家致富心有余悸。在这种“想富不敢富，想富不会富”的境况下，银行信贷部门按照当地乡党委的要求，主动登门给农民贷款。进入20世纪90年代中期，由于粮价持续走低，而农业生产资料价格又成倍猛涨，农用生产资料和农产品价格“剪刀差”拉大，加之农业是传统弱势产业，比较效益差。北锅盔村的多数农民资产的增加仍然是依赖贷款种田，丰年还贷不难，灾年即出现贷款大量沉淀。村内民间借款规模不大，只限于亲友之间。农业投入减少，生产后劲不足，农业信贷制度的不健全也成为北锅盔村农业经济发展的制约因素。

在信息交流方面，北锅盔村20世纪80年代普及牧畜业机，90年代普及电视机，彻底打破过去那种封闭的或仅靠各级领导传达上级会议精神的单一信息渠道，逐渐扩大了信息流通渠道。另外，村民外出开会学习（如村民代表赵金成等人成为省人大代表）有机会接触更多的政策和经济信息；村民们通过广播

电视接触农业知识，了解农业政策，获悉致富门路；进城务工又返乡的村民也带回了新的信息与新的理念。随着信息交流的发展，外出求学人数的增加，信息交流的质量也明显提升，市场需求信息成为农户把握市场脉搏的窗口。

三　家庭经营的兼业化与专业化

北锅盔村实行家庭经营责任制已有 23 个年头。随着党在农村各项经济政策的落实，耕地经营的兼业化水平正逐年提高。我们知道单一的粮食种植收益极低，仅能维持温饱。按照 1991 年不变价，我们算一笔账。一个 4 口之家经营 1 公顷玉米，每年生产投入 4 大项：①种子 80 斤，投入 104 元；②化肥，按高投入计算，需二氨 150 公斤、尿素 50 公斤、硝酸铵 500 公斤、碳酸氢氨 50 公斤、其他复合肥 2.5 公斤，合计约需 674.5 元；③牛犋约需 100 元；④各种生产杂支，包括农药、农膜、科技措施、农贷利息等，约需 55 元，总计约 933.5 元。产出是 15000 斤，其中，定购粮任务 4200 斤（0.16 元/斤），计 672 元；议价专储粮 6800 斤（0.205 元/斤），计 1394 元；“三留” 4000 斤（口粮、饲料和串换种子，0.205 元/斤），计 820 元，总计 2886 元。扣除农业税 78 元、生产成本 933.5 元，净剩 1874.50 元，即人均 468.6 元。“三留”不进入流通，卖粮钱只有 1054.5 元，卖粮钱加上“三留”，再加上农民的副业收入，才能达到人均收入 600 元的水平。种 1 公顷玉米，剩 1000 元，这就是北锅盔村当地农民一年生产投入与产出的基本账。此外，还要缴 200 元左右的统筹提留承包金和以资代劳的义务工等费用，村民的日子并不富裕。

基于这种情况，农民要致富，要奔小康，那么家庭经营的兼业化也就迫在眉睫了。从北锅盔村“1994 年生产指标分解表”中可以看到，全村 171 户农民除耕种自己的承包田外，还从事其他产业经营：从事果树栽培 140 户，种植参药 4 户，栽培经济作物 25 户，种植食用菌 8 户，各类畜禽和渔业养殖分别为 15 户、8 户和 4 户，重叠交叉累计 214 户。根据 2004 年底的调查结果，全村经营百株以上果园的大户有三十来家，养殖肉食鸡 5 万只 1 户、蛋鸡 5000 只 1 户，养殖梅花鹿 45 头 1 户，小卖店 5 户，个体诊所 2 户。即使个别种养业户已达到规模化，但他们仍然没有放弃自己分得的耕地，做

到种粮和搞多种经营两不误。

农村经营的多元化，与改革开放初期相比是一大进步，但离实现村民小康还有相当大的距离，理由就是专业化水平和规模欠缺。究其原因，一是小城镇建设滞后，没有工业园区，乡镇企业不发达，乡镇承载功能不强，导致北锅盔村乃至乡内其他各村的大量剩余劳动力和剩余劳动时间不能有效地得到充分开发和利用；二是对农村经济发展的资金投入明显不足，依靠农民自我积累、自我投入尚需时日；三是农民思想解放程度不够，“小进则满”、“小富即安”，缺乏开拓进取意识，居安有余，思危不足；四是分散经营格局导致一家一户去对接市场，规避市场风险的能力较弱，而且还创造不出规模经济效益。“一户带四邻，四邻带全村”的一乡多业、数村一品的格局对于扩张经济总量来说固然重要，但也要考虑市场供需关系是否合理，避免出现要么一哄而上，要么一哄而下的状况；五是农村实行“一免两补”的多予少取政策后，激发了农民种粮积极性，土地向种田能手集中的流转机制将无限期推迟。综上所述，北锅盔村的耕地兼业化也将继续下去。

兼业化与专业化是农村经济发展的两个阶段，更是农民理性的必然结果。这种状况将会长期存在下去。但是，我们也不能忽视当前农村经济中专业化的尝试。在北锅盔村民开始耕地经营兼业化的同时，他们在 20 世纪 80 年代就已经实现了村域果树经济规模化和专业化。

改革开放以来，北锅盔村的农业生产有了很大发展。科技进步对农业增长的贡献率，由改革前的不足 20% 提高到 47%。商品生产开始向基地化、区域化、专业化方向发展。这种现状和发展趋势的形成与北锅盔村优越的自然条件和发展机遇密切相关。

第一，北锅盔村自然资源丰富，四周环山，独有的山区小气候使这里年平均日照数为 2614 小时，无霜期 128 ~ 130 天，年降水量 450 ~ 550 毫米，有利于农作物和林果等植物生长。

第二，社会、经济、技术等基础条件较好。磐石市是省内重要的商品粮和水果出口基地，北锅盔村水库水利设施改善了农业生产条件。此外，农村劳动力充足，达到 430 人。科技力量也逐渐增强，基本形成了市、乡、村、社四级农技推广网络，仅在锅盔村内就有 214 人掌握了果树栽培、特色种

成片的果园

植、养殖等初等技术。

第三，北锅盔村不断抓住良好的发展机遇，从事果品特色产业的发展。自20世纪80年代，北锅盔村成为果品专业村以来，不断改良果树品种。在2000年吉林省农博会上，宝山红果被评为优质产品，同年又注册了“磐宝红果”商标，2002年被吉林市农业局列为绿色果品生产基地。2004年引进一户投资500万元的果品深加工企业。农产品深加工龙头企业的发展壮大，不仅带动了基地建设和系统开发，还能促进果农的产业结构调整和规模经营，同时也会推动劳动力就地转化，带动了社会化服务、商贸旅游等产业的发展。

就目前我国农村经济发展的水平而言，受农民“生存理性”的影响，再加上村民专业化经营市场风险的存在，农村经营的兼业化和专业化可能是村域经济两条并行不悖的发展路径，它们将长期共存，相互促进，共同繁荣。问题不在于此，而是让我们清楚地认识到，村域经济发展的主体和动力根源在于村民的积极性和主动性。尊重和支持村民的多元化选择，这才是农村经济长久发展和繁荣的真正动力源，也只有这样才能促进村民收入的不断增长。

四　社会化服务体系建设

农村社会化服务体系建设，发端于农村经济体制改革之后，发展于20世纪80年代中后期至今。围绕家庭经营所需物资、资金、科技、信息和流通等方面，北锅盔村在乡政府和有关部门的领导下，取得了较快发展和进步。主要表现在以下两点。

1. 形成了较为稳定合理纵横相通的社会化服务组织机构

这种社会化服务组织机构就是以乡政府为基础，以市乡有关经济技术部门为依托，以农民自办专业经济技术或合作社为补充的组织结构形式。

实行家庭经营责任制之初，由于体制改革和利益关系的调整，广大农民在生产过程中追求自己少见的利益，激发出空前的生产积极性和劳动热情，从而唤起了在旧的体制下难以发挥的生产能力。乡村两级干部因势利导，积极开展有利于生产发展的各项服务。一是深入持久地宣传党的富民政策，总结宣传推广农民致富的各类先进典型。20世纪80年代中期，北锅盔村青年农民、现任村党支部书记赵金成就以承包集体果园取得良好效益而受到表彰。二是协调各职能部门，认真做好政、财、技、物相结合的综合性服务。如农科站及时对农民提供技术指导和推广，成人教育部门为巩固提高扫盲成果努力构建乡、村、屯三级实用科技办学网络，对农民进行多形式、多层次、多规格的培训；农科站、供销社在保证质量的前提下，向农民足量供应种子、化肥，避免了伪劣假冒农资可能出现的坑农、害农事件发生；金融部门向农民提供农业生产所需的信贷资金。职能部门在继续抓好组织作物布局、供种、机耕、排灌、植保等项服务的同时，努力把服务内容由产中服务向产前信息服务和产后流通服务扩展，把服务领域单一为粮食生产服务向多种经营和乡镇企业扩展，实行因村制宜，因业制宜。

2. 树立参与意识，积极扶持农民自办服务

发展民间各种服务组织，鼓励和支持更多的农民参与社会化服务，是帮助农民树立商品经济意识的重要途径。在这一过程中，不仅增加了农民的经济收入和就业机会，而且对破除小农意识，开阔眼界，提高社会化服务需求和承受能力都具有不可替代的积极作用。

北锅盔村以前果品少时，村民们几天就可以把水果卖完。自1992年这个村发展成为水果专业村以后，果园多了，产量也上来了，各家各户各自出售自己的水果，费时费力。于是，北锅盔村成立了水果合作社，建立了经纪人队伍。2000年，村党支部书记赵金成和3个产业大户共投资50万元，成立了“磐石市宝山果品有限责任公司”，并注册“磐宝”牌商标。北锅盔村现已形成了集果品生产、包装、批发、销售、技术服务等产销为一条龙的生产服务体系。从当前发展的状况来看，北锅盔村的社会化服务体系建设初步呈现以下两个特点。

（1）生产服务一体化。

由于北锅盔村果园面积达到220公顷（220×15＝3300亩），传统的肩背式喷雾器已不适应要求，所以，近年来，果树合作社购买了3台价值2000多元的大型喷雾机械，除害灭病工作由专业服务队具体实施。每年春节过后，由技术水平较高的十几人组成果树剪枝队伍，耗时两个月完成村民果园的剪枝工作。

（2）服务体系产业化。

北锅盔村的果品服务组织成为新兴独立的服务性产业。果农只需缴纳每株剪枝和喷药的费用各0.50元，既省时又省力。销售旺季则由农村果树合作社统一收购外销。可以看出，萌芽状况的产业化服务体系相对于改革开放初期的社会化服务是一个巨大的进步，这既是果树生产专业化的客观要求，也是商品经济发展到一定程度的必然结果。

第三节　土地制度

土地是农业之本，也是人们赖以生存的最主要物质资源。土地制度，是关于土地归属、使用、转让等方面的安排和规定。土地制度是由国家硬性规定的法律的重要组成部分，而土地的使用，相对来说具有较大的灵活性，因而，用地制度也就成了人们经常关注的话题。北锅盔村土质极其不好，石头很多，土壤肥力低，不适合种庄稼，平原土地稀缺。和我国大多数农村一样，在土地改革以前，北锅盔村的用地制度是封建地主所有制，在中间经过

了个体所有制后，从20世纪50年代中期开始被农村集体所有制所替代。70年代末80年代初，同全国其他的农村一样，实行了家庭联产承包责任制。从所有权上讲，土地仍是集体所有，但使用权归农民，实现了土地的所有权与使用权的分离。

这说明，不同的土地使用制度对经济发展影响是截然不同的，因此，对北锅盔村具体土地使用"制度"的考察和分析，从中总结出其土地使用的特点，这既是村域经济的重要组成部分，更有助于全面而深刻地理解村域经济的发展原因。北锅盔村土地的使用主要包括两大部分：一部分主要是农业生产用地，尤其是用于发展果品经济的土地占整个村落土地使用的大部分；另一小部分主要是村民住宅用地。下面分别予以介绍。

一　农业用地制度

1. 农业用耕地

北锅盔村的农业用地包括耕地和果园用地，由于北锅盔村的耕地大多是贫瘠的山坡地，地理条件使这里的粮食亩产不足千斤，所以，果园用地是基本的农业用地。

土地承包的有关历史，可追溯到人民公社时期。1962年9月27日，中共中央通过了《农村人民公社工作条例修正草案》，草案由毛泽东于1961年主持制定，因其条款共计60条，俗称"农村工作60条"。其中规定了人民公社的基本核算单位是生产队。根据各地方不同的情况，人民公社的组织，可以是两级，即公社和生产队；也可以是三级，即公社、生产大队和生产队。当时的北锅盔村实行的是公社、生产大队、生产队的三级形式。生产队的规模根据当地的具体情况而定，比如土地的数量和远近、村民居住的集中或者分散、劳动力的搭配、畜力和农具能否配套等条件。生产队的规模定下来以后，长期不变。生产队范围内的土地，都归生产队所有；生产队范围内的劳动力，都由生产队支配。从而确立了农地"队为基础，三级所有"的所有制格局，即人民公社、生产大队、生产队所有。所谓"三级所有"是针对土地的所有问题提出的，即当时农用地明确为生产队所有的，就不属于生产大队所有；未明确为生产队所有的农地，才属于生产大队所有；既未明确为

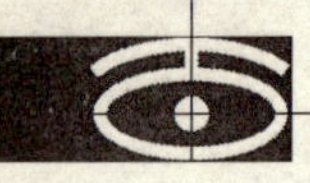

生产队所有、也未明确为生产大队所有的农地，才属于人民公社所有。而在当时，生产队的土地所有量占到95%以上。

20世纪80年代初，我国的广大农村实行了家庭联产承包责任制，北锅盔村从那时起完成了经营体制的根本性转变，逐步形成和完善了集体土地家庭联产承包责任制。1984年中央明确提出了“土地承包期一般确定应在15年以上”。根据这一精神，全国各地农村陆续将土地承包期确定为15年。中央政策是在各地土地承包的实践基础上，1993～1997年，各地第一轮承包相继到期，中央及时提出了“在原定的耕地承包期到期之后，再延长30年不变”的承包政策，此后，全国各地农村陆续开展土地延长承包期工作，进入土地的第二轮承包期。1997年8月中共中央办公厅、国务院办公厅发出《关于进一步稳定和完善农村土地承包关系的通知》（中办发［1997］16号），针对第二轮承包工作中出现的问题，重申和进一步明确了有关农村土地承包政策。北锅盔村第一轮土地承包始于1982年，第二轮土地承包期从1996年开始向后延长30年。土地按现有人口进行分配，本着“死了不退、生了不补”的基本原则进行新一轮的承包。至于农民间的转包或转让则由农民自己协调。农地家庭联产承包责任制意义上的土地承包在全国而言，也是指大致相同的第一轮承包和第二轮承包，当然在“大稳定、小调整”原则下也不断发生局部性、个别的家庭联产承包意义上的土地承发包关系。北锅盔村的土地承包使用制度，是与国家相关政策同步实施的。

北锅盔村耕地承包合同模本：

北锅盔村耕地承包合同书

发包方：宝山乡（以下称甲方）

承包方：（具体村民）（以下称乙方）

根据《吉林省农村集体经济组织承包合同条例》的有关规定，订立如下合同，双方共同信守。

第一条：甲方将____公顷耕地发包给乙方从事种植业生产。

第二条：甲方的权利和义务。

（一）对所发包的耕地行使所有权，并有权统一组织农田基本建设、作物布局、灌溉、植保；

（二）有权监督乙方履行合同及合理使用耕地情况；

（三）依据合同规定按时收取乙方交付的款项；

（四）保质保量及时为乙方提供下列生产资料或服务以及政府下拨给乙方的各种生产资料；

（五）依法保障乙方的生产经营自主权；

（六）每年收益分配前必须向群众张榜公布统筹提留款收支、劳务使用的详细情况；

（七）其他权利和义务。

第三条：乙方的权利和义务。

（一）对所承包的耕地享有按合同规定使用的权利，但不得擅自改变耕地的用途；

（二）有权在履行甲方统一作物布局的前提下，因地制宜安排作物茬口，行使经营自主权；

（三）有权要求甲方公布统筹提留款收支和劳务使用的详细情况；

（四）有权依法有偿转包所承包的耕地和转让承包合同；

（五）及时交付各种产品、款项和提供劳务；

（六）要积极向耕地增加投入，培肥地力，提高土地等级；

（七）其他权利和义务。

第四条：甲方有下列行为之一的，向乙方支付违约金。

（一）未按合同规定为乙方提供生产资料和生产经营条件违误农时的，支付违约金为甲方当年应提村社干部报酬的____%；

（二）非法干预乙方正常的生产经营、造成损失的，支付违约金为甲方当年应提村社干部报酬的____%；

（三）擅自变更或解除承包合同的，支付违约金为甲方当年应提村社干部报酬的____%。

第五条：乙方有下列行为之一的，除应继续履行合同外，还应向甲方支付违约金。

（一）造成承包耕地荒芜的，支付违约金为甲方当年应交统筹提留

款的____%；

（二）对所承包耕地进行掠夺经营的，支付违约金为当年应交统筹提留款的____%；

（三）擅自改变承包耕地用途的，支付违约金为当年应交统筹提留款的____%；

（四）无法定免责理由，不按合同规定交付产品、款项和提供劳务的，支付违约金为当年应缴统筹提留款的____%；

（五）非法转包或转让的，支付违约金为当年应交统筹提留款的____%；

（六）乙方有上述第（一）至（五）项所列行为之一，并且在一年内未改正的，甲方收回乙方承包的耕地。

第六条：如果第四条和第五条规定的违约金不足实际损失的，违约方要按照给对方造成的实际损失和过错的大小向对方支付赔偿费，补偿不足部分。

第七条：本合同有效期自__年__月__日起，至__年__月__日止。

第八条：本合同一式三份，甲、乙方与乡镇农村承包合同管理站各行一份。

第九条：双方约定的其他事项。

甲方：　　　　　　　　　　　　　　（加盖公章）

负责人：　　　　　　　　　　　　　　（盖章）

乙方：　　　　　　　　　　　　　　　（盖章）

代表人：　　　　　　　　　　　　　　（盖章）

年　月　日

北锅盔村占地补偿协议模本：

占地补偿协议书

甲方：磐石市宝山乡北锅盔村村民委员会

乙方：

因国道202线——宝山乡亮子河村村通水泥路，北锅盔村水库段修路转弯改道，占用北锅盔村四户耕地合计1.9亩。其中，金艳萍0.9亩；李忠和0.3亩；唐玉华0.2亩；高继武0.5亩。经北锅盔村委会与四户协商同意，就占地补偿达成协议如下。

一、补偿年限：

按照各户1996年签订的土地承包经营合同的期限30年减去10年。自2006年开始补偿至2025年12月合同终止。

二、补偿金额：

按双方协商意见每亩地每年补偿150元。

李忠和：0.3亩×150×20年=900元

金艳萍：0.9亩×150×20年=2700元

唐玉华：0.2亩×150×20年=600元

高继武：0.5亩×150×20年=1500元

合计：伍仟柒佰元整

三、给付方式

自合同生效后，一次付清。

四、此占地补偿费是双方协商达成的一致意见，自合同生效后乙方无权对补偿耕地面积请求任何权利。

五、本合同一式六份，甲方一份，乙方四户各一份，备案一份。自双方签字之日起有效。必须共同遵守。

甲方：

乙方：

二〇〇六年　月　日

2. 果园用地

北锅盔村的耕地大多是贫瘠的山坡地，村民形容这里是“七沟八梁一面坡，刮风露地皮，下雨出水沟”。种植粮食产量很低，但山坡地很适合种果树。1958年前后，村里曾经有一个规模不大的集体果园，是一处种有228棵海棠树的老果园。但由于当时特殊的历史环境，这个集体果园没有得到应有

的发展，趋于解体状态。20 世纪 70 年代初，北锅盔村又开始以集体的名义种植果树，建立果园，但果园经济一直发展缓慢。1974 年，当时的生产队决定选派年轻的技术员学习种植果树，现在的村党支部书记赵金成就是当时被选派的技术员之一。外出学习之后，选育优良品种，经过摸索实验，到 1978 年生产队的果园规模已达到 5 公顷。

实行家庭联产承包责任制以来，由于许多农民固有的小农意识和保守思想，农民种植果树的积极性并不高，即使是在坡地种玉米产量很低也不愿放弃。为了充分发挥当地地理优势，富裕当地农民，1990 年宝山乡人民政府发出文件，做出“关于对锅盔村水库、大锅盔两个果树专业屯的有关规定”。规定指出，从 1990 年开始，水库屯和大锅盔屯确定为果树专业屯，而且对于成立果树专业屯的，宝山乡政府还给予了一系列优惠政策，同时也做出了相关的规定，确定了具体的用地制度：专业屯人均留口粮田 0.6 亩，其余耕地全部按规定栽植果树；水库屯人均留口粮田水田 0.33 亩、旱田 0.27 亩，其余耕地全部按计划种植果树；大锅盔屯人均留口粮田水田 0.26 亩、旱田 0.34 亩，其余耕地全部按计划种植果树。

北锅盔村果树承包合同书模本：

北锅盔村果树承包合同书

发包方：宝山乡北锅盔村大锅盔村（以下称甲方）

承包方：（以下称乙方）

根据中华人民共和国合同法、土地承包法，双方自愿、公平达成如下协议：

一、承包范围：按原有合同范围在原有合同面积 1.5 公顷中扣除自来水罐占地 0.1 公顷、实验田占地 0.2 公顷，实际承包面积 1.2 公顷。

二、承包期限：2005 年 1 月 1 日起至 2035 年 1 月 1 日止，承包期 30 年整。

三、承包费用：23000 元。

四、支付日期：2004 年 1 月 12 日一次性付清。

五、用途：果树种植或农作物。

六、甲方权利及义务：

1. 甲方对乙方土地使用享有监督权；

2. 如乙方改变使用用途，甲方有权无偿收回土地，不返还承包费；

3. 乙方对土地用途范围的使用，甲方无权干涉。

七、乙方权利及义务：

1. 乙方对土地享有使用权；

2. 乙方负责承包期内所发生的一切税费；

3. 乙方不得使土地撂荒。

八、违约责任：

1. 如果无故收回土地，赔偿乙方损失，并支付违约金20万元整。

九、不可抗力：

1. 因自然原因给乙方造成的损失，甲方不负责赔偿；

2. 因政策性收回，对乙方造成的损失，甲方概不负责；

3. 不适用于第八条第一款。

十、如承包期满，在同等条件下乙方享有优先承包权。

十一、承包期满，甲方如数收回承包面积。

甲方（签字）：

乙方（签字）：

合同签订时间：

本合同一式三份，甲乙双方各执一份，宝山乡司法所一份。

二〇〇六年　月　日

二　非农业用地使用制度

北锅盔村的非农业用地包括商业用地、工业用地和农民自用的住宅基地。

1. 商业用地

由于北锅盔村交通方便，毗邻202国道，所以在村中也有一些小规模的商品零售商店和小饭店等服务业用地。这些用地与农业用地不同，一般都与

交通便利的道路相连，与业主的住宅相近，或就是业主住宅的一部分，但一般面积不大。这部分用地分两种情况，临街不属自己住宅一部分的，由商业业主或服务业业主与村委会协商，可租借，时间可长可短，租借人与村委会要签订合同。在合同中要明确规定租借的年限、租金，在租借期间如有所用土地因修路、规划等原因需要占用的，租借人要无条件交回。商业用地或服务业用地是自己住宅一部分的，按国家统一标准征税，村里并不额外收取费用。同样当遇到土地因修路、规划等原因需要占用的，按对待住宅用地的办法处理，村里不给予额外的补偿。

2. 工业企业用地制度

在北锅盔村，由于农业用耕地是占主要的，所以，村里只有少量的工业企业用地。北锅盔村属于宝山乡经济开发区的一部分，村里在保证自己果树用地和农业用耕地的基础上，制定各项措施积极支持村里的工业企业建设。为了促进工业项目建设用地的集约利用和优化配置，新增的工业用地均实行四项指标控制。工业用地必须同时符合以下规定：投资额按工业项目不同类别至少应达到每亩 57 万 ~150 万元；容积率应符合有关指标；建筑系数应不得低于 30%；工业项目所需行政办公及生活服务设施用地面积不得超过工业项目总用地面积的 7%，严禁在工业项目用地范围内建造成套住宅、专家楼、宾馆、招待所和培训中心等非生产性配套设施。此外，工业项目建设要严格控制厂区绿化率，在工业开发区（园区）或工业项目用地范围内不得建造“花园式工厂”，对适合多层标准厂房生产的工业项目，原则上不单独供地，以节约使用土地。工业企业用地要严格执行具体的用地制度。

3. 村民住宅用地

村民的住宅用地制度和全国大多数农村一样，在土地的所有权上，明确规定是属于村集体的，村民只有使用权而没有所有权。宅基地的申请条件坚决贯彻“一户一宅”的法律规定，面积不得超标，否则不予审批；将原有住房出卖、出租或赠与他人后，再申请宅基地的，也不予审批。但村民住宅用地有一个特点就是在使用权上可以世代继承。关于村民的居住用地也分两种情况：一是老住宅用地，一是新增住宅用地。

老住宅用地。宅基地的申请条件坚决贯彻“一户一宅”的法律规定，面

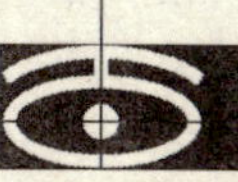

积不得超标，否则不予审批；将原有住房出卖、出租或赠与他人后，再申请宅基地的，也不予审批。对于新增建住宅需要用地的，应向本村集体经济组织提出申请，并要张榜公布，公布期满无异议的，报经镇审核后，报市审批，最后还要将依法批准的宅基地及时张榜向社会公布。

第四节　村里的非农产业

在北锅盔村，由于本村是果树专业村，而且离磐石市比较近，交通便利，村民的基本需求可以在市区得到满足，所以村里的非农产业很少。从总体上看，村里的经济是以果品经济为主，而且商业和服务业也仅限于几家小卖店。原来北锅盔村有一个乡办的罐头厂，后由于经营不善倒闭。由于村所在的地理位置拥有丰富优质的矿泉水水源，经过招商引资，村里与吉林省娃哈哈饮用水有限公司合作，在此建立了吉林省娃哈哈饮用水有限公司的水厂。采取出租土地的办法与吉林省娃哈哈饮用水有限公司合作，土地、厂房归乡里所有，每年吉林省娃哈哈饮用水有限公司向乡里缴纳租赁费20万元。另外，吉林省娃哈哈饮用水有限公司为了解决村民的吃水问题，与村里签订

北锅盔村和娃哈哈集团合办的企业

合同，免费供应村民的生活用水。2000 年，投资 3000 万元建设了桶装矿泉水公司的技术改造和基础设施建设扩建工程。年生产能力近 600 万桶，经销商已达 150 家，销售网络已遍布北京市、天津市、河北省、山东省和东北三省，可谓国内同行业中的佼佼者。

吉林省娃哈哈饮用水有限公司与宝山乡锅盔村租赁协议书样本如下。

租赁协议

甲方：宝山乡锅盔村大锅盔社

乙方：吉林省娃哈哈饮用水有限公司

由于乙方扩大生产，用水量增加，亟须租用大锅盔社自来水井作为生产补充用水，经双方商定就有关情况达成协议如下：

一、租期：五年，自 2002 年 7 月 1 日起至 2007 年 7 月 1 日止。

二、租金：年租金 30000 元。

三、给付方式：每年 7 月 1 日一次性付清当年租金。

四、甲方只提供自来水井一眼，电费、看护人工费、疏通管道的材料费、安装费、设备维修费等均由乙方负责承担。

五、乙方须在保证甲方村民生活用水的情况下方可取生产用水，每天取水时间不超过 12 小时。一旦出现水量补给不足，生活用水困难，应优先保证村民用水。

六、出现安全事故，责任由乙方负责。

七、如出现水源竭尽情况，协议终止，租金不退。

八、由于不可抗力造成损失，合同自然终止，互不承担责任。

九、未尽事宜协商解决。

本合同一式两份，双方各执一份，自双方签字之日起生效。

甲方（签字）：

乙方（签字）：

二〇〇二年七月五日

第五章　村落的政治组织结构

1978年开始的农村改革揭开了中国改革开放的帷幕。二十多年来，我国农村经济、政治、教育、文化等方面均发生了翻天覆地的变化：从包产到户到乡镇企业，再到村民自治，新事物新现象层出不穷。就政治方面来讲，先是延续了26年之久的人民公社制度被废除，接着村落从法律地位上的行政组织转变为基层群众性自治组织。这些巨变开启了村民以自我组织、自我教育、自我管理为主要内容的农村自治。2004年，随着中央第六个“一号文件”的颁布和振兴东北老工业基地帷幕的拉开，一场更加深刻的社会变革在东北农村发生和发展。我们调查的北锅盔村正处于这种经济社会变革之中。与周围村落相比，北锅盔村的地理位置优越，资源特色明显，村民自组织力量较强，村域集体经济较为发达并发挥着重要的影响力，村内没有实际发挥作用的宗族组织，农户对村集体依赖性较强，在中国农村中属于村落组织力量较强的类型。

本章的研究目的：从村落功能分化过程分析北锅盔村所处的历史位置。人民公社时期，大队也就是现在的村落构成了人民公社这一政治共同体的中间层次，而现阶段的中国村落既是地缘共同体组织，同时又是具有行政、经济和日常生活等多元功能的功能组织。随着产业化带来的农村居民职业分化，人口流动带来的就业范围广域化；同时，村民民主意识的增强，村民对村组织的经济的和政治的依赖程度逐渐降低，村落功能逐步分化，村落作为经济单位的功能被各种专业化的功能组织所取代。乡镇政府行政功能得到强化，村落承担的行政服务功能已经逐步集

中到乡镇，而村落所承担的地缘社会最基础的日常生活中自发的互助功能将得到加强。

本章研究的内容：一是通过考察北锅盔村党支部、村民委员会、村经济合作社的组织结构与决策过程，描述村组织的实际运作规则。二是通过考察村内主要事务，研究村落的功能多元化特征，分析村集体与国家、村集体与村民个人的互动关系。搞清村落在哪些方面、在多大程度上为村民提供了经济、行政和日常生活上的服务。从村民的角度看，就是村民在哪些方面依赖村落，在多大程度上受村组织的制约和支配。

第一节　村落组织与决策过程

一　作为村落共同体的北锅盔村

早在 19 世纪末 20 世纪初，北锅盔村所处地区就已经有村民在此定居，并在此生产、生活和繁衍，经过几代人的努力，到新中国成立初期已经逐步形成了现在的村落共同体。在人民公社时期，生产大队和生产队不仅掌握着农村的行政权和财政权，而且还掌握着从生产计划到生产管理以及成果分配的经济管理权。这种依靠行政手段存在的组织体系虽然不适合管理农村经济，但是耕地的集体经营和共同劳动强化了地缘关系，从而为村落社会的整合提供了重要的物质基础和组织基础。1982 年家庭联产承包责任制实施以后，农户作为基本生产单位的地位恢复，确立了农户自立的经济基础。但是，伴随着人民公社的解体，作为地域社会组织的村落统一性并没有解体，农户为了完成生产和生活活动，在经济、行政和生活上仍然需要依靠村落、村组织以及村内传统的社会关系。村落仍然保持着农村基层单位的性质。

北锅盔村具有生活共同体的性质。村落生活共同体的物质基础主要包括：第一，土地的集体所有制使村落成为村有土地的管理者。村落有明确的地理边界，对土地的管理极为严格。第二，村落拥有共同财产，主要是农业生产设施、村办企业、大队部和树木等。第三，村民共同使用的水利灌溉设施也是村里一笔重要的资产。村落共同体所具有的雄厚的物质基础和生产设

施，是村民进行生产、生活的前提条件，更是村民基于共同地域生活共同体形成社会认同的关键因素。

除物质基础外，村落内部至今还保留着许多共同体因素。一是办理红白喜事的工作。作为东北农村的一个普通村落，由于居民祖先多为关内闯关东的农民，村子多数为杂姓村落，村内没有强大的宗族组织，近邻、村民小组以及“庄亲”、“亲家”等地缘关系起着重要作用。村民在婚丧嫁娶等生命历程中最为重要的礼仪活动中表现出来的共同性进一步强化了村民的共同归属感。二是村落每年推行许多共同工作，包括水渠修建、植树、修路以及校舍建设，等等。

二　作为行政组织的北锅盔村

北锅盔村由三个村庄（屯）组成，是一个村级行政组织。村组织一方面起着维护农民利益的作用，同时又承担着国家政策的最终落实责任，在农户和国家之间起着重要的调节和缓冲作用。北锅盔村在努力完成国家和地方政府的各项行政工作的同时，还必须为村民们提供生产服务和生活服务，以维护村落共同体的延续和发展。

北锅盔村村委会部分成员合影

为了把握村落组织的功能多元化特征，我们沿用了陆学艺研究员提出的“党支部的功能多元性”这一概念，来分析北锅盔村村落组织一元性和功能多元性的现象。人民公社解体后，国家与村落共同体的关系发生了显著变化，国家把基层行政单位由原来的生产队提到了乡镇层面，对村落的管理方式也逐步转向法治，促进了村落自治能力的增强。在这一转变过程中，国家借助执政党在农村最基层的党支部组织来组织和凝聚广大农村地区，农村的支部组织成为国家在基层村落利益的代表，这是村党支部权威性和正统性的来源。同时，党支部又承担了组织和领导村民自治的角色，村落中的各种群体要在村落政治中发挥作用，往往要借助基层党组织的名分，以获得正统性和合法性。党支部的功能多元性的含义是，党支部已经不是政治学意义上的纯政党组织，支部与村委会、村经济合作社之间不仅有组织形式上的区分，而且在实际运作中，支部具有绝对权力。党组织功能多元化，除政治意义上的党务之外，其支配范围涉及行政、经济和村民日常生活三大领域，从而使党支部拥有强大的权力，进而实现党和国家在村落中的利益。

基层党组织的性质赋予村党支部管理村落事务的绝对权力。但是，党支部的成员同时又是村民中的一员，党支部成员与由村民选举产生的村委会成员大部分重合。他们的权威也来自村落内部，必须同时得到村民的认可，方能具有实现党组织利益和村落利益交融的可能性。因此，在村落一级，来自国家的体制性权威和来自村内的内生性权威是相互融合的，村党支部成为沟通国家和群众的中介，这正是村党支部的独特性。

三　村落管理组织的构架

北锅盔村现有的 8 名村干部都是兼职的，他们一方面承担着村务管理工作，另一方面他们的社会身份依然是农民。他们也有自己的承包地。

1. 北锅盔村党支部

与全国其他的村落一样，北锅盔村的行政组织在形式上分为三个系统。村党支部是村落的核心组织，共有 5 名委员。党支部共有 26 名党员，党支部下设 3 个党小组。此外，团支部、妇联和民兵连隶属于党的组织系统，民兵连和妇联承担着各自的行政职能。

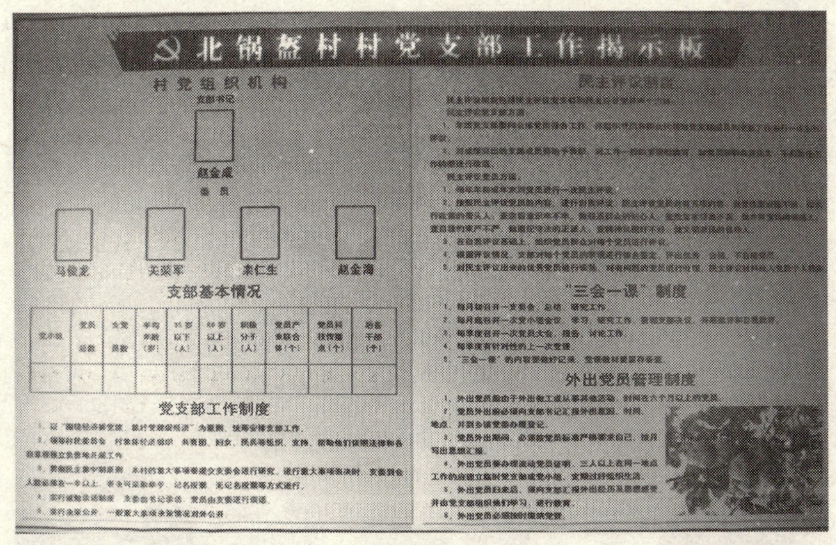

村党支部工作揭示板

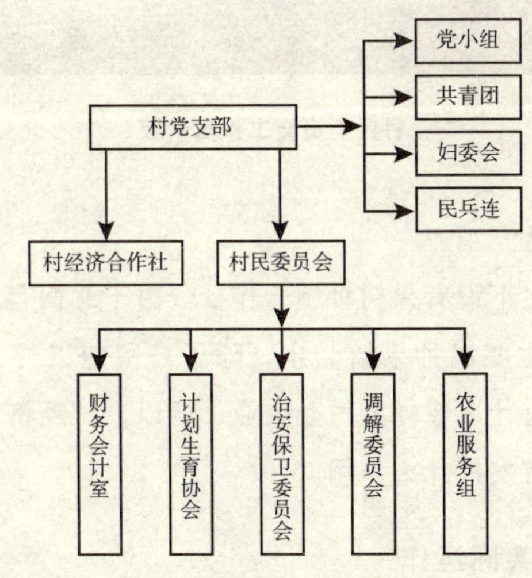

北锅盔村的组织结构图

2. 村民委员会

北锅盔村村委会的组织结构与《村委会组织法》的规定大致相同，根据村里的实际情况，设置了农业服务组、调节委员会、治安保卫委员会、计划生育协会和财务会计室。8 名村委会委员中有 5 名兼任党支部委员，其中有

1 人负责共青团和民兵。村委会下设 3 个村民小组。村委会负责管理全村的公共事务和公益事业，调节民间纠纷，维护社会治安，管理计划生育工作。

村民委员会工作揭示板

3. 村经济合作社

村经济合作社之下设有果树种植合作社。由于北锅盔村是个远近闻名的果树专业村，村民主要以种果树为主，除了自留地以外，很少种植传统作物。在北锅盔村没有什么像样的村办企业，所以，村经济合作社也只是有名无实，实际上并没有发挥什么作用。

四　村组织的实际运作

1. 党支部拥有最终决策权

北锅盔村在形式上有两套班子，每个班子各有自己的上级主管系统，原则上分工不同，权限不同，相互独立，分别处理村落内部事务。但在实际上，村里两个组织并非各自独立运作，组织界线被完全打乱。村组织的第一个原则是党支部拥有最高的权力，是最高的决策机构。全村 8 名村干部，其

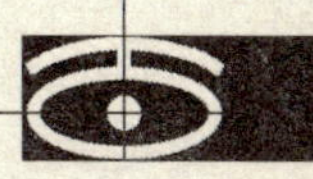

中5名是党员，他们名义上分属于村党支部或村委会，但在村组织内的地位最终取决于他们在党支部中的地位。

北锅盔村的这一决策机制与上级党组织的要求是一致的，在中国农村具有普遍性。1999年3月施行的《共产党农村基层组织工作条例》（简称《条例》）是一个与《村民委员会组织法》具有同等重要意义的条例，它对村党支部的主要职责作了明确规定，其中与村民自治相关的条目有：①讨论决定本村经济建设和社会发展中的重要问题。需由村民委员会、村民会议或集体经济组织决定的事情，由村民委员会、村民会议或集体经济组织依照法律和有关规定做出决定（第9条第2款）。②领导和推进村级民主选举、民主决策、民主管理、民主监督，支持和保障村民依法开展自治活动。领导村民委员会、村集体经济组织和共青团、妇代会、民兵等群众组织，支持和保证这些组织依照国家法律法规及各自章程充分行使职权（第9条第3款）。③负责村组干部和村办企业管理人员的教育管理和监督（第9条第5款）。④搞好本村的社会主义精神文明建设和社会治安、计划生育工作（第9条第6款）。上述规定是《条例》关于“村党支部是党在农村的基层组织，是党在农村全部工作和战斗力的基础，是乡镇、村各种组织和各项工作的领导核心”的具体化。

2. 干部分工原则：交叉任职和“按线分工”

北锅盔村两个组织的干部是交叉任职的，党支部5名委员中有4人到村委会任职。交叉任职的主要目的是将村委会置于党支部的一元化领导之下。支部书记赵金成统管全村的方方面面并拥有最后决定权。村长赵喜丰具体负责民事、治保和农业服务组的工作。妇联主任赵玉梅是支委，负责计划生育工作和村里的共青团工作，是村里8名支委中唯一的女性。民兵连的工作由村报账员吕英际兼任。村里的民事调节工作分别由三位社长杨振军、林俊松和孙海担任。村落的组织是按照上级要求建立起来的，而在实际工作中，核心成员就是几名党支部委员，村干部往往身兼数职，无法截然分开。

北锅盔村的党、政组织之间的这种分工形式在中国农村地区中普遍存在。由此引发的问题是，党支部处于核心地位，村民委员会和经济合作社处于被领导地位，若缺乏相互监督机制，就容易产生权力一元化的种种弊端。目前，在党和国家的政策中，党支部和村民大会被分别赋予了领导核心和最高权力机构的地位，实际运行过程中有相互矛盾和冲突之处，党支部和村民大会相互监督的职责难以真正实现。

3. 决策过程

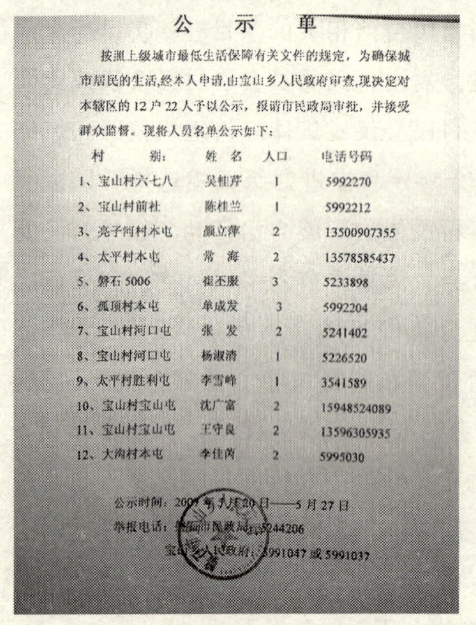

公　示　单

按照上级城市最低生活保障有关文件的规定，为确保城市居民的生活，经本人申请，由宝山乡人民政府审查，现决定对本辖区的12户22人予以公示，报请市民政局审批，并接受群众监督。现将人员名单公示如下：

村　　别：	姓　名	人口	电话号码
1、宝山村六七八	吴桂芹	1	5992270
2、宝山村前社	陈桂兰	1	5992212
3、亮子河村本屯	颜立萍	2	13500907355
4、太平村本屯	常　海	2	13578585437
5、磐石5006	崔丕服	3	5233898
6、孤顶村本屯	单成发	3	5992204
7、宝山村河口屯	张　发	2	5241402
8、宝山村河口屯	杨淑清	1	5226520
9、太平村胜利屯	李雪峰	1	3541589
10、宝山村宝山屯	沈广富	2	15948524089
11、宝山村宝山屯	王守良	2	13596305935
12、大沟村本屯	李佳芮	2	5995030

公示时间：200[illegible]年[illegible]月20日——5月27日

举报电话：[illegible]市民政局：5244206

宝[illegible]人民政府：[illegible]991047或5991037

北锅盔村低保公示

村里发生的重大事件基本上按照以下程序决策。首先，由党支部会议、村委会会议制定初步实施方案，然后交全体党员大会、村民代表会议两个议事会讨论，形成决策。最后召开村民大会传达和解释决定，分头具体落实。党员会议和村民代表会议形式上分别由党支部和村委会负责召集，而党支部是实质上的决策机构，党员会议和村民代表会议仅仅起着审议机构的作用。

在北锅盔村对重大事件作出决策主要采取以下步骤：第一步是由书记首先提出议案，然后在村民委员会中酝酿，根据大家的基本想法形成决策的雏形。第二步，召开村支委会讨论，形成决策。决策的范围根据事件的内容而定，讨论范围就限定在5名支委委员中，便于集中意见。如果事件涉及每一个村民，就要召开支委扩大会，包括全村全体党员。第三步是召开党员大会和村民代表会议，征求意见，完善方案，解释和传达决定。第四步是召开全体村民大会，公布并具体实施。

五　村干部

北锅盔村村干部的选拔标准首先是个人的政治素质，即拥护党的路线方针政策，拥护村党支部作出的决策，有为村集体工作的愿望，思想正派。干

部的人格特征和在群众中树立的形象也是十分重要的因素，为人是否正直是评价干部的重要标准。其次是业务素质，村干部受学校教育水平限制学历不是很高，一般为初中水平，因此主要注重的就是他们的实际工作能力，或具备某种特长，或熟悉某种业务，或精通企业管理，或适于做群众工作，具有不同专长的人相互配合。再次是有组织工作能力。

表 5－1 北锅盔村主要村干部情况

姓名	职务	政治面貌	文化程度	出生年月	任现职时间
赵金成	书　记	党员	初中	1954 年	2004 年 4 月
孙长高	副书记	党员	高中	1968 年 9 月	2004 年 9 月
赵喜丰	村　长	党员	高中	1970 年 1 月	2004 年 4 月
吕英际	报账员	党员	大专	1968 年 1 月	2004 年 4 月
赵玉梅	妇女主任	党员	初中	1966 年	2004 年 4 月
杨振军	社　长	不祥	初中	1969 年 11 月	2004 年 4 月
孙　海	社　长	不祥	初中	1963 年 6 月	2004 年 4 月
林俊松	社　长	不祥	初中	1975 年 4 月	2004 年 4 月

表 5－2 北锅盔村村干部的工资和薪金情况

单位：元

姓　名	赵金成	郑喜丰	吕英际	赵玉梅	杨振军	林俊松	孙　海	孙长高
工资（年）	3700	3600	3600	2100	1200	1200	960	不祥

北锅盔村主要村干部的主要经历：

赵金成：党支部书记。原是北锅盔村前三届的村长，是一名优秀的共产党员，是磐石市有重要影响的致富能手。1986 年，他通过省农科院的考试取得了“果树技师”的资格。同年，他用所学的技术培植苗木，栽植矮化中间砧喜获成功。他组织村民办果树技术培训班，并到每屯每户开现场会，为村民种植果树提供树苗和技术。在他的带动下，村里人开始在房前屋后种果树，并开始在荒山上建果园。1992 年，赵金成被村民们选为村委会主任，同年加入了中国共产党。在赵金成的带领下，北锅盔村成了全县有名的果树村，他连续三届被村民选为村长。

孙长高：党支部副书记兼副村长。2004 年从部队转业分配到县司法局工作，同年，他作为县生产服务队的人员下派到北锅盔村任副村长和村党支部副书记。他每天克服通勤上班的困难往返于县村之间，为北锅盔村发展特色产业和农民拓展致富门路做了大量工作。同时他还开设了法律服务点，为农民生活生产中出现的法律问题提供无偿法律服务。

赵喜丰：村长。1988 年高中毕业后就外出打工，2001 年回到村里从事农业生产。由于在外打工多年，他形成了比较丰富的社会经验，和村里其他人比，见多识广，群众基础好，有领导群众致富的能力。2004 年在村民的推选下当选村长。

支部委员原则上是在全体党员会上投票选举产生，投票人数必须达到全体党员人数的 80%，当选者必须得到 50% 以上的选票。书记的意见往往起着决定性作用。乡党委的事前斡旋也同样重要，对选举结果有直接影响。在选举之后，乡党委有权调整选举结果。入选的支部委员在镇党委代表在场情况下选出书记。由于村干部是按照在党内的地位决定的，因此，可以认为监督党支部的选举是乡镇组织管理村落的重要环节。

第二节　村落与农户的相互关系

村党支部作为党的最基层组织，履行国家委托的行政工作和乡镇政府委托的地方工作；另外，它作为村民自治组织，支配村内公共资源，管理村内事务。

北锅盔村作为东北的普通村落其多元社会功能尚未十分分化，村组织承担着行政、经济和村民生活等方面的组织功能。形成这种状况的外部原因是，联结农户与市场的地区性农业协会等中介经济组织尚未建立，村民之间的各种合作组织也没有形成，农民的生产和日常生活只能依靠村组织，从而使村组织的作用显得十分突出。

北锅盔村的村内事务可以分为行政管理、村政建设和村民服务三大类，其中包括群众最为关心的宅基地分配、计划生育政策以及参与村落事务管理问题，等等。

一　村落对农户所具有的意义

1. 经济和技术上的依靠

一个村落要生存和发展，首先要开展多种经济活动，获取各种经济资源。村组织利用占有的各种资源，首先为村民提供各个农户无法单独承担的生产服务，创造良好的生产经营环境；其次，积累集体财富，提高开展各项社会活动的经济实力。

北锅盔村产业结构中主要以果树种植为主，村民在生产上对村落依赖性很强，这种依赖不仅仅是地域上的，更表现为果树种植技术、果品生产和销售等多方面，这是村民对村落最主要的依赖之一。1983 年土地承包到户以后，农户获得了经营自主权，但是村落对土地仍然有严格的管理权，有权调整土地承包。农户虽然可以转包土地，但是不能改变土地用途和买卖土地。

村民对村落的依赖还表现在：第一，水利设施的利用。1982 年以来，村里每年大量投资，用于维护水库和水渠，确保农业生产的顺利进行和产量的大幅度增加。同时，在乡政府水利工程建设规划的指导下，积极规划、维护和重建村里水利设施。

第二，种子、化肥、农药等农业生产资料的统一供应。村负责从磐石市供销社购进化肥和农药，由村集体统一直接购入种子，以确保种子质量。村里统一订阅报刊，举办农业学校，从长春市和磐石市请来专业技术人员传授农业及农产品加工技术，提高村民科学技术水平。

由此可见，北锅盔村组织实行土地承包到户以后依然承担着生产上的服务功能。除此之外，村里还多次尝试调整农业产业结构，帮助农民搞家庭副业，发展多元化的经济作物，提高农民收入。

2. 行政上的依靠

在行政上，村组织还掌握着许多对村民生活有意义的权力。

首先，是征兵和招工指标的分配。在户籍制度尚未打破的条件下，城市—农村二元社会结构仍然存在，农民进入城市和实现向城市流动的渠道只有当兵、上大学以及数额极少的招工等。20 世纪 80 年代以后，随着国有企业的改革，国家招工指标取消了，农民可以到城市打工、自谋职业。但是村民外

出做工要“三证”：本村的外出证明信、流入地的暂住证和打工登记证。村组织仍然有权决定是否出具外出证明信，因此村组织仍然能够在一定程度上控制村民的外出。当兵对农村青年还是一条极有吸引力的出路。征兵名额分配到各个村落，由民兵连在党支部的领导下推荐、选拔，许多村民都希望村里能够帮忙把他们的孩子送到部队。

其次，计划生育和办理结婚证书是村组织管理村民的手段之一。村组织按照镇计生办的规定制定“村计划生育管理条例”，对全村育龄妇女中未接受节育手术的育龄（19～49 岁）妇女实施孕检，单月 2 日镇计生办的工作人员来村做 B 超检查。育龄妇女必须按照规定实施各种手术。按照吉林省政府通过的《吉林省计划生育条例》规定，凡不符合规定生育第二个子女的，对夫妻双方分别征收计划外生育费，并进行罚款。只有缴纳罚款以后，镇计生办开出超生罚款结论证，才可以到乡派出所申报户口，大队凭派出所介绍信承认其正式村民的资格，超生子女才能分得责任田和宅基地。

再次，在治安管理上，村治保会具有协助镇派出所执行公务的职能。在处理村内犯罪和村外犯罪时，村组织采取不同的处理方法。犯罪形式在村内主要是偷盗等问题，发生在村内的刑事犯罪村组织要报告当地公安机关。这样做，一是借助政府力量加以解决，避免村干部与村民之间的直接冲突，二是显示镇政府是村组织的强大后盾，提高了村组织在村民中的权威。村民外出的犯罪多为偷盗等经济问题，以年轻人居多，村治保会也具有协助公安机关的义务。

村内公共设施的建设水平完全取决于村落经济发展实力。北锅盔村的整体竞争实力还相当落后，三个自然屯之间的道路基本上还是黄土路，“晴天一身灰，雨天满脚泥”，村民称之为“水泥路”。但是村子临近省级公路，整体交通还是十分便利。关于医疗卫生，20 世纪 80 年代，随着生产队的解体，东北农村原有的医疗体制也随之日渐衰落、瓦解。而一种适合农民医疗需求的新型医疗制度时至今日还没有建立起来。目前，东北地区原有的农村三级医疗网络已名存实亡，相当多的乡镇卫生院“黄摊”了，整个农村医疗网络出现“中空”状态，医疗技术上不去，农民当地就医既不方便也不经济。

3. 生活上的依靠

村落村民的居住生活空间——宅基地——是村民基本的生活条件之一，北锅盔村的管理条例对宅基地分配有具体明确的规定。

在农村地区，超生的主要原因是重男轻女：一是来自家族文化的要求，只有男子才能延续宗族的血脉，继承家族的姓氏。二是来自现实，土地承包制以后，有许多重体力的工作需要男子承担，比如耕地灌溉，有一半家庭的浇地时间被排在夜间，女子显然多有不便。三是赡养老人也是男子的义务，养儿防老的观念依然很重。在我们的调查问卷中，绝大多数村民基本上赞同这一观念，这表明养儿依然具有很强的社会经济保障功能。村里为超生子女提供户口和宅基地的做法，在国家政策和农村文化的矛盾之间起了重要的缓冲作用，维持了村落社会的稳定，也是村民对村落最强的依赖关系之一。

民事调解是村组织的重要功能。调解委员最忙碌的是春节前后外出工作人员回乡、全家人团聚的时节。在家庭内部最主要的议题是赡养老人和兄弟分家产等问题，村治保主任常常扮演分家证人的角色。街坊之间的纠纷主要集中于宅基地，诸如房屋翻盖时宅基地越界、新房基超高和侵占公共通道等问题。发生这类纠纷时，村民一般要找村委会干部，由干部作为仲裁人出面调解。由此可见，村组织的管理范围已经不仅仅局限在村落的公共事务，还扩大到村民的家庭内部事务，只有村内无法调解的纠纷才上诉到镇司法所处理，一般来说这种情况很少。

从村民与村落的相互关系可以看出，村落具有很大的共同体性质，村组织利用村落的资源保护和增大村民的利益，在村户与地方政府之间发挥着重要的缓冲作用，而维持村落的利益是首位的。村落中以“熟人”为中心的社会结合构成了生活共同体，维持着农业生产中的劳动力交换、共同灌溉排水、合作金融、看青、安全防卫、婚葬中的互助等主要活动的合作关系。村落仍然是农村居民社会结合的最基层的单位，是农民与市场之间的中介组织。以“熟人”的结合为基础的生活共同体在村内形成了完整体系，本村人与外村人之间存在明确的界限。在 1958 年以后的农业集体化并没有使村落生活共同体的性质根本解体，相反，生产大队和生产队以自然村为单位组织起来，传统的生活共同体得以延续。村落的生活共同体特征使村干部将保护

村民利益放在首要地位，通过积极履行国家和地方政府委托的行政事务，造成地方政府对村落的某种程度的依赖关系，使村落在国家的行政体制中保持相对的自主权和自由、宽松的小环境。

4. 家庭对村落依赖关系的变化

家庭对村落依赖关系的变化最先出现在经济领域，村民职业的分化、经济活动的广域化趋势使村民在经济领域特别是非农产业领域对村集体的依赖程度逐渐减退。当前农民外出打工的不是很多，多数是季节性打工，仅有很少的年轻人常年在外打工。推动村民外出工作的主要原因之一是村办企业的经济实力还较为薄弱。在行政领域，村民对村组织的依赖依然较强。这些涉及生活环境治理、建立医疗保险、提高教育文化水平等方面的内容是普遍的和长期的问题，其发展最终取决于村落自身以及地方政府行政能力的提高。在生活领域，村民在宅基地分配、民事调解等方面对村的依赖关系将长期存在，而这些正是村落应该向村民提供的最基本的保障。

二 农户对村落的意义：税费与义务工负担

农民种田纳税，承担对国家的义务，是几千年来农民与国家之间基本的关系之一。新中国成立后，在计划经济体制下国家通过工业与农业之间的“剪刀差”积累财富，以此来推进我国的工业化进程。

在国家费改税和取消农业税以前，农民以家庭为单位向国家承担的义务主要是农业税、乡村统筹提留款和义务工三大项。以1994年北锅盔村民缴纳的统筹提留款为例，当年统筹提留款总计31675元。在统筹提留款中，其中乡统筹12427元，包括乡、村两级办学经费9855元（含民办教师工资5397元，乡办校舍维修费4458元），计划生育补贴142元，义务兵优待金781元，民兵训练费199元，敬老院生活补贴和院舍维修费1450元。困境提留19248元，其中公积金6335元、公益金2316元，村社干部报酬5965元，村办公室维修费771元，校舍维修费771元，各项管理费3090元。当年村民人均负担41元左右，约占上年人均收入634.6元的7%。2002年实行税费改革后，北锅盔村取消了统筹提留款，农业税额作了相应的调整和降低，农民负担较税费改革前大幅度减少。2004年中央第四个“1号文件”下发

后，东北三省作为取消农业税试点省份后，北锅盔村也与省内各地农村一样，享受到了“一免两补”的优惠政策，即免除农业税，实行种粮直接补贴和种子、科技投入补贴。仅此政策所带来的增收一项，北锅盔村人均增收一百多元，约占当年农民人均收入的10%。

农民负担包括农业税、“三提”和“五统”三大类。农业税为上缴国家的税金，国家按纳税耕地的亩数征收。“五统”是国家和地方政府向农民统一征收的费用。乡镇政府五项统筹的第一项是教育费，第二项是优抚费，第三项计划生育费，第四项是民兵训练费，第五项是水利费。但这些从2004年开始，村民只缴其中的水利费，其他的全部取消。

税费改革除了直接让村民收益增加外，实际上改变了中国延续几千年来的国家、农民之间的权责关系。同时，农户与村落之间的传统关系也会发生微妙的改变。

第三节　村落组织的境况与发展思路

农村基层组织建设是一项长期而复杂的系统工程，组织创新是一个过程，只有不断地推进组织创新，才能适应新形势、新情况和新变化。当前北锅盔村的农村基层组织离客观要求还有差距，还存在许多不足，突出表现在村级组织上。

（1）双重身份困惑着农村基层组织和干部。目前，村民委员会既是村民自治组织，却又承担着政府职能的准政府组织。现实生活中村民委员会听命乡镇政府的安排，时间大多用在完成乡镇行政任务和命令上。村干部也叫“村官”，在一个“村”的范围内拥有一定的权力，履行《村民委员组织法》规定的权力和义务，为此而取得相应的报酬。但干部归根结底是农民，不能享受国家干部的待遇，干得好不好都很难改变他的农民身份。当村民利益和国家利益发生矛盾时，他有可能里外不是人，会无所适从，造成角色的紊乱。

（2）组织形式比较单一。以村党支部为核心的农村基层组织建设，重点工作放在村党支部和村民委员会，与之配套的民兵、青年、妇女等组织基本是名存实亡，有牌子、没有位子，工作开展不起来。经济合作社组织、文化组织、社区服务组织的建设十分薄弱，农民的组织化程度很低。

（3）干部队伍整体素质还不高。干部队伍整体素质与农业发展新阶段的要求不相适应。表现在：①干部队伍年龄结构不合理，镇干部队伍呈年轻化趋势，而村干部普遍存在年龄老化的现象；②文化素质不高，镇干部队伍的文化素质要求越来越高，不断有大学生充实到队伍中来，而村干部仍以初中文化程度为主，又缺少学习的机会；③工作能力弱化，许多村干部仍然沿袭传统的工作方法，缺少开拓进取的精神和能力。

（4）村级集体经济薄弱。村级经济总体水平还比较低，“造血”功能差。2004 年村里的集体生产经营性收入基本为空壳，农民从集体统一经营中得到的收入减少，也导致群众集体观念薄弱。而村组织失去了经济依托，也陷入了无钱办事的困难境地。

针对当前北锅盔村政治组织建设的现状及存在的问题，根据我们的思考，提出以下发展思路。

第一，要加强以党组织为核心的农村基层组织建设，巩固党在农村的核心领导地位。

一是切实加强党组织自身建设。农村基层组织建设关键在党，要以胡锦涛总书记的“科学发展观”重要思想为指导，围绕乡镇党委创“六好”和村党支部创“五好”的目标，加强思想、作风和制度建设，充分发挥党支部组织的战斗堡垒作用和党员的先锋模范作用，把乡镇党委和村党支部建设成政治坚守、开拓创新、团结协作、公道正派，能带领农民群众共同富裕的战斗集体，重塑形象，重塑威信。

二是理顺关系，规范管理。全面落实“乡村政治”的政治模式，依法界定乡镇政府、村委会的性质、职能，推进村民自治进程。进一步加强和完善村党支部对村委会等村级组织，其他组织要自觉接受村党支部的领导，立足于自我管理、自我教育、自我服务，加强规范化、制度化的建设，形成廉洁高效的工作运行机制。

三是加强干部队伍建设。加大教育培训力度，充分发挥党校等教育培训阵地的作用，分层次、分期分批组织农村基层干部培训学习，建立培训制

度，使干部培训工作制度化、规范化和经常化，不断提高农村干部的法制观念、科学文化素养和抓经济建设的能力。着力改善村班子队伍结构，在高中生、退伍军人、打工返乡青年中选拔优秀人才进入村班子，做到老、中、青三结合；也可以选派一些能吃苦、有事业心的国家干部到村委会任职，实现国家干部和村干部相互影响、相互促进，共同提高，为农村共谋发展的新格局。改善农村干部的生活和政治待遇，逐步提高农村干部的工资标准，建立农村干部养老金制度，充分调动村干部的积极性。

四是加强配套组织建设。民兵、共青团、妇代会是村党支部和村委会的配套组织和得力助手。要转机建制，确保有牌子、有位子，按照各自的章程经常开展活动，协助村党支部和村委会抓好各项工作任务的落实，增强配套组织的凝聚力和向心力，充分发挥各自的作用；完善调解组织、帮教组织、治保组织的制度建设，并积极开展工作，共同维护社会稳定和农民安居乐业。

第二，要大力发展农村经济合作组织，提高农民市场组织化程度，推进农业产业化进程。

一是加强社区集体组织建设。以家庭承包经营为基础统分结合的双层经营体制，家庭承包经营是集体经济组织内部的一个经营层次，是双层经营体制的基础。集体经济组织主要是在“统”上做文章，主要职能是为农户生产经营服务，管好集体资产，协调好利益关系，组织好生产服务和集体资源开发，壮大经济实力，特别要增强服务功能，解决好一家一户难以解决的问题。

二是积极发展民间合作组织。要在稳定家庭联产承包责任制的基础上，在群众自愿、政策引导、因地制宜的原则下，积极寻找多种形式的合作，有效地实现农民的劳动联合和资本联合，如合伙制、股份制、联营等新型的生产组织形式，增强抗击市场风险的能力和竞争力。

三是推进农业产业化发展。实施产业化就是把农民组织起来，与实力较强的“龙头”企业联合，通过合同的形式，实现利益共享、风险共担的经济联合体，也是一种新的农业经济模式。它有利于形成规模经济，提高农民素质和经济效益，推动传统农业向现代农业转变。

四是正确引导和组织农业走联合发展的道路。重建农业的家庭经营组织形式和构建现代家庭经营体制需要过程，要通过不断的完善，才能取得全面的成功。在这一过程中，政府的主要任务是提供基础性服务，加强政策引导和基础设施的建设，强化农业教育和科技推广，维护市场秩序，为农业发展扫清障碍。

第三，建立健全社区服务组织，改善农民生活状况，提高农民生活质量。

一是强化村民委员会和村小组的社区服务职能。村民委员会和村小组是农村村民自治组织。履行自我管理、自我教育、自我服务的职能，要在其所辖范围内相对独立地组织村民进行生产、经营和科技文化教育活动。

二是建立农村社区服务组织。在村委会的组织协调下，为了解决农户生产、生活上的种种困难，按照自愿的原则组织起来，在资金、技术、生产、供销、生活消费等方面进行合作和自我服务，如消费合作社、医疗合作社、储金会、托儿所、幼儿园等组织，不以赢利为目的。建立健全各项保障制度，如医疗保险制度、社区救济制度、养老保险制度。

三是改变农民文化的贫乏状态，建立公共文化设施和娱乐场所，丰富村民的业余文化生活。现在村民的业余时间只能靠看电视或打牌来消遣，当这些都无法得到的时候，如农村经常性的断电、政府对打牌的禁止，村民的闲暇时间便无着落，精神处于极度的空虚状态，从而为非正式组织尤其是非法组织的复兴提供了极为便利的条件。因此，不能借口财政困难便窒息了村民的文化生活，村委会可以因时因地的设置一些简单便民的文化设施，丰富村民的业余文化生活，组织村民学习文化、补习文化，改变落后的文化状态。这也是村委会的重要职能之一。

第四，建立健全财务监督制度。要使正式基层组织健康发展，必须解决好财政问题。针对北锅盔村的客观状况，需要从以下几个方面着手。

一是村民委员会成立理财小组。村民委员会如果要实现自己的相对独立性，首要的是在财政上相对独立，剪断同乡政府的财政纽带。因此，村委会要成立自己的理财小组，负责自身财政的预算、决算。

二是村民委员会开辟新的财源。村民委员会应该充分发挥自己的积极

性、主动性和创造性，开辟新的财源，而不是仅仅依赖村民上缴的提留和乡政府的财政拨款。通过开辟新的财源，既活跃了地方经济，又解决了财政可能。实践证明，凡是集体经济搞得较好的地方，自治组织都得到了较为健康的发展。

三是村民委员会建立财务监督制度。财政困难的原因是不健全的财务制度，漏监现象严重，导致仅有的一点财政被贪污腐蚀。因此，必须建立健全财务监督制度。

第六章 村落文化的变迁

第一节 节日民俗

农村经济飞速发展，农民的生活水平不断提高，农民的节日习俗也在不断更新。调研组多次到北锅盔村对当地的节日习俗通过走访村户、座谈等方式进行调查和询问，以了解当地的节日习俗和风土人情。通过村民讲述，我们整理出北锅盔村主要节日民俗及其变化。

春节是指从腊月初八或腊月二十三的小年一直到正月十五，其中以除夕和正月初一为高潮。买年画、贴“财神”等东北农村许多传统的过年习俗在北锅盔村悄然发生着变化。

“小孩小孩你别哭，进了腊月就杀猪；小孩小孩你别馋，过了腊八就是年。”“腊七腊八，冻掉下巴”，当地一直流传着这样一句话。东北的腊八一到，一般都进入了数九天，家家户户基本开始筹备年货了，买回来在外面一放，天然一个大冰箱。这么冷的天，为了不“冻掉下巴”，家家都要在腊八早上吃用黏米、豆子等做成的黏米饭，来“粘住下巴”，人们把它叫做“腊八粥”。以前过了腊八，就渐渐有了“年味”，家家杀猪、包饺子、蒸馒头、包豆包、做饼子，准备过年需要的鸡、鱼、肉。近些年商业流通加快了，农村买东西也不再像以前那么难了，准备年货的时间基本上也没有这么早了，但腊八还是象征着春节快到了。

过去杀猪在北锅盔村算是一件大事。进入腊月，大部分人家都要杀猪，

赵金成村长向调查组介绍村里情况

为过年准备，民间谓之杀“年猪”。近几年杀“年猪”的人家逐年减少了。原因是现在农村什么都有卖的，现吃现买就行了。自己杀猪不划算还费事。

腊月二十三又称“小年”。过去的这天晚上，各家都要祭灶，即祭送灶神升天。灶君神像，贴在锅灶旁边正对风匣的墙上。两边配联多为“上天言好事，下界保平安”，下联也有写成“回宫降吉祥”，横批是“一家之主”。灶君夫妇神像旁边往往画两匹马作为坐骑。拜祭完后将灶王爷像焚烧，谓之“升天”，边烧边磕头祷告“上天言好事，下界保平安”。近年来祭灶王爷的人家已经逐渐的少了，但打扫房屋的习俗仍流传。在当地，老人们说过了腊月二十三就是又一年了，不能有隔年尘，所以就有“腊月二十四，掸尘扫房子”的说法。每到这个时候，家家户户都要打扫环境、清洗各种器具、洒扫自家庭院、掸拂尘垢蛛网、疏通明渠暗沟，到处都洋溢着干干净净迎新春的欢乐气氛，同时也寄托着人们破旧立新的愿望和辞旧迎新的祈求。

现在扫尘、贴对联的习俗依旧，但供送灶王的少了；贴年画的也没了，取而代之的是地图、挂历。老村长说：“近几年果品丰收，销往全国各地，

挂个全国地图看起来方便。”另外，有的农户家里挂的是科技挂历，科技农历上什么时候播种、什么时候打药、如何给果树剪枝都一目了然。买农业科技图书的人多了，孙大爷就买了好几本果树种植的书。他说：“前些年，我们过年就是聚到一起搓麻将、打扑克。现在不同，利用空闲买几本书学点技术，致富不懂科技不行啊。”

春节的前一天，家家都要贴春联。春联有很多种，如框对（贴于左右两个门框上）、横批（贴于门楣横木上）、春条（根据不同的内容，贴于相应的地方）等，在春节前要在住宅的大门上粘贴新年寄语，也就是在红纸上写成的春联。一般在外面的门上贴一幅大红春联，并附上三个五颜六色的挂钱，而屋里的门、衣柜、家用电器上也都贴上相应的春联，屋外的猪圈、粮仓等贴上“肥猪满圈”、“五谷丰登”等吉祥之语。门前挂大红灯笼、贴福字及财神、门神像等，福字还有倒贴意思“福到”。所有这些活动都为节日增添了足够的喜庆气氛，同时也蕴涵着人们对美好生活的追求和向往。

农历腊月的最后一天（二十九或三十）晚上，叫做除夕。它与春节（正月初一）首尾相连。“除夕”中的“除”字是“去、易、交替”的意思，除夕的意思是“月穷岁尽”，人们都要除旧布新，有旧岁至此而除，来年另换新岁的意思，是农历全年最后的一个晚上。从这天开始各家都点上三天的长寿灯，以祈求平安、长寿。除夕之夜，家家团圆，一家老小围坐在一起包饺子、话新春，其乐融融。在当地，晚饭前还要摆供桌、焚香、燃蜡烛。到晚上10点多钟，各家开始放鞭炮，人们提着大红灯笼出去接神，看好财神或喜神的方向，然后点香、烧纸；把神接回家后，用一根两三米长的木棍横在大门口，意为回来了，别走。还有许多人家供奉家谱（三代宗亲），也要在这时接回来，供奉三天，准备好水果、肉、粉条、米饭等供品。接完神各家开始吃年夜饭，主食是饺子。饺子因为形似元宝，过年时吃饺子也带有“招财进宝”的吉祥含义，还经常在饺子里包上硬币，谁吃到谁来年有钱花。吃完年夜饭，晚辈给长辈磕头拜年，长辈给压岁钱。这天晚上，大家都等着辞旧迎新的时刻，通宵不睡，象征着把一切邪瘟病疫照跑驱走，期待着新的一年吉祥如意，这就是“守岁”。年长者守岁为“辞旧岁”，有珍爱光阴的意思；年轻人守岁，是为延长父母的寿命。这是当地原有的守岁方式，

随着经济的发展，生活水平的提高，守岁的方式也有了一些改变。除夕之夜，人们都通过电视来观看各种文艺节目、联欢晚会，欢欢喜喜的等待新年钟声的敲响，迎接崭新的一年。

正月初一为春节，亦称“大进”。人们都早早起来，穿上最漂亮的衣服，打扮得整整齐齐，出门去走亲访友，相互拜年，恭祝来年大吉大利。春节拜年时，晚辈要先给长辈拜年，祝长辈长寿安康；长辈则将事先准备好的压岁钱分给晚辈，据说压岁钱可以压住邪祟。

在当地还保留着这样的习俗，正月初三之前扫地不能往外扫，不能出远门、不能动针线、不能淘生米、不能动剪刀。

正月初五又叫“破五”，早上起来家家放鞭炮，这一天人们都要吃饺子，意为捏破。

正月初七、十七、二十七被称为“人七”日子，家家都要吃面条。初七是小孩子的日子，吃面条缠住腿，以保佑孩子平安健康；十七是中年人的日子，吃面条缠住腿，祈求身强体壮；二十七是老年人的日子，吃面条缠住腿，保佑老人健康长寿。

正月十五是一年一度的元宵节，又称“上元节”、“灯节”。这一天家家都在门前悬挂大红灯笼，上坟点灯，路边放灯，晚上吃元宵、放烟花。一直有“正月十五走（消）百病”的说法，所以每到这一天人们都出去散步消百病，观看烟花。这一天的主食元宵，是以白糖、玫瑰、芝麻、豆沙、黄桂、核桃仁、果仁、枣泥等为馅，用糯米粉包成圆形，可荤可素，风味各异。

农历二月初二俗称“龙抬头”。这一天都不做活，忌用针线，据说龙抬头时动针线会伤到龙的眼睛；不动剪刀，作为一个果树村在这一天都不剪枝，因为动剪刀意为剪龙头；不出车，以免车轮伤到龙头。另外，在这一天家家都吃猪头肉，有吉祥之意。

清明节又称寒食节，按阳历来说在四月五日前后，按农历则是在三月上半月。它既是二十四节气之一，又是我国的一个传统节日，它是最重要的祭祀节日，是祭祖和扫墓的日子。扫墓俗称上坟，是祭祀死者的一种活动，每年的这天都要去拜祭祖先，清扫墓地。以往纪念自己的祖先都要在这天扫

墓、烧纸，而现在北锅盔村清明节是不允许烧纸的，因为本村的果树较多，怕引起火灾，所以，在当地人们都拿着铁锹到已故亲人的坟上填些土，来祭祀自己的亲人。

端午节又称“五月节”，在农历的五月初五。这一天家家都在门框上挂起五颜六色的葫芦。清晨人们都早起上山去采艾蒿（当地的一种蒿草），回来后用它洗脸，说可以防蚊虫叮咬，然后人们还把蒿子插在房檐上，可以驱病避邪。为了纪念屈原，人们都吃用棕子叶、黏米、大枣做成的粽子，口味各异。另外，在这一天还有早上吃鸡蛋的习俗。端午节小孩都佩香囊，传说有避邪驱瘟之意，实际有襟头点缀装饰作用。香囊内有朱砂、雄黄、香药，清香四溢，外包以丝布，再以五色丝线弦扣成索，作不同形状，结成一串，形形色色，玲珑可爱。大人们还常在小孩的手腕、脚腕上系上五彩线，等到下一次下雨的时候把线扔到水里，随水而流。

鬼节又叫“中元节”，在农历的七月十五。鬼节是为祭奠逝去的人们而起的，这一天人们都要上坟拜祭。当地的人们在这一天用这种方式祭奠逝去的先人，表达对亲人的思念之情。虽然祭祀方式简单，但基本上保存了鬼节的意义。年代不同了，祭祀烧去的礼物也不同了，但永远捎不完活着的人对远去亲人无尽的绵绵哀思和深深的怀念。

中秋节又称八月节，在农历的八月十五，它与春节、端午节并称为我国的三大传统节日。中秋节是我国古老的传统节日，也是仅次于春节的一个重大节日。这一天是家家团圆的日子，全家人围坐在一起赏月、吃月饼。这一天的月亮圆满象征团圆，因而又叫“团圆节”。过中秋都有吃月饼的习俗，俗话中有，“八月十五月正圆，中秋月饼香又甜”。月饼最初是用来祭奉月神的祭品，后来人们逐渐把中秋赏月与品尝月饼结合在一起，寓意家人团圆。以月之圆兆人之团圆，以饼之圆兆人之常生，用月饼寄托思念故乡、思念亲人之情。在这一天大家祈盼丰收、幸福，这也是天下人的心愿。另外，随着社会的不断发展，月饼还被用来当做礼品送亲赠友，联络感情，互相表达祝愿。

北锅盔村作为东北地区的一个村庄，在节日风俗方面和北方的其他村落大致相同。随着生活水平的提高，人们的节日生活更加丰富多彩，这也体现出北锅盔村村民对生活的热爱。

第二节　婚嫁习俗

男大当婚，女大当嫁。结婚是人的终身大事，历来都受到个人、家庭和社会的高度重视。因为婚姻创造了家庭，家庭是构成社会的一部分，而这每一部分的幸福与和睦，又将影响社会的良性运行与协调发展，决定我们能否生活在和谐的社会里。随着社会的进步、政策的改变，婚礼习俗也有所增减。通过对北锅盔村村民的调查发现，北锅盔村有着完整、独特的婚礼习俗。

北锅盔村在选择配偶的方式上，大体上可以分为封闭式择偶和开放式择偶两种形式。

封闭式即封建包办买卖婚姻形态下的择偶方式。男女对自己的婚姻大事无权过问，必须听从“父母之命，媒妁之言”。也有托亲朋好友说亲的，在双方老人确定结婚意向时，有的家长也能征求一下婚嫁本人的意见作为参考。接着就是由媒人把写有男女双方生辰八字的红纸送到对方家中，找人占卜算卦。在北锅盔村并没有专职的媒人，这里的媒人一般都是本村的女性，以 30 ~ 40 岁的中年妇女居多，因为她们大都对本村的村民婚姻情况有所了解，而且嘴上能说会道，能和双方家长说得上话，在双方接触的过程中起到一个周旋调节的作用。占卜算卦是为了算一算双方的生辰八字合不合，预测一下双方当事人日后的婚姻是否美满幸福，家庭及家族的利益是否受到影响。在合二人之好后，上事祖辈，下继后世，因此婚姻由父母包办婚前占卜算卦也就相沿成俗。

据村里的老人介绍，过去由于人们的思想迷信，所以常以“女大三、抱金砖”、“蛇盘兔越过越富”等俗语作为找对象结婚的参考。“女大三、抱金砖”指女方比男方年龄大三岁的婚姻会很富裕；“蛇盘兔越过越富”是指属蛇和属兔的结合生活会越过越富有。其实从这两句俗语我们不难看出，双方家长的初衷都是希望子女的结合可以幸福美满、衣食无忧。

开放式择偶是指男女青年达到了成婚年龄后，即可自由地选择配偶而不受限制。自 20 世纪 90 年代起，北锅盔村就基本上采取了这种文明的择偶方

式，告别了封建包办买卖婚姻。主要原因是村里的年轻人现在大都在外打工，遇到心仪的女方两人情投意合，只要双方家长不反对，就可确定恋爱关系。但是要想成婚也需要请媒人中间说亲。这个媒人跟过去的相比有所不同，媒人必须是村里年岁较大威望较高的人来担当，男性较多。随着社会文明的进步，人们婚前找人占卜算卦看双方是否合亲的现象也已经越来越少。

订婚：在择偶顺利的情况下，就可以进行订婚的准备工作了。北锅盔村村民通常把订婚宴叫做“小请”，一般都是男方家出钱在饭店举行，参加宴请的人除了双方家长外，还有子女的叔叔、大爷等少数直系亲属和媒人等。在这些宴请的人中，要求不能有离婚的，而且要子女健全，目的在于给新人一个好的彩头。这次小请其实也叫过礼，也就是落定，即双方定了这门亲事，男方家要把聘礼送到女方家，婚事就不能再反悔了，送聘礼有酬谢养女之恩的意思。在过礼之前，媒人在中间进行了充分的沟通，尽量让男方家多出点钱，让女方家少要点钱，促成这门亲事。双方家长和男女双方都同意了这门亲事，就可以过礼（订婚）了。过礼男方要送的礼物不仅要看女方家的意见，也要视男方家的家境和出手大方与否。听村上的老人讲，过去要彩礼女方家都要写彩礼单，男方家要按照彩礼单过礼，而且这些礼都归女方家长所得，其实质类似于买卖婚姻。现在过礼简单多了，男方只要给一定的钱就可以了，而且这部分钱全归女方自己所有。在正式结婚之前，双方家长还会再给子女一些钱置办新婚用品，有的女方家长也会视家境情况给女婿买摩托车之类的礼物。

婚礼：择偶和订婚都顺利完成以后，就该进行最重要一项——举行婚礼。北锅盔村村民们的结婚时间一般都在秋收卖完粮以后，因为在这期间农民手中的钱也是最充裕的。结婚的费用一般都在 3 万 ~7 万元人民币。婚礼要选个好日子，最好是阴历和阳历都是双，赶个吉利，图个好彩头。

现在北锅盔村的婚礼和城里基本一样，婚礼前先到婚纱影楼照婚纱照，并将整个婚礼过程录像留念。新郎、新娘会提前请自己的未婚朋友做伴郎、伴娘。婚礼当天，新娘由“姐妹”陪同到预先约定好的美发中心做发型、化妆；而新郎的兄弟则装扮花车，在轿车上挂上鲜花、丝带、彩球……不过现在有了婚庆公司，直接租一辆体面的婚车就可以了，既省时又省力。

婚礼仪式一般都在上午的9点58分举行。在这之前，新郎要和自己的叔叔、大爷等亲人及媒人带着“离娘肉”（四块猪肋条）、红色棉被、一把斧头及用红纸包的一包硬币，俗称“抓斧钱”，起早驱车赶往女方家接新娘过门。到女方家后要把斧头放在红色棉被下让新娘子坐在上面，叫做“坐福”（取“坐斧”的谐音），还要把“抓斧钱”给娘家。新娘上车之前还要吃半碗头一天由男方送来的挂面煮的饭，剩下的半碗留给自己的兄弟姐妹，表示嫁出后也不断亲。家里若有年岁更高的老人，还会给新娘梳头，一边梳一边说一些吉利的说辞：一梳梳到尾，二梳白发齐眉，三梳儿孙满堂，四梳风调雨顺，五梳翁娌和顺，六梳夫妻相敬，等等。不过现在则简化为只有前“三梳”了。一切完事以后新郎要把新娘抱到车里，并带上娘家给新娘准备的用红色带喜字的盆装的化妆品；娘家还要给压车的童男一个大红包，叫压车钱。男方接新娘去的人数是单数，算上新娘回来的是双数，而娘家跟新娘在一起的未婚女还算上新娘是单数，回去的时候是双数。娘家人也都坐着婚车随新娘一起到男方家参加婚礼。

新郎、新娘下车后，亲朋好友都会簇拥着二位新人喝彩、鼓掌，或撒鲜花，或喷彩带，以示祝福。公婆来到车前接新娘时，新娘要改口叫爸爸、妈妈，而公婆则要接过新娘手中的盆并给“改口费”。此时新郎要用秤杆挑下新娘头上的红盖头，在车前分别与亲友合影留念后便被亲友簇拥着进入洞房。在新房的炕上会放有一个红盆，里面盛着放有硬币的水，盆上还有几棵大葱，新娘要用这个水洗手、洗脸洗去灰尘，然后等到傍晚，天上星星都出全的时候，再由小姑子把这盆水倒掉。

婚礼仪式由请来的司仪专门主持。仪式上有证婚人宣读结婚证书，新郎、新娘交换信物，新郎亲吻新娘，证婚人致辞，介绍人致辞，来宾贺词、主婚人致贺词，新郎新娘致答谢词。同时，交杯酒也是必不可少的，男女各自倒酒之后两臂相勾，双目对视，在一片温情和欢乐的笑声中一饮而尽。不管平时人们的生活有多么艰辛，通过交杯酒所洋溢出的欢笑，我们可以看到人们对爱情及美好生活的向往。

北锅盔村的婚宴大都是在自己的家中举办，当然也有个别人家条件好，为给自己挣足面子，或是嫌在家操办麻烦而在饭店举办。在家操办，人们不

用担心人手和餐具的不足，因为新郎家会雇用专门做婚宴的厨师和“大棚车”来帮忙；同时，村民若知道谁家有喜事都会一家出一两个人前来帮忙。从这里我们看出了北锅盔村民风的淳朴与热情，这是城里人难以企及的。这些前来帮忙的人还有一个专门的称呼“落忙”，在这些人中还专门有一个支配“落忙”的人，叫“代东”，代替东家安排事宜。为答谢这些人的帮忙，东家还会给这些“落忙”的人每人分两盒喜烟，并在婚宴前一天为其安排一桌酒席，俗称“落水桌”，以示感谢。婚宴的酒席非常丰盛，一般都是 8 个凉菜、8 个热菜，不会出现单数，同时在这些菜中还不允许出现鸡蛋，因为有鸡蛋意喻有“滚蛋”的意思。

厨房里忙的是热火朝天，酒席间也是热闹非凡。整个婚礼过程，新娘会换两套衣服，迎宾时穿西式白色婚纱，宴中着传统红色裙褂或艳丽旗袍。在婚宴中，新郎、新娘每席必敬酒、点烟以感谢亲朋好友的捧场。娘家客吃完酒席后，才能轮到婆家客入席。无论是哪一席，在席间都会有双方比较有威望、酒量大的长辈来陪酒。如果娘家人觉得酒席的菜肴很丰盛，吃的很满意，就会给厨房 100 元或者 200 元赏钱，这时“代东”就会拿着赏钱大声喊道“娘家打赏，娘家给厨房打赏，赏钱……”在报赏钱的时候要双报，要是给 100 元就报 200 元，要是给 200 元就报 400 元。厨房也不会白领赏钱，会再做 4 个菜以示回赏。酒席散后，新人偕同父母送各位亲朋好友上车，亲朋好友在临走之前也会在东家临时设立的账房留下礼金，以示心意。热闹而又忙碌的婚礼就这样结束了。

婚后第三天，新婚夫妇携带礼品到女方家，即所谓的归宁。礼品要有粉条，表示长流水、不断宗；美酒，表示两人的感情天长地久；白糖，表示爱情的糖，甜甜蜜蜜；还有大葱，表示两人所生的孩子聪明绝顶。而娘家要用女婿迎亲时送来的“离娘肉”包饺子给新婚夫妇吃。新婚夫妇一定要在当天日落之前赶回夫家，不能留在娘家过夜。

通过北锅盔村的老人我们还了解到，现在北锅盔村结婚找对象已经不仅仅局限于本村或邻村的适龄女子了，大约只有 1/3 的新娘是本村或邻村的，其余 2/3 均是“外来媳妇”，来自北京、内蒙古的都有。原因：一是年轻人外出打工与外地女子相识，日久生情，父母也都同意。二是离婚后托人介

绍，两人见面相中后，给 1 万 ~3 万元钱就可以领回来过日子了。三是娶外地媳妇比较便宜，特别是娶通辽的姑娘，给 1 万多元就能带回家了。村民认为外地媳妇与本地媳妇都一样，婚姻都很稳定，也都孝敬老人，能吃苦，所以无论是外地还是本地的人都很尊敬他们。

并不是所有婚姻都是美满的，北锅盔村也有离婚的现象，而且现在这种现象比以前多了。究其原因，第一，人们有钱了，见识也多了，思想也活跃多了，对不满意的婚姻敢于说不了。第二，有的儿媳不够孝敬，邻里关系处理得不好，心胸狭窄，经常吵架，对这种低质量的婚姻，村民多数认可解除。第三，受社会不良风气影响，追求刺激、对家不负责的人，对感情婚姻不够忠实。客观来讲这也从一个侧面反映了村民思想意识的变化。

第三节　丧葬习俗

丧葬是指生者为死者举行哀悼仪式，以便使其“入土为安”的一种习俗。自古以来人们都把处理死者的丧事看做一件重大而又庄重的事情。由于中国各地的文化背景千差万别，所以各个民族、各个地区都有自身一整套的传统丧葬习俗和过程。丧葬习俗一方面是当地文化特征、风俗习惯的重要组成部分；另一方面也是彰显地方人民道德观、价值观的本质内容。

北锅盔村作为北方农村的代表，经过历史的洗礼和时代的变迁，其丧葬仪式也形成了一定的地方特色。

一　丧葬过程

北锅盔村的丧葬习俗氛围较浓，形成了固有的仪式。人的去世叫“白喜事”（“红喜事”为婚嫁），老人去世叫“老了”，办理丧事的重视程度与结婚基本相同。操办规模按个人经济条件而定，经济条件好的人家一般大操大办，发送一次老人要几千甚至几万元，送葬的车队少则七八辆，多则数十辆，除表达对死者的隆重悼念，也有彰显自己经济实力的一面。经济条件相对较差的人家则根据自身的经济能力不拘礼仪，可繁可简，酌情处理。一般情况下办理一次丧事要花费 5000 元左右，北锅盔村流传一句俗语“有钱埋钱，没钱埋人"。

北锅盔村传统的丧葬习俗大致分为前期准备、报丧停尸、出殡火化及安葬祭祀等过程。

1. 前期准备

人死之后，首先由死者家属请"代东"来帮忙操办丧事。"代东"一般情况下是由村里比较有威望的、为人处世让人信服的人来充当，其主要任务是负责策划办理丧事，内容包括选择吉日、地点，请鼓匠班子吹奏，准备饭菜，招待亲朋好友，负责接收礼金等事宜。

人去世以后首先由岁数大的年长老人给死者穿上寿衣、寿鞋。寿衣俗称"装老衣服"，尽量在死者尚有活气之时穿上，一般分为五件套和七件套。过去实行自己买布制作，现在可以直接在寿衣店买到。男士要戴无遮寿帽，女士戴头饰，口里放上押口铜钱，然后用黄纸蒙面，以预防死者将最后一口气扑到活人脸上（最后一口气俗称"殃"，传说"殃"是一种特殊的"东西"，只有阴阳先生能看见，阴阳先生会告诉死者家属"殃"在家中什么地方，七天之内这个地方不可以动，七天之后方可以动）。之后在死者两手里塞上饼干或者馒头，俗称"打狗饽饽"。因为传说去阴曹地府的路上要路过"恶狗村"，有恶狗拦路咬身，善人到此恶狗不拦，罪人过此恶狗赶吠吞餐，死者须将干粮撒在地上，众狗不顾咬人，各自争食而去（正是到了恶狗村，好人也惊心，可叹造孽者，恶狗咬其身）。然后用红绳、丝线将手脚绑上，俗称"绊手丝"、"绊脚丝"，胸前放上"压心碟"。接下来在屋里或者屋外院里搪上板子，板子俗称"灵床"，过去是独木板，后来变为门板，必须是一整块儿。搭建灵堂之后将死者抬上板子，仰放在"灵床"上，底下放上凳子。凳子的高低按死者的年龄而定，年纪越大，凳子越高，反之则越低。

2. 报丧停尸

报丧是指把亲人死亡的消息通告给亲戚朋友，以便吊唁，所有的亲戚朋友必须都给丧信儿。儿女、直系亲属等要披麻戴孝，孝带用白布制作，80岁以上老人去世称为"喜丧"，重孙要带"红孝"，即在孝带上系条红布。死者的女婿开始用三把草编"草粮墩"用以为死者装粮。若无女婿，侄子也可。然后"代东"开始安排吃喝、找风水先生、阴阳先生等事项。

停尸是将死者安放之后，在死者头前放一碗“倒头饭”，“倒头饭”要两碗扣一碗，然后插上“打狗棒”，即用小木棍头上套上棉花球插在饭里；一个泥盆俗称“丧盆”放于头前用以烧纸；点油灯一盏彻夜不熄，俗称“长明灯”亦称“长寿灯”，用棉花做成丝线，放在碟里，再放上柴油或汽油点上即可。头前摆上“供桌”，上面放上“供果”、馒头等，按照底下4个上面1个的方式摆放。供桌上必须摆放馒头，馒头要自己蒸，因为80岁以上的人去世后一般情况下大人都要把馒头偷回来跟自己的孩子吃，意味着“长寿”，馒头每被偷一次则需要重新摆放一次，出殡之后再撤走。然后摆上“领魂幡”亦称“灵头幡”（无字），即指引死者魂魄前进之意。买路钱、过桥纸等一应摆放俱全。“领魂幡”、买路钱、过桥纸等一般情况下用白纸或者黄纸，如若挪坟则称为“熟灵”，一切都要用红纸。接下来将比死者年岁多出两张的“过头纸”挂在大门外，向亲朋好友发丧报信儿。

停尸之后要在死者头前先烧3张纸，意味着“报道”；然后由姑娘烧3斤6两纸；再由阴阳先生“指明路”或者“报庙”，即让死者的儿女站在门边，手里拿着擀面杖边敲门框边喊死者的姓名，同时喊三声“西南大路，光明大道”。

停尸分为医院停尸房停尸和家里停尸两种，无论哪种都必须用棺材罩来装殓死者，如果死者死于医院，则不可以将死者抬运回家里。停尸时间有三、五、七、九天不等，按家庭贫富而定。旧社会富贵人家要停尸四十九天，并杀猪摆“流水席”随到随吃。现如今大孝子停尸七天，一般情况下基本上是三天。过去富贵人家要请僧道做“道场”，又称做“功德”，超度亡魂，消灾免罪，有做三天的，也有做四十九天的。鼓匠班子开始吹奏，一直吹奏到安葬完毕。亲朋好友按辈分开始入席，吃饭。然后要请老人和风水先生看出殡和下葬的日子、时间及安葬的地点，一般情况下有“初一、十五不许动灵”、“三、六、九往外走”、“七不埋八不葬”的说法。同时，由阴阳先生开具一切忌讳事项用纸书写挂于门前，俗称“殃榜”。

办丧事出殡前儿女要守灵，子孙守灵停尸的期限必须是单数，忌双数。亲朋好友前来吊丧，接待来客时，女士由死者的儿媳妇来接待，男士由死者的儿子或者女婿来接待。过去亲朋好友来祭奠吊丧送烧纸、幛子、花圈等，

现在基本直接以钱代替。来者先要为死者磕头，然后孝子必须磕头还礼，完毕之后拿钱的再写礼账。

3. 出殡火化

死者出殡前需由阴阳先生为死者操办“法事”，即“开光”，开光歌为“开眼光，瞧八方；开耳光，听四方；开鼻光，闻麝香；开口光，吃牛羊；开心光，亮堂堂”。由阴阳先生指导，孝子从头说到尾，中间不许停止。如若在火化厂则可直接“开光”。

入殓封棺：火化之前进行遗体告别并将“押口钱”拿出来，将“绊手丝”、“绊脚丝”划开，进行火化。事先准备“寿材”一口，“寿材”俗称“棺材”，一般涂成紫檀色，棺头和帮要画图案，一般请本村木匠定做或者直接购买，大约1000元。死者火化之后，骨灰要用红布袋盛装拿走，先将“寿材”里铺3张纸，四个角落各放1个馒头；然后将骨灰按照人的形状摆放在棺材里；之后将布袋扔进棺材，开始入殓封棺。用斧子或者锤子开始钉钉，斧子或者锤子需用纸包上，意味着怕脏手之意。儿女跪前，钉左边的钉时，儿女要喊着死者并喊“往右边躲”。封棺完毕，按男左女右的说法，在棺材上面钉一颗钉，只能打一锤子，以便悬挂“押口钱”。

封棺之后由众人将棺材抬到事先选择好的坟茔地。“灵头幡”引路，途中撒纸钱，过桥压烧纸等一切照旧，亲友随之送葬到坟茔地。看坟地要请风水先生，风水先生看“龙眼”，讲究“三清六路”，选择风水要找依山傍水、窝风向阳、四周环植长青松柏之地；刻碑立传，一般选在山坡向阳处。新中国成立后，旧的风俗习惯逐渐被人们遗弃和忘掉，择茔地的人家少见了。如果坟地选在别人家的地里，则需要进行换地或协商解决。

出殡叫“出灵”，亦称“发丧”，指将棺材罩抬到火化厂，20世纪90年代以后基本用灵车直接拉送。过去抬棺材的有16人、24人、32人、48人不等。每一人为“一杠”，一般情况下实行32杠，最少16杠，每个角上4个人，必须是18岁以上成年男子来抬。因为有老说法，即“不是18岁的人抬容易压坏了”。抬棺材时要立刻起，因为有哪个角先起哪个角轻，别的角沉了有“压肩”的说法。此外，北锅盔村还流行一种说法，即生前谁对死者不好，抬棺材时就压谁。抬棺材时抬起了就不能再放在地上。出殡时棺材启

动，孝子于棺材前跪地摔丧盆，长子须执“灵头幡”引路，姑娘不准拿；如若无子，则由侄子来拿，因为有“侄子门前站，不算孤独汉”的说法。“灵头幡”在埋葬死者时要一起烧掉。旧社会将“灵头幡”在“小庙”烧掉，现如今直接在坟地烧掉。棺材行走途中须撒纸钱，俗称“买路钱”，过桥压烧纸，亲朋好友必须都去。

4. 安葬祭祀

安葬即在事先看好的地点挖土坑之后将棺材埋入，然后上面覆盖土堆即可。下葬时长子要挖“头锹土”，意味着“破土”，即挖坟地时长子第一个挖土，然后要将这锹土放在一旁，等安葬完毕之后最后放于坟上。先将坟底下的土控出两道沟，意味着两条“土龙”，人脚不能踩上面；然后在四个角落再各放一个馒头，棺材放在上面即可埋坟。家中有老坟地的死者必须进老坟地，未婚子女去世不可以进老坟地。老坟地指家中祖祖辈辈都埋葬之地。夫妻死去之后必须合葬，俗称“并骨”，即将骨灰盒或者棺材放在一起，两个骨灰盒或者棺材之间需要放双筷子，俗称“搭桥”。如若男士死者生前因妻子去世而再婚或是旧社会再娶二房，都去世后男士骨灰盒摆放在中间，原来的妻子放在右边，再婚妻子或二房妻子放在左边。

埋坟时要带上饼干、酒等用品，埋坟者每人都要吃几块饼干，喝几口酒，然后将剩下的撒在坟上。埋葬后，坟前需置“供品”，将花圈等摆在坟上，接着火化纸钱，祭奠死者。埋葬完之后须将孝带、锹及所带工具物品用火燎一下再拿回家，若用车拉，车轮等也须用火燎一下再开走。死者家大门外需放一盆水以便众人洗手，意味着“结束了，以后再也不干了”。然后，众人开始吃饭，孝子必须给众人磕头谢礼，“代东”指使直系亲属办理死者后事并做死者儿女的思想工作。

死者的东西要全部拿走，儿女在死者去世的当天不准洗脸。死者走之后要请人在屋子里撒五谷杂粮并用扫帚扫炕，死者衣服要扔掉，被子不许烧，因为有“一辈（被）传一辈（被）”的说法。死者儿女所穿的孝服孝带等要给小孩做成衣服，同样意味着“长寿”。

北锅盔村还有自己的丧葬补助政策，即退伍复员军人和老党员去世后村委会会给死者家属200元钱作为丧葬补助。

北锅盔村祭祀也有自己一整套的风俗习惯。祭祀时坟地须摆“供果”。死者安葬完毕三天后要去坟地进行填坟培土，俗称“三天圆坟”，同时要在新填的坟上用植物杆折成 3 个房梁架状并按逐级增高的方式插在坟上，俗称“上梁”，并将死者口中所含的“押口钱”挂在中间的梁上，俗称“挂钱”。圆坟时要撒五谷杂粮，买的纸祭祀品等可以直接在坟上烧掉。同时，北锅盔村还有为已故死者“烧七”、烧“百天”和烧“周年”的风俗习惯。即从死者去世之日起，七天需要祭祀一次，一般情况下只烧“三七”和“五七”，“头七”、“二七”和“四七”基本上不烧；“头七”最好不烧，因为有“头七烧旺”的说法，即死人旺盛之意，代表着不吉利。但若要烧“头七”，各“七”必须都烧。烧“七”要去坟上烧。“五七”必须由死者的女儿带着 5 盆花篮、“牛”、“马”等祭祀品。如若无女儿侄女也可。花篮由死者的女婿来购买，“牛”由死者的姑娘来购买，而“马”则必须由死者的儿子来购买。烧纸前须压“坟头纸”，即放在坟上的纸。如果死者是一个人，则压一张纸；死者为两个人，则压两张纸。上坟祭祀所用的烧纸带出去就不能带回家。去别人家烧纸需放在大门外不能带烧纸进屋，因为带烧纸去意味着别人家有死人或者将要死人。

“百天”、“周年”、逢年过节、清明、七月十五、儿女婚嫁等日期要由儿女及直系亲属来坟上设供祭祀，烧纸祭奠。烧百天要提前一天烧，即第九十九天烧。北锅盔村在清明时节允许祭奠，有填坟培土的习俗，但在清明节不允许烧纸。因为此时风大干旱，坟地多在林地山上，容易引起火灾。儿女婚嫁时要用红纸来压坟等。正月十五要“送灯”，过去是用蜡烛制作，但有“光棍”的说法，后来就用面作，用荞面制作叫“铁灯”，用白面制作叫“银灯”，而用豆面制作则叫“金灯”。古时有孝子守孝三年之说，现如今已看不到这些老传统了。至此，死者才算发送完毕，丧事到此才结束。

二　北锅盔村丧葬习俗的特点及成因分析

磐石市从 20 世纪 70 年代开始在农村实行火化政策。由于农民的文化素质逐渐提高，观念变化较快，火葬在当地的执行情况较好。火葬基本上为人们所接受，村上人死都是火化之后再土葬，没有直接入棺埋葬的。减少了污

染，美化了环境的同时，也贯彻落实了党的殡葬政策，响应了国家的号召。

综观北锅盔村的传统丧葬习俗有如下特点：

一是北锅盔村传统的丧葬习俗氛围较浓，有一整套较规范的丧葬形式，且人们都能自觉按照先辈们创造和总结出来的顺序按章办事。这些传统的丧葬习俗、仪式祖祖辈辈延续下来，形成了一定的地方特色。人们都特别重视对死者的丧葬仪式，每当有死者时无论是否是死者的亲属都来帮忙，死者的家属更是精心准备死者的丧葬仪式。

二是北锅盔村装殓死者的用具与其他村落比较具有自己的独特之处。在其他的村落，装殓死者的用具或者用棺材或者用骨灰盒等，棺材必须有专人来钉钉，骨灰盒则不需要钉钉。而在北锅盔村，装殓死者的用具必须是“寿材”，俗称“棺材”，大小、长宽、高低不等。能购买到的则可以直接购买，如若购买不到则必须自己钉做或者找别人来钉做，不可以用骨灰盒。

三是北锅盔村的传统丧葬习俗具有稳定性、一致性的特点。在北锅盔村，传统的丧葬仪式一直沿用至今，足见人们对此丧葬仪式的接受和认可程度。北锅盔村作为果树专业村，信息、交通并不闭塞，进入21世纪之后，北锅盔村没有简化传统的丧葬仪式，除了受传统思想观念影响之外，主要是由于人们重视传统丧葬习俗，接受传统丧葬习俗，将其看做是与结婚等同的大事来操办，这就具有稳定性的特点。且北锅盔村各社的丧葬习俗、仪式都是相同，又具有了一致性的特点。

三　老方法遭遇新政策的殡葬尴尬

现行的丧葬方式是火化后土葬，毫无疑问这将耗费大量人力物力与财力，并且侵害了大量宝贵的耕地资源。普通农户举办一次丧葬大致花费5000元人民币，对于传统型农户这是一笔巨额支出。传统的丧葬方式已经带给农民沉重的负担，而殡葬改革要求尸体必须火葬，以便减少丧葬过程中的铺张浪费，并有效保护土地资源。农民对新型殡葬制度的最主要认识是：尸体必须火化。于是传统的丧葬习俗中又增加一项新内容——尸体火化，而农民为这项“新内容”，又将花费上千元人民币，包括火化费、尸体寄存费，等等。然而具有戏剧性又极富讽刺意味的是，火化后的骨灰仍要放进棺材，并摆成人的形状，出殡的排场一样都不少。可以说丧葬过程不但没有简化，反而更加复杂。农民对丧葬改革的执行表现出了被动与无奈之感，这将极大地妨碍殡葬法规和土地法规的贯彻落实，同时与社会主义新农村建设和构建社会主义和谐社会的发展要求相背离。

另外，北锅盔村传统丧葬习俗特点稳定，但同时也存在盲目攀比、争面子的不良风气。传统丧葬活动的存在，成为彰显一个家庭或者家族实力的象征。村民互相攀比，彼此争面子，严重影响了农业生产及村民的家庭生活和家庭和睦。

分析产生上述情况的原因，可以从以下几方面来分析。

第一，观念上。由于农村的思想观念比较陈旧，村民用老方式执行新的丧葬政策，依然按照传统的丧葬方式来发送死者。虽然火化政策在北锅盔村的执行情况较好，但仍未破除迷信，真正从实质上落实国家的丧葬政策。此外，由于农民了解国家有关丧葬的各项方针政策主要依靠村委会的宣传和电视、广播，而电视和广播对此类节目播出很少，宣传力度不够，村民思想难以解放，直接制约了国家的各项相关政策的真正落实。

第二，文化上。一方面是由于村民受文化水平的制约，整体素质较低，因此接受新鲜事物、现代文明的能力较弱；另一方面，传统陈旧的风俗仍然根深蒂固，特别是在中老年人当中，陈旧思想至今仍影响着村民的社会行为方式。重殓厚葬是我国千百年来盛行的一种丧葬文化，许多人还相信“轮回转世”与“地下有知”的“灵魂不死”的思想，认为丧事大办可以驱鬼避邪。中国社会长期以来形成的孝道文化，也深深地影响着丧葬方式，形成了较完善的丧葬礼节，世代相传。“死，葬之以礼，祭之以礼。”这些陈旧观念在村民中根深蒂固，阻碍了先进、文明、科学、健康的生活方式的倡导和推进。

第三，信息上。农村多数地处封闭地区，与外界的联系甚少，现代化的信息无法或者说很难进入农村，即使进入农村影响力也比较薄弱，实施起来相对困难。农民了解外部事物的主要渠道还依然依靠着电视、广播等传统通信工具，获得信息的渠道过窄的同时，新的信息与传统的观念发生直接或间接冲突，一定程度上影响了农民接受新信息的速度和质量。丧葬在农民眼中

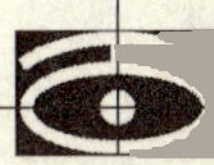

是一件大事，一旦与传统的思想观念相抵触，村民依然还会沿用传统的行为方式去办理丧事。

要想实现丧葬上的移风易俗，首先，要加大党和国家有关丧葬的方针政策的宣传，使村民有途径了解国家有关丧葬的方针政策，积极构建社会主义和谐社会。其次，要大力发展农村经济，实施农村可持续发展，加强农村精神文明建设。在摆脱物质贫困的同时，更应该摆脱精神贫困，在大力发展农村经济的同时，更要大力加强精神文明建设，物质文明建设与精神文明建设必须要两手抓，两手都要硬。提倡农村生产生活信息化，使得村民能够接受新文化、新事物、新信息。再次，要大力提倡丧事简单办，正确宣传孝敬老人的传统道德，宣传文明办丧事的意义，坚决反对铺张浪费、借机敛财的行为，努力营造和谐的生活氛围，用先进的文化为社会的健康发展提供智力支持，同时还要积极宣传殡葬改革，更新观念，树立社会主义荣辱观，用科学发展观的思想武装头脑。

第四节　民间宗教信仰

我国宪法明确规定，公民有宗教信仰的自由，国家保护正常的宗教活动，但任何人不得利用宗教进行破坏社会秩序、损害公民身体健康、妨碍国家教育制度的活动。任何国家机关、社会团体和个人不得强制公民信仰宗教或者不信仰宗教。可见党和国家政府支持正常的宗教信仰活动。任何地区都有信仰宗教的风俗习惯。宗教信仰的多元化选择、个性化追求似乎已经成为一种趋势。

在北锅盔村，经过入户调查走访发现北锅盔村的宗教信仰气氛并不浓厚，只有个别人信仰佛教或基督教。全村共计人口数 735 人，而信仰佛教的为 20 人，占总人口数的 2.72%；信仰基督教的仅为 10 人，占总人口数的 1.36%。宗教活动多以祈祷为主。自北锅盔村建村以来，村里一直没有集体性质的宗教信仰活动，基本上没有形成宗教信仰的团体，也没有过分的违背国家政策的行为。

北锅盔村并没有佛教的载体和庙宇，只有信仰佛教的家庭供奉佛像。信

仰佛教每天必须烧三遍香，每次有烧三根儿的，也有烧四根儿的，并每日默念《无字真经》(即没有字的经书)。每月的初一、十五（阴历，传说这些日子都是各路菩萨的出生之日，即“圣日”）等必须“上供”（即于佛像前摆放水果)、拜佛。信仰佛教有一条不变的原则，即百善孝为先，忌杀、淫、荤、酒。男人不可以趴着念佛，女人不可以躺着念佛，以示对佛祖的尊重、敬仰。也有个别信仰佛教之人认为信仰佛教只要心中有佛即可，正所谓“酒肉穿肠过，佛祖心中留”。有时间的时候便天天烧香、“上供”、拜佛，农忙时也可以不用天天烧香、拜佛。信仰佛教要心诚，不要做坏事。做坏事属于罪过，佛祖可以看见，便要惩罚你。去世之后便要下地狱，不能升天、“成佛”。

北锅盔村也没有基督教的教堂，只有信仰基督教的家庭供奉“十字架”。信仰基督教的则认为耶稣（传说是基督教的创始人）是世间万物的“真主”，是上帝。上帝创造了男人和女人。信仰基督教首先要唱“主”歌，念《圣经》（基督教的教义)。有条件的要去教堂（俗称“教会”）进行祷告，一般情况下教堂的集体活动主要也是读《圣经》，唱“主”歌，集体祷告。由于北锅盔村没有基督教教堂，所以信仰基督教的信徒便白天集中在某一家中进行集体祷告，晚上则在自己家中祈祷。此外，去教堂进行集体祷告必须要“奉献”，即给基督教教堂钱。同样教堂每年元旦的时候都会给信徒发送“十字架”挂历作为回报。信仰基督教每周周三、五、日要去基督教教堂进行集体朝拜，周日必须进行祈祷。信仰基督教同样也不可以做坏事，不敢诡诈、贪心，因为偷东西做坏事等，“主”能够看见，便要“惩罚”你。而且说脏话、骂人、做坏事等都是罪过，死后不能上天堂。信仰基督教可以使人产生爱心，让精神充满力量，培养忍耐力，修身养性的同时，让人静心、清心，暂时将其他琐事放在一边。信仰基督教的忌讳是不许吃血，祈祷仪式跪坐没有硬性规定，随心所欲。此外，信仰基督教的人逢年过节不可以上坟烧纸祭奠。

对于迷信的说法，北锅盔村佛教和基督教的信徒都认为，不要信“迷”了，信“迷”了就叫迷信。过去旧社会所谓的“拘魂码”、“叫魂儿”、“冲着了”和“拎腰梁骨”等都属于迷信。过去生病，只要能治好什么办法都使，包括迷信的“鬼神”之说，现在随着文化水平的提高，基本上不再迷

信，不求“神”了。

此外，基督教的教义与佛教的教义一定程度上发生冲突。例如，基督教的教义把拜佛看成拜“偶像”，是一种迷信的行为；信佛可以什么都做，而信“主”的则受约束。人都是愿意生活快乐的，所以村里信仰佛教的居多，信仰基督教的则很少。二者还有一个共同的特点，即信徒大多数都是因为生病，思想上负担较大才开始信仰佛教或者基督教的。一位被访者称，她信教已经十多年了，最初是因为生病久治不愈，方才开始信教，信教之后无忧无虑，心情开朗，思想上负担也减轻了。还有一些信徒是因为看别人信仰的比较诚心、比较好之后自己才开始信仰的，或者是由传“福音”的人来传教才开始信仰的。

关于党员信仰宗教的方面，北锅盔村也存在着些许问题。中共中央组织部 1991 年《关于妥善解决共产党员信仰宗教问题的通知》明确规定，党员不可以信仰宗教，对违反者，分别根据不同情况加以处理。而在北锅盔村却有党员因信仰宗教而主动退党的例子。据一位被访者说，这位党员信仰基督教，认为自己年岁已高，现在不能再为党组织作贡献而选择了主动退党。北锅盔村党员信仰宗教具有隐蔽性和离退休干部居多的特点。有些党员信仰宗教，因为知道是违反纪律，所以就偷偷信仰，不参加公开的宗教活动，但小型宗教活动间或参加，这类党员的信教问题不容易被发现。信教党员离退休的占大多数，农村干部主要是中老年以上。党员信仰宗教的原因除受周围大环境的影响、部分基层组织软弱缓散、缺乏战斗力外，还存在经济、文化建设滞后等原因。因此要严格按照《党章》办事，始终坚持党员发展的“十六字”方针，使发展党员的每个环节都要体现公平、公正、公开的原则，接受广大群众的监督。此外，还要加强对退休干部的管理教育，并加强对宗教的管理。

北锅盔村宗教信仰的风俗习惯，具有如下特点。

一　村民信仰宗教具有寄托性

多数信仰宗教的村民都是因为天灾人祸致使精神压力过大，想要借助一种超自然力来解脱自己。认为灾难的发生都是因为“主”或“佛”在惩罚

自己，信仰宗教一方面可以暂时清心，把生活琐事暂时放在一边；另一方面可以“赎罪”，以便终老之后可以“升天”、“成佛”。一定程度上村民信仰宗教的起因都具有寄托性的特点。

二　村民信仰宗教具有盲目性

多数信仰宗教的村民起初对宗教并不是十分了解，都是看到其他人信仰之后诚心，信仰之后生活也比较好，所以也盲目跟从。此外，村民的文化水平比较低，当有传“福音”的人来传教之后便盲目信仰，一定程度上也影响了村民的生活方式。

三　农村缺医少药是宗教泛滥的原因之一

伴随着经济的快速发展，市场经济虽然打破了旧有的医疗卫生体系，然而新的农村合作医疗体系还不健全、不完善。在看病越来越方便的同时，新出现的一系列问题也开始困扰着人们。首先，合格的医务人员严重短缺。由于开办诊所有一定的利益可图，于是一些不具备从医资格的人也纷纷开办诊所。其次，医药费用高昂。一些较正规医院乱开高价药也加重了患者的负担，高昂的医药费用造成了他们看病难、难看病、小病不看（不算病）、大病不管（等死）的困境。因此在这种生存状态下，宗教活动的祈福平安说法，对于这些农民而言，无疑具有极大的吸引力。再次，目前我国法定的五大宗教中，佛教是历史较为悠久、拥有信徒较多的教派。信徒们大都能恪守教规戒律、言行一致，且崇尚简朴，淡泊名利，为此也赢得了不少人的信仰。

四　农村文化发展落后宗教势力抬头

改革开放以后，农民的物资生活有了大幅度的改善，北锅盔村农民逐步富裕，基本上家家过上了小康生活。但是，在精神层面，较之城镇居民的生活水准仍有天壤之别。农村思想文化阵地出现了严重的荒漠化现象。毛泽东早有论断，对于思想文化阵地，无产阶级如果不去占领，资产阶级就必然会去占领。而当前农村的思想文化阵地，党和政府不去占领，农村宗教势力的

扩张，受教群众的蔓延，各种宗教势力正在或已经占领了农村思想和文化的阵地并在积极扩大战果。针对这种事实应当在增加农民物质利益的同时，加强对农民的思想和文化教育，加强思想教育的组织设施，各级党的组织不仅要高度重视经济发展，更要加强思想文化建设，做到两手都要抓，两手都要硬。要采取措施稳定基层文化队伍，研究农民思想现状，满足农民思想文化的需求。鼓励文化下乡、文艺工作者下乡，服务基层人民群众。扩大电视广播的覆盖率。在经济发展的基础上，加强对消极思想文化的控制。

第七章　村级教育的持续发展

第一节　历史回顾与现状

一　历史回顾

北锅盔村的前身锅盔村是一个典型的发展中的小村落，其教育情况反映了新中国成立以来东北农村教育发展的基本情况，特别是在小村落教育发展上具有代表性。

锅盔村教育起步较晚，新中国成立初期才起步。1948 年村民杨德昌和村里几位有思想的青年开始创办学校，把本村和临村的 30 名学生集中在一起分为两个班进行教学，并有 2 名教师负责授课，起名为大锅盔学校。此时的教学条件极为艰苦，两个班的学生分一至四年级，都在同一间民房学习，桌凳都是学生从自家带来的，遇到下雨或下雪则放假。

“三大改造”完成时，锅盔村小学已基本确定，采取复式的教育模式，开有语文、算术科目，此外还有音乐、美术另加必修科目——劳动。语文教学以识字为主，没有汉语拼音；算术则教一些简单的加、减、乘、除运算，目的在于培养学生的记账能力；音乐则是教会学生唱当地的民歌；劳动则是参加集体的劳作。老师不发工资，以工分体现老师的劳动价值，根据工分的多少到年末分发粮食。

20 世纪 50 年代中期，随着人口的增加，学生数量不断增加，此时课程也相应地增加，并开始了单班的教学模式。到 1961 年，由于村落行政的变

迁，学校也随着搬迁到现在的北锅盔村。1968 年学校考虑到学生太多又开办了新的班级，开始五年制的小学教育。此后的十多年里学校的基本教学模式没有发生变化。

1980 年开始，学校又迈进一个新的台阶，实行了六年制教学模式，此时的锅盔村村民意识到教育的重要性，许多家长纷纷把孩子送入学校接受教育，学生接近百人，教师也接近十名。就在同一年大锅盔学校也更名为小锅盔学校，而真正意义上的北锅盔村小学是在此基础上发展完善的。

随着计划生育政策的实施，学生数量开始减少，考虑村经济实力的问题，小锅盔学校又进行了改革，1992 年，正式命名为北锅盔小学，此时学生只有 60 来人，分为 6 个班，教师 10 名。在这随后的几年里学生数量又开始回升。

北锅盔小学开办于 1992 年，由于政策的引导和教学质量问题，2002 年宝山乡将其并入宝山乡小学，合并后更名为磐石市宝山乡中心小学。原来北锅盔小学的教师也分别调到不同的学校任教。

二　现实状况

进入 21 世纪以来，北锅盔村的人口比较稳定，适龄儿童也保持在每年 40 多人的水平。义务教育政策及相关减免政策比较透明，学校遵循公平公正公开的原则将国家的教育政策张贴公告，让家长及全社会了解。

1. 入学率及辍学情况

宝山乡中心小学有学生 1320 人，教师 57 人。北锅盔村有中小学生 50 人，占全村总人口的 6% 左右，现在的中小学入学率保持在 98%。个别的家庭由于种种原因子女读书还有困难，辍学率在 5% 上下波动，以初中生为主。

分析原因如下。

（1）家长对于教育的认识还不到位。

北锅盔村大多数的家长没有接受正规的教育，部分家长不能正确地认识教育对孩子的意义，认为孩子能认识一定的汉字、会算简单的账就可以了。还有一些家长认为上学花费多，且上学不一定有好的出路。基于这种影响，加上孩子自身缺乏判断致使个别学生辍学。在访谈中有农民说现在的教育不

是他们那个时代的教育，现在的孩子在学校学不到有用的知识，还不如尽早进入社会闯荡，早为自己的将来做打算。

（2）地理环境与经济条件的制约。

由于农村地区地理环境和经济条件的限制，北锅盔村距离宝山乡5公里，一部分学生因为距离远、住校艰苦而放弃学业；也有个别家庭的确是经济条件较差，加上上学的子女多，低收入家庭无力承受经济上的压力，导致许多家庭的子女放弃了学习的机会。许多家长也千方百计地想让自己的子女多读些书，可是现实条件不允许，因此许多家长也是一筹莫展。

表7-1中数字趋势表明，上学孩子数越多的农村家庭，人均教育支出越少。同时供多个孩子上学读书也是农民家庭教育消费占消费总支出比例较高的原因之一。这也说明了经济条件在一定状况下影响了孩子受教育的权利。

表7-1　上学子女数对家庭教育支出的影响

上学子女数（个）	农户数（户）	人均教育支出（元）
1	3	453.5
2	8	370.0
3	2	365.6
多于3	1	350.7

（3）学生自身因素。

部分学生由于没有接受良好的家庭、社会影响，对于学习是盲目和被动的，结果该学的没有学到，却又养成了不良习惯，致使自己无法正常完成学业。一些学生家庭条件比较优越，衣食无忧地在学校混日子，总认为自己将来的生活家庭也会为自己安排妥当，惰性比较强。日子久了，这部分学生对于学习越来越厌烦，到最后发展为逃课甚至自行退学。家长也没有很好的办法解决这种事情。

（4）学校硬件资源。

从调查情况来看，北锅盔村小学硬件设施条件很差，根本无法满足学生的需要。例如，北锅盔村小学教室（包括教师办公室）都是民房，1994年

翻修过一次，只是对原有的危房进行整修，未进行重新翻修；课桌和凳子在1992年购入，每个教室约有课桌20张，损坏程度很大，课桌上面都有很深的划痕，凳子大部分都已损坏；其他的体育设施很少，体育课要么是学生自己玩，要么是体育教师拿来一个篮球，几十个学生打上40分钟；音乐课是教师唱一句，学生跟着唱一句。教师有自己的教学辅导用书，但是版本比较旧，数量也有限，学校没有其他的图书收藏。甚至有的时候因教学设施的缺乏而无法保证教学任务的完成，更别提现代化教育。不过这种情况现在有了改善。

这种硬件资源的缺失，使得学校从事基本的教育都有困难，更不用说所谓的素质教育。学校硬件资源的好坏反映了学校教育经费的充足程度。硬件条件差，一方面无法吸引更多的教师；另一方面会造成学生整体素质下降。这两种情况的存在，使得学校无法在升学率上与其他环境好的学校竞争，既然孩子升学都有问题，那么投资教育就成为可有可无的“非必需品”，客观上造成北锅盔村一定辍学率的存在。

（5）对于将来就业压力的考虑。

由于现在的大学生就业压力较大，许多家长和学生也看到了竞争的严酷性，他们认为大学生同样不好找工作，尤其是农村出去的学生就业难度更大。与其毕业后没有工作，不如早进入社会找出路。

针对辍学现象，宝山乡中心小学，县、乡政府都有明确要求，并做了大量工作动员学生返校，包括极个别智力有些问题的学生，使其尽量完成基础教育，现在辍学情况基本得到解决。小学毕业后，可以升入宝山乡中心学校，合并后的宝山乡中心学校教学条件较好，设施比较齐备。

2. 师资情况

北锅盔村小学大部分教师是民办转公办或村聘教师，他们中只有极少数受过专业教育，大部分是凭借自己日积月累的教学经验来教学的。教师队伍整体存在着年龄偏大、知识结构老化、知识面窄的问题。面对新形势下的素质教育及改革后的义务教育新课程，他们往往显得力不从心。尤其现在学校要开英语和计算机这些新课程，有条件开课，但无条件保证质量。

宝山乡中心学校教室一角

师资力量薄弱，教学质量上不去。学校教师素质远没有达到应有的要求，很大层面上还停留在传统教育的层面，其素质亟待提高。好教师留不住，农村的好老师往县城流，县城的好师资往市里流，市里的优秀师资往省会城市流。乡村师资素质普遍不高，从而造成教育质量低下的恶性循环。教师结构难以改善，正规全日制大学生一般都不愿到乡村学校工作，即使是分配来了，工作也不是很安心，总想通过各种关系调离。优秀教师留不住，造成学校教师结构不能得到良性改善，导致教育质量下降，升学率低下，影响家长和学生接受教育的信心。

农村教师的待遇差，比城市教师待遇差得多。而且区级学校好于乡镇学校，乡镇学校好于村小学，村小学教师除了工资，没有任何奖金、福利。教师的工资、医疗、保险、养老等缺乏法律、制度保障。

针对农村教师素质低待遇差，影响教学质量及农村教育发展的事实，省、市、乡各级政府都很重视，出台了一系列保障农村教师待遇及乡村教师培训的政策措施，使农村中小学的教学条件、师资水平都得到了改善和提高。

第二节　教育的可持续发展

一　观念变化

现实和实践促进了观念的转变。北锅盔村经济以发展果树为重点，当地村民用智慧和知识走上了小康之路。当地产的“K9”苹果远销国内市场，黑龙江和广东等地的许多饮料厂商都到当地购进“K9”加工高档饮料。由于村民对此积极性很高，都认真学习这种苹果的种植方法，使得苹果的质量不断提高，几年时间许多村民的腰包都鼓了起来。

当地村民大面积发展果树，很大方面的原因是村民思想观念的转变。许多青年都接受了一定的教育，都认识到了知识经济的重要性，认为教育是他们脱贫致富的强力后盾。可见教育在农村脱贫致富路上的角色越来越重要了。

大学生为村里赠送图书

在教育观念上，该村村民的观念也逐步发生着转变，开始不再忽视教育，认识到没有教育是万万不行的，孩子如果不接受教育将会被社会淘汰，

家长们都希望不要让下一代延续自己这一辈人的无知，更希望通过对孩子的教育来弥补自己文化知识欠缺的遗憾。总之，北锅盔村村民对于教育的认识较过去二十年里有了质的变化，可以从以下几方面来反映。

1. 再穷不能穷教育，再苦不能苦孩子

从20世纪90年代到现在，一个明显的变化是家长支持孩子上学，不再打击孩子上学的积极性。许多家庭种粮、种果树发展经济，供孩子读书成为首要目的。望子成龙，望女成凤，家庭的经济困难不再是孩子上学的障碍。

“再穷不能穷教育，再苦不能苦孩子。”尽管孩子上学的费用增加了农民肩上的负担，但他们知道现在的社会没有知识是不行的。对于农村的孩子，要想跳龙门，想改变命运就只有依靠知识。观念的转变是可喜的，但给村民们带来的压力是巨大的。教育作为孩子成长的重要途径，承载了父辈几代人的希望。父母能做的最直接的就是支付孩子的学费。教育是一束亮光，你凿开大的缝隙，它就成为一扇窗户，凿得更大一些，它就成为一扇门。对于这些道理，北锅盔村的村民心里明白得很。

北锅盔村一位中年农民给我们算了这样一笔账：他把手中的10万元存入银行，按目前的利率10年后他可以得到近3万元的回报，但是把这些钱投入到孩子的教育上，他说10年后的回报是几倍甚至是几十倍。他同时也说了，虽然教育的投入眼前较大，但当教育的投入得到回报时，家庭和孩子将是最大的受益者。

家庭教育成本按方式不同，被我们分为交给学校和家庭购买两部分。由于义务教育阶段家庭交给学校的部分在整个私人成本中的比例很小（学校有乱收费的除外），所以在免除义务教育学杂费后，这部分的比例更小，基本上可以忽略不计，因此我们在这里主要讨论家庭购买部分的成本。家庭购买部分主要包括文具用品、练习簿、书报杂志、其他费用等。高中、技校、大学的主要教育成本是学费、住宿费及生活费等。学生的求学时间越长，所进入的层次越高，私人教育的成本投入一般就越大。并且对于家庭购买部分的费用，收入越高的地区家庭支出的就越多，因此私人教育成本就越高。

从表7－2中北锅盔村的抽样数据分析，家庭购买部分费用中，文具用品的费用高于书报杂志购买部分，表明在义务教育阶段，农民家庭首先考虑满足孩子基本的学习条件。实际上，家庭购买部分费用占私人成本的比例，尤其是购买书报杂志的费用所占比例，能够从另一个侧面反映农民家庭的经济状况。从这点来说，教育的投入依赖于家庭经济状况的好坏，家庭条件较好则利于孩子的学习，反之则对孩子的学习产生不利影响。

表7－2　北锅盔村村民教育支出的研究　家庭购买部分（义务教育阶段学生）

单位：元

人均收入	小　计	文具用品	书报杂志	其　他
500 以下	25.45	18.23	1.23	4.05
500～550	43.78	24.34	1.35	4.01
550～800	45.40	28.05	1.41	4.55
800～1200	54.37	35.66	1.43	7.03
1200～1600	90.65	50.56	1.52	8.08
1600 以上	154.20	70.38	1.62	18.13
平　均	68.98	37.87	1.43	7.65

说明：本表数据属于小样本抽样所得的结果（抽取10户为代表）。

由于缺少义务教育阶段以上学生的教育支出的具体数据，因此只能对其依据资料做出推断，但基本上可以肯定的是义务教育阶段以上学生的教育支出要远高于义务教育阶段学生的教育支出。这也反映了教育阶段越高，教育支出的费用也就越高。

2. 发展和教育同等重要

宝山乡的乡长曾这样说："现在的农村发展，要是没有教育的支持，农村的建设恐怕越来越困难了，像我们这样一个小乡镇，每年在执行和落实国家政策上就要费很大的工夫。一些农民由于没有文化，对国家的惠农政策总是怀疑，并且发展的积极性不高，如果大家都认识字，都能读懂文件，那么我们的工作就好做了，同时农村的发展肯定会大大地加快。现在看来都是因为教育接受得太少，制约了地区发展，也制约了新农村建设。"

但有一点是可以肯定的，现在农民大都认识到了教育的重要性，像北锅

盔这种发展果树的村子更加重视教育，他们想利用知识在果树种植上获得更多的收入。乡政府支持和鼓励农民科技致富，鼓励农民学习和掌握更多的农业发展技术，使农民在发展中得到学习与锻炼，并在学习和锻炼中得到发展，真正使新农村建设以农民为主体，让他们的思想得到彻底的解放。

北锅盔村老村长赵金成介绍了他们村农民的观念变化：过去由于人们长期形成了种地没出息，当农民就是受苦受累的观念，很多人都不愿带着热情去干活，特别是年轻人，他们宁愿待业在家也不愿意去学一点有用的知识。而且村民们相信经验，服从老天爷的安排，日复一日，年复一年，他们世世代代用着一种一成不变的方式去耕种祖辈留下来的土地。他们的耕种方式就像他们的生活一样简单又带着传统，他们的耕作热情就像他们的处世一样波澜不惊。没有人想着去科技兴农，有一点知识的人也都不想着去务农。所以耕种的盲目性使农作物的产量不高，收入自然也不高。

可是现在的情况与以前相比大大不同了，现在村民想方设法地学习新技术，只要村里有好的致富路子，村民都会学习并且愿意请专门人才进家讲解。赵金成讲了一个他亲身经历的事。他第一年将果树引进村的时候，很少有人关注，因此当年只有他自己获得了可观的收入。那年冬天他讲了一冬的果树栽培技术和果树的管理，每天都会有十几人前来请教他，有的农户干脆把他请到家，专门为他们讲解相关的技术和经验。第二年村里发展了近百亩果树，老村长自己进行修剪果树的同时还担负着整个村的果树种植指导工作。村长一边学习一边传授给农民，村民积极性很高，很快关键的技术与田间管理村民都基本掌握了。在村长的带领下村民在果树上获得了丰厚的回报，现在，每个村民家基本的电器，如电视机、洗衣机、电冰箱等，都很齐备，手机、农用车也都得到普及。回想起来，这些成果的取得都是村民依靠学习科学技术而获得的。

赵金成村长强调说，现在要使村民富裕最好的办法是转变人们的观念，要相信教育，相信科学技术，只有观念转变了，思想进步了，人们的日子才会越来越好过，才会过得越来越有滋有味。村长还这样说自己关于目前家乡发展的看法：说东北人可能在其他的方面有很多优点，但是在发展思路上可能还不够宽和深，因为一直以来都是靠重工业吃饭，现在必须要改变了。东

北和南方的区别确实是在观念上，东北人不如南方人灵活。很多南方城市都把一些国家试点政策“先行引进”，自己试点，等国家推广时，自己已经获利，而东北则是等国家的政策。所以说，东北人现在应当解放思想，改变观念，勇于“吃螃蟹”。所以要使村民富起来，必须改变人们的观念，让他们主动去学一些农业知识，以科技来兴农。

二　教育在发展中的运用

北锅盔村在经济发展与教育方面也受益于国家的政策，目前已经启动了一村一名大学生的计划，根据政府部门的要求和当地实际的需要，现在村里已经有了村大学生。

吴雷，1988 年生，磐石市宝山乡北锅盔村人。他一家四口，姐姐现已出嫁。家庭经济基础较好，父亲做生意，母亲在家料理家务，一家人生活得比较幸福美满。他是村里第一个响应一村一名大学生计划的青年。由于高考失利，他准备放弃学业外出打工，经村里推荐和根据个人的表现，被政府选中送往大专院校学习，成为吉林农业大学的一名学生。以前由于吴雷认为自己的将来没有着落，家里人也都因此为他担心，但是现在他不用再为自己未来的生活有太多的担心和顾虑了。

谈到这些问题时，吴雷也说得很尽兴。他说村里现在从根本上讲没有高学历的专业技术人才，尤其是一些搞养殖的农户，就是因为技术的缺乏，不仅收入不理想而且往往付出了更多的代价。对于畜牧业来说，如果牲畜有什么症状，自己不懂就要找人看，如果错过了时间就损失较大，而且找人看自己又要支出一些费用，这又增加了养殖的成本。

有些农民想自己创业，但是由于自己能力有限，即使有好的发展项目，到最后也不得不放弃。还有些农户因为没有对市场行情进行足够的了解，做出了错误的判断，结果在卖粮时或其他的买卖交易中造成了损失。

吴雷也说了自己的打算，在学校期间好好学习理论知识，回家后进行理论与实践的结合。他说家乡就是最好的实践基地，能更好地做到理论与实践相结合，他希望学成以后能在家乡的建设上贡献自己的力量。在交谈中他始终强调理论与实践的结合，他说如果现在学习的东西没有拿到实践当中去，

自己将来可能会过不了村民的关，同时也会让家里人笑话，所以每当回到家，他都会找一些实例来证明自己学习的理论，毕竟自己还是学生，实践的机会还不是很多。

最后吴雷也说了自己创业的打算，根据所学的畜牧兽医专业的专业特点，学成之后，回家将开大型的养殖场，与村民一起努力奋斗。他可以掌握相关的技术和市场信息，还可以把技术传授给养殖户，让农民真正看到技术带来的效益。他说畜牧兽医专业的培养目标是：培养拥护党的基本路线，适应现代畜牧业生产、建设、管理、服务第一线需要的，具有畜牧业生产、经营、管理和家畜疫病防治必备的基本理论和知识，掌握从事畜禽规模化科学养殖、良种繁育、动物疫病防治、饲料生产与营销以及畜牧兽医综合服务基本技能的德、智、体、美等全面发展的高等技术应用型专门人才，特别是要对农村畜牧业的发展发挥积极作用。现在他学习的课程主要有解剖学、动物营养学、食用菌的培养以及相关的农产品种植。

他也介绍了当时他成为村大学生的过程（以下材料部分来自中共吉林省委组织部、吉林省教育厅），主要的选拔人才方式和过程主要参照以下几种方式进行，他当时被选拔也是按照下面的规则进行的。

北锅盔村转发“一村一名大学生”招生条件（通告）

一、选拔条件

1. 思想品德好、遵纪守法、立志在农村创业致富的具有高中（含职高、中专、农广校、技工学校）毕业或同等学力者。

2. 身体健康、年龄在18～40周岁（1967年7月1日至1989年7月1日之前出生）。

3. 具有农村常住户口，能够参加脱产学习。

4. 必须与户口所在乡（镇）签订返乡协议，保证毕业后回到户口所在乡（镇）连续服务5年以上。

二、报名办法

1. 公开报名。凡符合条件者均可到本村党支部报名，填写“吉林省一村一名大学生项目报名表”，提供身份证、户口本、毕业证复印件

和5张小2寸免冠照片。

2. 分级审核。村党支部和乡（镇）党委在报名表上签署意见。学员要签订“返乡协议书”并建立学员报名档案（档案包括：①报名表、②毕业证书复印件或同等学力证明书、③身份证复印件、④户口本复印件、⑤“返乡协议书”、⑥小二寸免冠照片5张，共6份材料）。

3. 审核呈报。县（市、区）党委组织部对报名人员进行资格审核，资格审核主要包括：身份证、户口、毕业证、乡村党组织意见，并负责填写“吉林省一村一名大学生项目学员报名汇总表”（以下简称“汇总表”）。填写“汇总表”时要认真核对考生姓名、性别及报考院校、报考专业等信息，确保准确无误。“汇总表”填写完成后，连同学员档案一并上报市（州）党委组织部。市（州）党委组织部负责报名资格的最后终审工作。

4. 参加入学资格考试。报名参加一村一名大学生项目的考生，全部参加全省统一组织的入学考试。由省一村一名大学生项目办公室统一组织命题和阅卷，由9个市（州）组织考试。入学后，统一参加全国成人高考（各地区人才办要掌握好成人高考报名时间，及时通知学员报名）。

5. 脱产学习形式。学员入学后，参加10月份举行的全国成人高考；脱产学习两年；在校期间必须修完所学专业规定的全部课程，考试成绩合格，可取得国家承认的大专文凭。

三、注意事项

1. 学生免收学费。一村一名大学生项目学员的学费，由省和市、县政府共同负担（包括学费、住宿费、书费）；生活费、交通费等其他费用由学员自理。学员需签订“返乡服务协议书”。考生报名时要与户口所在地乡（镇）签订“返乡服务协议书”，保证毕业后回到本村服务5年以上；如违反协议，须由个人一次性返还政府和学校为其支付的全部培养费用。

2. 吉林省打破一村一名的限制，敞开报名，择优录取。招生录取工作由省招生办与吉林大学、吉林农业大学、北华大学、吉林农业科技学院、吉林工商学院5个承办院校共同承担，按照各县（市、区）录取

计划名额录取。

农村孩子考大学难，考上大学的又大都跳出“农门”不再回来，求贤若渴的农村地区“自家的孩子留不住，外面的人才不愿来”。“一村一名大学生计划”实行计划单列、注册入学、不转户口、就地上学，通过现代远程开放教育的形式，集成全国相关高校的教学资源，将高等职业教育延伸到县及乡镇的学习点，每年每村招收培养一名大学生，尽快为农村地区培养一批留得住、用得上的高等职业技术教育层次的实用科技人才和管理人才。我们也希望农村的“一村一名大学生计划”能真正给农民朋友带来新的曙光和力量，也使他们在脱贫致富上少走弯路。知识就是力量，农民不缺勤劳和干劲，但他们缺乏相关的技术和科技人才的引导，如果每位农民朋友的知识和技术都比较丰富了，我们就不用过于担心农村现代化的建设问题，“三农”问题的解决也有了希望。

第八章　医疗卫生的历史与现状

北锅盔村地区，早在清朝末年就有我们的先民开始在此繁衍了，但直到20世纪90年代初期，北锅盔才成为一个独立的行政村落。在北锅盔村成为独立行政村落的十余年间，限于辖区所属和地理位置的关系，村域中医疗对象数量有限，医疗设施也比较简陋，仅仅以治疗小病为主。北锅盔村医疗卫生发展的过程，正是村域经济开始腾飞，也是村民生活开始巨大改善的过程。虽然村域公办和私有医疗机构的设备非常简单，但其功能可以满足基本需要，从中我们仍然可以感受到富裕起来的北锅盔村在医疗卫生方面取得的成就。

第一节　北锅盔村的医疗发展

新中国成立以前，北锅盔屯根本没有医生。村民们常年以种果树、上山打柴为生，依山建起茅屋草房，在青山中、小溪旁生活繁衍。由于生活的艰难，村民们平时遇到外伤，如打柴划伤胳膊和腿脚，就在家休息几天，不把伤口弄湿、不感染就算治疗了。要是有个头疼脑热的，挺一挺，吃点草药也算过去了。只有遇到十天八天还不好，身体觉得实在难以忍耐时，才想到去看病。但是，只是村里家境稍富裕的人家才会有看病的打算，一般的人家是看不起病的。当时看病的地方就是县城，即现在的磐石市。

村里公共卫生体系的发展是随着国家有关农村合作医疗政策实施逐渐建立的。20世纪60年代初，锅盔村成立村卫生站，站址设在了北锅盔屯。村

里来了一个姓侯的大夫，30 多岁，他的妻子姓关，据说两人是在城里读的医学专科学校，是有文化的科班出身的大夫。当时组织安排侯大夫夫妇担任卫生站的医生，站里除了侯医生和关医生夫妇外，还有 3 个护理人员和 1 个勤杂人员共 6 个人，卫生站主要面向包括北锅盔屯的锅盔村全体村民开展治病救人的工作。当时是人民公社化初期，卫生站属于集体办医，日常开支由集体补助，各种医疗器械和药品均是村集体投入的。大夫为村民看病，大队给他们计工分，另外再给些补助，村民看病是要交钱的，谁看病谁交钱，卫生站由大夫实行保本经营。

1968 年 12 月 5 日，《人民日报》头版头条刊发了文章《深受贫下中农欢迎的合作医疗制度》，该文章向全国推广湖北省长阳县乐园公社实行合作医疗制度的经验，并发起了“关于农村医疗卫生制度”的大讨论。1969 年全国掀起了开展合作医疗的高潮。在这次合作医疗运动中，锅盔村建立了合作医疗组织，当时叫合作医疗站。合作医疗站负责人由村书记兼任，大队的会计兼任合作医疗会计，负责管理资金，其他日常工作人员就由原卫生站的几位医生和护理人员组成。

合作医疗投入由村集体出资，村民看病属于享受福利待遇，充分体现社会主义大家庭的温暖。大部分村民提到以前这种福利医疗，都表现出极大的眷恋之情。有的村民不无感慨地说：“合作医疗真好啊，吃药看病不花钱。”

合作医疗站的运营业务主要有日常的治病工作、监管村里的防疫和计划生育检查等医疗处理工作。由于用药治疗基本上是免费的，所以合作医疗本身没有赢利，仅有的微薄收入是门诊挂号费、违反计划生育规定的处置费、个人超规定买药费、家庭常备药品等非福利范围的项目收入。根据合作医疗卫生站的规定，凡参加合作医疗的社员，来卫生室看病只需缴纳 5 分钱诊费，药费和治疗费全免。但对于一些超标准的药费和需要社员自费到合作医疗卫生室看病的社员，要按照大夫的处方取药。有特殊要求的则由村民个人自己承担药费，合作医疗不予开支。家庭日常备用的，如清凉油、痱子粉、胶布、紫药水、红药水等，则需村民自己购买，但这些收费也是微利性质的，因此，村医疗卫生站的收入是很少的，得到的收入扣除成本都上缴村委会，由村委会统筹安排使用。

村卫生医疗的日常支出通常包括以下几类：①医疗器械和药品费，如器

械费、敷料费、中西成药费；②办公费，如处方纸、书刊费、灯油费、电池、其他办公用具费等；③大夫补助费；④卫生站人员外出补助及其他花费。这4项开支由卫生室主管侯医生负责决定，每一笔账目都由卫生室四个主要大夫，侯医生、吴医生、周医生和吕医生经手，年终报大队合作医疗会计。对于超过半年需常年服药的慢性病社员，其医疗费合作医疗只负担一半，其余部分由个人负担，但在急性发作期间，其医疗费按规定的比例由合作医疗负担。据村民回忆，常年有病的村民，交钱时可能只交30%。合作医疗制度还规定，因打架、斗殴等不正当行为致伤者，其医疗费村合作医疗不予负责费用；但对因公负伤或发生事故者，其医疗费可由村集体承担；对于在村卫生室无法确诊或治疗的疑难重症，合作医疗的主管大夫侯医生开个转诊的单子，可以转到所属的宝山乡卫生院或更高的县级医院治疗。到外面看病，经过合作医疗卫生室转诊的社员，其医疗费用可按规定到卫生室给予报销；未经卫生所批准私自转诊的，村集体不负责费用。报销标准通常根据病情和费用情况的比例处理，一般报销比例在50%～80%之间。

据村民回忆，侯医生和关医生都非常亲切，两个人都是在城里念过正规医学专科的知识分子，一点架子也没有，对村民的态度友善，还有吃苦耐劳的精神。有一年夏天的午夜，有个村民误食了农药，家属跑来找侯医生。侯医生正发高烧，天还下着大雨，但是，想到人命关天，侯医生二话没说背起急救箱就跑到村民家里进行抢救。由于救治及时，该村民脱离了危险，保全了性命，而侯大夫由于淋了雨，病情加重，休息了一周多才痊愈。

当时村民们的收入很低，即便村医疗站在治疗一般疾病时收取些许医药费，对于农民家庭来讲也是一笔不小的开支，加上文化程度不高，对于医学常识基本不了解，身体有了毛病也不在乎，有的本来是小病，治一治就会好的，但是由于对病情不了解，缺乏足够的重视，许多患者耽误了病情，把本来好治的小病拖成了大病。针对这种情况，侯医生和关医生常常给村民讲授医疗知识，讲解预防疾病的措施。可以讲，农村医疗卫生知识的普及是从侯医生夫妇开始的。

卫生站里的护理人员分别姓吴、姓周和姓吕，这三个人都是自学成才的，他们通过自身的努力掌握了一定的护理知识，在侯大夫和关大夫看病诊疗的时候，他们都虚心学习，两位大夫也乐于传授看病诊断的知识和经验，

一有时间，侯医生就有针对性地对各种病例的症状进行分析，耐心地向三个年轻人讲解如何通过病人的临床症状，结合医学病理知识进行科学诊断。由于侯医生无私、精心传授，三个人始终以饱满的学习劲头刻苦钻研，三人的医学知识大大地丰富起来，临床经验也随时间的推移有所增加。

到了20世纪70年代，吴姓护理人员已经达到能独立看病的程度了，而且诊断也很准，这样吴医生成为第一个"赤脚医生"，开始为村民治病了。

在改革开放前，村民的生活水平很低，村民就医的经济能力有限，村卫生站提供的服务不多。即使宝山乡、磐石县（市）的交通方便，由于生活水平的限制，村民对于常见病还是首选自行服药治疗，其次依靠自身抵抗力放弃治疗；而对于重大疾病，村民一般选择县医院，也时常听见有人因为没有钱而放弃治疗。村民主要的疾病有关节炎（腰腿痛）、胃肠病和心脏病。村民家中都有一些常用药品，主要是解热、镇痛、消炎药等，用于应付感冒发烧等常见病。由于经济条件所限，医疗水平不高，有些村民事实上是在滥用药物，尤其以镇痛药为最。经常有人觉得不舒服就服用镇痛片，而不问具体的病情如何。

实行家庭联产承包制度之后，村民就医的选择面随着经济水平的提高而逐渐扩展。他们有了较好的经济收入，对身体健康越来越关心，开始常去宝山乡卫生院看病，仍然不见好转时，就赶往磐石市乃至吉林市的大医院去看。

20世纪80年代初期，随着生产队的解体，合作医疗解体，这时候侯医生夫妇从村卫生站调到乡卫生院当主治医生了，从此离开了锅盔村。这时吴医生等三个"赤脚医生"也学有所成，达到能独立治病的程度，就担负了为锅盔村包括北锅盔屯的村民治病的职责。90年代，侯医生从乡卫生院退休，他是北锅盔屯历史上第一个医生，国家正式干部，退休后享受退休干部待遇。

20世纪90年代末期，锅盔村卫生站也解体了，吴医生自己在北锅盔村开了个私人卫生所，开业由乡卫生院审批，实行定点开诊，乡卫生协会分会对村医进行监督管理。乡卫生协会分会共有7人，目前主要负责对村里的卫生、医疗、保健进行协调和检查。每月召集村医召开两次例会，进行培训，培训内容主要是传染病和常见病的治疗。乡卫生协会分会还负责对一些医疗纠纷进行处理，但一些无法处理的纠纷则上交县卫生局处理。一般在每个村使用同一张职业许可证，但不同的村医之间经营相互独立。

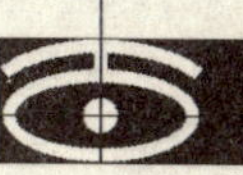

吴医生自己行医治病，行医方式也有了变化，采取坐诊和往诊的方式，服务周到。正常白班他一般在卫生所给村民看病，对于急症、重症或腿脚不利索，出行有困难的患者，他不管多远，也不顾天气情况，无论炎热或寒冷，他都背起医疗救护包，及时赶到，一般的病症都能正确诊断，对于有生命危险的重症或疑难杂症，他都能采取措施缓解病情，建议患者及时到县城大医院就诊。由于吴大夫热诚、正直的人品和熟练的医术，他得到村民的广泛认可，十多年来，救治了许多患者，行使了医生救死扶伤的职责，受到村民的一致好评。

但是由于人员、经费、技术投入的限制，乡村卫生所、吴医生私人卫生所都没有中大型医疗设备，规模有限，一般以夫妻店、父子店等家庭经营模式为主，看病基本上也是“小打小闹”。他们主要开展注射、输液等服务。医生的收入来源主要是药品销售收入。他们面临着乡里，甚至是县城的医疗机构的竞争。由于医疗行业丰厚的利润空间，私人卫生所在改革开放初期经历了一段黄金岁月。一些家中有病人的农民，久病成医，积累了很多就医的经验，也知晓很多常用药品的价格，他们一般是私人卫生所的主要客户，私人卫生所也经常以优惠的价格向他们提供药品，同时在乡村中树立自己价廉物美的口碑。

第二节 计划生育工作

我国的计划生育是一个关系国计民生的重大国策，各地各级政府积极落实。一般情况下，县里对于计划生育的管理力度比较大，乡、村一级的管理逐渐松散。在计划生育制度推广之初，由于经济发展水平的限制，村民们的思想观念很难转变，村里时常有超生的情况发生。根据政策，超生要被罚款，超生的孩子没有准生证，不能及时上户口。但是，由于乡、村一级的管理人员都相互熟悉，如果县里不知情，超生罚款能拖就拖，加之村民的经济水平不高，罚款的数量也有限，村民缴纳一定数量的实物或者现金，就算了结了。

北锅盔村的计划生育工作是在村民委员会的直接领导下开展的。村长兼任计划生育委员会主任，具体的宣传工作、思想工作由计划生育委员会的保健员来开展。保健员一般是村妇女主任。

保健员每月一次检查计划生育工作。检查内容主要有：新婚者是否到法律年龄，计划外生育、怀孕等情况。对于违反计划生育规定的，通过大量的思想教育等方式进行疏导或者及时采取医疗措施解决，有效地减少计划外生育的事情发生。此外，实行了孕产妇保健制度，但孕妇一般都不来这里，而是直接去磐石市检查。

计划生育有制度可依。为更好地宣传计划生育的政策方针，村里还设计了计划生育宣传板。计划生育“三结合”服务及育龄妇女文明幸福一生服务情况见图 8－1、图 8－2。

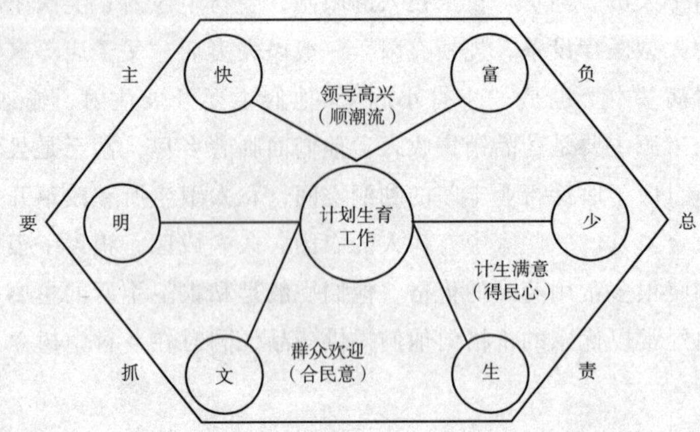

图 8－1　计划生育“三结合”系统服务示意图

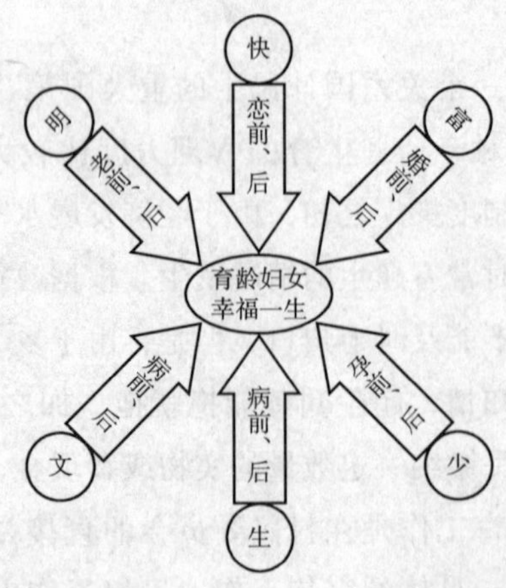

图 8－2　育龄妇女文明幸福一生（双六）优质服务图

生育问题上，家庭联产承包前，北锅盔村孕妇几乎都在家中分娩，由接生婆负责接生。北锅盔村有一个接生婆，她的医术水平一般，难产孕妇接生失败的事件时有所闻。现在，经济条件好了，为保证母子安全，村民接受接生婆服务的开始减少了，有条件的孕妇都选择到县医院生产。

第三节 卫生防疫工作

北锅盔村村委会非常重视防疫工作，该项工作由乡卫生院统筹布置安排，村委会具体落实。

一 日常的计划免疫工作

卫生防疫工作由乡卫生院统筹布置安排，具体落实由卫生站承担，村办医疗卫生站解体后，就由乡卫生院负责落实。

由于防疫工作受到高度重视，新中国成立后，村里没有爆发性传染病等疫病。建立了儿童计划免疫制度，有人专门负责，及时接种各类疫苗。儿童按接种本中规定的项目接种流脑、乙肝、麻疹等疫苗，一般到十二三岁，基本没有遗漏，防疫效果很好，该村儿童的整体身体状况良好。

二 抗击 SARS 工作

在 2003 年春季，我国部分地区发生非典型肺炎（SARS）疫情，北锅盔村也加入了防“非典”的战斗中。

现代化通信工具发达，村民通过电视、广播、报刊以及政府宣传等途径对“非典”一事都已知晓，并对全国疫情发展变化情况有所了解。刚开始，“非典”还只是村民茶余饭后的谈资，大家望着电视里面的画面议论纷纷，觉得“非典”离这里很远，他们的生活一如往昔。但是随着疫情的发展，全国部分省份疫情发展严重，村民产生了恐慌心理，担心疫情扩散，害怕本人或家庭成员被传染。在乡政府的统一领导下，村里成立了抗击“非典”领导小组，由村书记担任小组组长，村长担任副组长，村委会等各职责部门负责人都是抗击“非典”领导小组的成员。抗击“非典”领导小组对此事高度

村卫生站内观察室

重视，积极组织村民们按照乡里的统一部署，开展“非典”防控工作。

在这场战役中，从党员干部到普通村民空前团结，步调一致。当上级各种文件下达后，村委会及时传达落实，各位抗击“非典”领导小组的成员各司其职，自觉做好本职工作，并注意配合协调，只要是对村民健康有利的事情，不分白天黑夜，不管分内分外，都全力做好。为了让村民重视抗击“非典”和防御“非典”的重要性、紧迫性，村委会收到了上级发放的预防“非典”的宣传品，将宣传标语、口号、画报张贴到村民小组，还自己印了大量的宣传单；从村书记、村长到各级干部天天利用村广播、发传单等形式大力宣传抗击“非典”和防御“非典”的意义和方法。此外，还组织村民在全村范围内，开展了以清脏治乱为主要内容的全民性环境卫生整治活动，收到了较好的效果，为防治“非典”起到了积极的作用。同时，“非典”期间村里还安排专门人员为村民测量体温、深入家庭消毒等，乡村政府统一供应了预防“非典”的药物。

为了不让“非典”疫情蔓延到本地，村里制定了防止“非典”的管理

规定，主要内容有以下五方面。

（1）对村里的村民实行疾病监测预防。凡是发烧的村民必须向村抗击“非典”领导小组报告。如果连续发烧38.5度，持续2天不退，则对病人进行隔离，同时，对与病人有密切接触的家属实施隔离观察。隔离期为7～21天。

（2）防止病源传入。一般情况下外来人员不得进入村落，如果有特殊事情需要与村里人联系，必须得到村抗击“非典”领导小组的同意，必须在村口的检查站测量体温，一切正常者才可以与村里人在检查站见面。

（3）村里加强治安联防，在村口设立卡点，组织巡逻队，对外地返乡人员和流动人口进行隔离观察。

（4）村里的外出务工人员回村，检查体温正常者，也必须在家中隔离21天后，才可以在村中自由行动。

（5）如果发现异常病人，及时向村抗击“非典”领导小组汇报，并报上级抗击“非典”领导小组。

北锅盔村临近交通干道，公路上过往车辆很多，给防控“非典”带来很大难度，人们对外来人口和过往车辆十分担心。为了有效防范，防止任何一个“非典”病毒携带者和疑似病人进入，村抗击“非典”领导小组在所有进入村子的路口设置了各种形式的防护路障，有的路口放置了横杆，有的直接在路上开挖壕沟，阻断通行。在各个路口，昼夜安排人员把守，严格执行检查规定，做好外来人员的体检、登记、隔离等各项工作，没有一丝一毫的疏忽。对所有来村的入境客人、车辆进行登记防疫和检查消毒，安排到统一的地方隔离。对于按规定不允许进入本村的外来人员，即使是村干部的亲属也不例外，不违规放行。例如，有一次，村外站岗的人员报告有一位抗击“非典”领导小组成员的亲属从外地赶来走亲戚，该领导小组成员按章办事，不徇私情，到村外做他亲属的思想工作，让他到原来居住地的相关防治“非典”部门进行登记，按规定办理回家的手续，这个亲属理解了他，返回了家。由于全村干部村民同心同德，防范得力，全村没有一人患上“非典”，全村顺利地渡过了难关。

北锅盔村卫生医疗的发展虽然没有骄人和显赫的成绩，但是，在北锅盔村的社会进程中，它扮演了应有的角色，发挥了应有的作用。它就像锅盔山上的烂漫山花，在漫漫历史长卷中，散发着淡淡清香。

第九章　高度耦合的乡村精英

“精英”一词最早出现于17世纪，用来表示精美、质量上乘的商品。在《现代汉语词典》里，“精英”也被解释为（事物）最重要、最好的部分。直到19世纪末20世纪初，“精英”一词才开始在社会科学领域出现，经由意大利学者帕累托对社会精英理论的发展，逐步演变为具有优势地位的某种人。在他看来，精英应兼具“高度”和“素质”两方面的要义：“高度”是指某种可以客观判断成功的标准，如职位、财富、得分、声誉等；“素质”是指人的才智、才干、内涵等。这说明精英是有别于大众的少数被挑选出来的“精品”，精英来源于大众而又高于大众。那么，乡村精英人物的“高度”和“素质”则体现为：拥有一定的资源，尤其是掌握了某种技能，并能以此增进乡村民众的实际利益，并取得社区居民认可，从而具有一定的威望，在乡村社会中发挥着领导、组织、管理、决策等关键作用的人物。

基于对乡村精英的理解，我们可以根据精英在乡村社会中发挥作用的领域，将其划分为政治精英、经济精英和社会精英三个层面。一般来说，在一个日益分化的现代社会中，三种类型的精英都有各自独立的影响范围。但是，在北锅盔村——这个曾经极其贫困的村落，经济精英与政治精英乃至社会精英是高度重叠的，而且在这三者当中，经济精英的地位和作用是非常突出和重要的。

在北锅盔村乃至宝山乡，有一个远近闻名的“大”人物——赵金成，人们往往将北锅盔村的“巨变”同他的名字联系在一起。我们经过深入采访和调查，从赵金成的人生轨迹中可以看出北锅盔村社会变迁的道路。在这里，农村社会的发展同乡村精英或者说经济精英的成长呈现出高度的耦合，甚至前者严重依赖于这种精英人物的资源。这一事实，不仅仅出现在北锅盔村，也是当下中国社会普遍发生着的具有某种共性的现象。

第一节　技术能人与乡村经济精英

北锅盔村位于锅盔山东南，人均耕地不足 1.5 亩，而且土地贫瘠、石头多，不适宜发展传统农业。但是，这里有独特的小气候，适合发展果树产业。北锅盔村在 1988 年被当时的磐石县确定为果树专业村之前，是宝山乡远近闻名的贫困村。然而，在不到 20 年的时间里，北锅盔村发生了翻天覆地的变化：如今北锅盔村拥有果树面积 200 公顷，180 余万株，户均 700 多株，全村年产水果 5000 余吨，实现产值 300 余万元，仅此一项该村人均收入就达 4000 元，已经跻身为宝山乡比较富裕的村落。大部分农户拥有程控电话，98% 的农户盖上了砖瓦房，100% 的农户喝上了自来水……

这一切的发生同一个乡村技术能人赵金成紧密联系在一起。赵金成，1954 年生，现任吉林省磐石市宝山乡北锅盔村村委会主任、果树技师，吉林市和吉林省劳动模范。自 1973 年以来，他一直是北锅盔村当之无愧的果树“专家”，更是带动北锅盔村走上发展果林经济的先行者。

赵金成在 20 岁的时候，就开始在生产队做果树的技术员，后来经群众选举正式成为村里的果树技术员。为了开阔视野，掌握更多的专业知识和技能，他先后到各地参观、考察、学习，经过反复试验，多次摸索，他实行了高接换头，更新了“金红 123”和“361”等品种。1976 年初见效益，当年利润达 2800 元。1978 年他将原来不足 2 垧的果园扩大到 6 垧。1980 年生产队解散，他从 1982 年起承包了社里的果园开始单干。1985 ~ 1986 年，因经营不善共亏损 1.5 万元，为此，他先后到长春东郊果园、辽宁熊岳果园以及延边、吉林、怀德等地拜师求教，刻苦学习苗木培植、幼苗管理、施肥、剪枝、病虫害防治等技能。1986 年，赵金成通过省农科院的考试，取得了“果树技师”的资格。同年，他开始培植苗木，栽植矮化中间砧喜获成功。与此同时，除原有的金红苹果和“K9”果外，他又栽植了李子树和杏树，

果树大王赵金成

树下又种了草莓。到 1997 年，他不仅偿还了所有外债而且还获纯利润 1 万多元。1991 年他还被国家储备局 179 处高薪聘为中级农艺师（副处级），管理 179 处的大果园。现在的赵金成已经是北锅盔村的高级农艺师。

经过二十多年的努力，赵金成的果林技术日趋成熟，并且他所经营的果园经济效益初见端倪。但是，“我自己富了不算富，只有大家都富起来才是真正的富，我甘愿用自己毕生精力帮助他们脱贫”，赵金成经常这样说。因此，他并没有将自己多年的果树种植经验隐藏或保留下来；相反，在他的带动和帮助下，北锅盔村走出了一条依靠种植果树发展非农产业经济的路子。早在 20 世纪 80 年代赵金成开始承包果园时，为解决果子经常被偷的问题，他开始尝试免费给村民一些树苗让他们回去自己种，并教他们怎么接树、怎么剪枝。刚开始，村民种果树给自家孩子吃，后来，他们将吃不完的拿到集市上卖，这样尝到甜头的村民逐渐多了起来，都开始向赵金成要树苗在自家庭院种植。这样，在赵金成的慷慨支持下，当时的北锅盔村，已初步形成了小规模分散经营的局面，他们开始用自行车载着苹果到磐石市市场换点零花

成熟的果实

钱。这种分散小规模，形成不了支柱产业。

但是，这却让赵金成看到了改变乡村落后面貌的希望。为了进一步扩大果树种植的面积，他主动向村民们承诺，由他负责技术问题，并无偿提供苗木。十年来，他到各处学习、参观、考察，并通过办学习班，开展讨论的形式，向村民传授技术。同时，他又选择几名村民到他家果园实习，手把手地教。在他的帮助下，北锅盔村有200多人（约占全村总人口的1/3）掌握了果树栽培技术，几乎家家都有懂行的，先后有唐春才、赵建海、陶飞、赵福海等7人获得了果树技师的资格。果树种植技术知识的普及，使北锅盔村的果树种植面积由庭院开始向荒山拓展，全村百分之百的农户都有自己的果园，并且初具规模。在赵金成的带动下，北锅盔村村民选择的发展道路得到了当时磐石县和宝山乡政府的认可，在1988年即被确定为果树专业村，并给予一定的优惠政策：乡政府继续从耕地中划拨林地，免收征购粮，免征3年农业税。乡政府还组织全乡农民帮助挖横山截水沟、砌谷场。这样，北锅盔村村民实现了由传统的农业经济和庭院式的小农经济向市场化的非农经济的转变。

北锅盔村果树种植规模的扩大和产量的提高，初步实现了果品经济的规模化，但是与市场接轨的问题又接踵而来。为此，在乡政府的帮助下，赵金成又四处跑市场，引客商，经过几年的努力已经推出“磐宝”系列果品。目前，北锅盔村已经成为果品生产、批发销售中心。每到秋季，八方客商云集，而且“磐宝”系列果品在哈尔滨、上海、杭州、广州等大城市的超市上都有亮丽的身影，还进入越南、俄罗斯等国外市场，努力实现了生产、储存、包装和销售一条龙。

经过近 20 年的努力，北锅盔村几乎家家都懂果树种植技术，而且所有的农户都有自己的果园。目前，全村已有果树 200 公顷，180 余万株。主栽品种为“金红 123”和“K9”，另外还有海棠、铃铛、李子、山楂、梨、草莓、红树莓等十多个树种。村民年收入 4 万 ~5 万元的大户有 30 多户（约占 6.4%），年收入 1 万元的占一半多，最少的户也能收入 3000 ~ 5000 元。与此同时，北锅盔村的果品生产已经辐射到周围的安乐、锅盔、车家和太平等几个行政村落。目前，北锅盔村已经形成了以果树种植，果品生产、加工和销售为一体的，以非农经济为主导的乡村经济体系，已经成为一个名副其实的果树专业村落。

在我们的调查期间，由于果树更新周期的来临和粮食价格的上涨，部分村民有重新种植传统农作物的趋势。这一点让赵金成非常忧虑，长此以往，果树专业村的规模优势将会逐渐消失，果树专业村也将名不副实。赵金成的打算是，在这期间继续种植其他类型、品种的果树，并引导部分村民开始经营小规模的野禽养殖业，如今已经开始尝试搞鹿、狍子和狐狸等的养殖。这样，已经富裕起来的北锅盔村村民又面临着新的选择。

在北锅盔村，还有不少像赵金成这样既懂技术，又是种植大户的经济精英，但是他们的影响力远远不及赵金成，这里仅仅概述一下。

经济大户陶飞，今年 42 岁，家里三口人，有一男孩已上初三。栽种果树之前他在乡政府多种经营办公室工作两年，后又到酿酒厂工作了两年。1985 年左右，他开始种植果树，但只栽了 300 棵果树，以小片经营为主；1988 年陶承包了一垧半地，当年就产出了 12 万斤，收入达 4 万元左右，也

是当时的第一经济大户。在我们访谈中，问及他的收入时，他说：十多年来，丰产期（丰产期指气候适当，水果能卖上价，销售好等）仅有6～7年。

目前，他家的日子已有了很大改善。他还花了5万元盖起了砖瓦房，购一台手扶拖拉机花了5000元，买1辆摩托车6000元，彩电花了3600元，洗衣机900元。几年来他每当干完自家活后，总是要帮乡亲们剪枝、施肥等。等到收果时，他要雇用30～40人，这也要用10天多，这笔费用也要支出1000元左右。现在他的果品已销往长春、哈尔滨等地。当问他以后的打算时，他说：明年还要买1垧地，达到接近3垧地左右；三年后，还要兼搞养猪，猪可以卖钱，猪粪可以做农家肥，用来给果树施肥，向绿色食品迈进，为以后打进国际市场做准备。看来他对果树经济的发展方向有着比较清楚的考虑。

2007年，磐石市科技局号召成立果树协会，经乡果树办积极协调，由他牵头成立了果树协会。由领导推荐，群众选举，他被推选为协会会长。这几年来，他领导的协会做了大量的工作。

开展学术交流。老百姓在技术上一有问题就会找到他们，如果他们能解决的，就当场解决；如个人解决不了，他们就要召开协会会议，大家群谋群策；如果协会解决不了，他们就请教专家。他们还定期从外请专家或本村技术能手召开技术培训会，对果树技术进行实际讲解。

组织村民出外参观、考察、学习等。每次村民从外面回来，协会将召开会议，让村民谈一谈学习体会、心得。协会还组织大规模的群众集体参观、学习活动，每年长春的农博会他们要组织大量群众来考察。陶飞还打算，今年农博会他们要设立展席，把他们的果品推向世界。

开拓市场，每年果收季节，他们都要研究一下当年的市场。现在该村已于海南、贵州、广东、湖北、哈尔滨等地建立了客户往来；在省内他们也建立了许多客户关系。

当问到陶飞以后是否想要跻身于政治领域时，他不是很感兴趣，他嫌挣得少，还得罪人，本身自己也很忙。这一点也是他和赵金成最大的区别。

在北锅盔村，除了赵金成、陶飞的这样经济能人之外，还有吴玉福老汉。吴玉福家里6口人，儿子在乡派出所开车，媳妇帮着养鹿。当问起养鹿

的过程时，老汉说：1997 年因为好奇，在红石引进了 11 头鹿，总共花了 7 万元。后又盖了 510 平方米的鹿舍，买饲料花了 8 万元左右，共投入 15 万多元。后来繁殖到六七十只，卖了一半，现剩下三四十只，每年收入接近 4 万元（这里包括卖鹿、鹿茸、鹿苔）。吴家还种了 2000 多棵果树，仅果品收入，每年也有 1 万元左右。

在北锅盔村，虽然像陶飞和吴玉福这样的经济能人很多，但他们现有的经济影响力和政治号召力远远比不上赵金成。这种影响力或者村域精英地位，是在村落内发展过程中形成的，因此，经济上富裕的农户，不见得就是经济精英。但是，他们仍然都是北锅盔村经济发展中具有影响力的人物。

第二节　村民“请回来”的村主任

20 世纪 80 年代初，赵金成已经承包生产队的果园开始单干，因为他懂得果树种植技术，开始带领北锅盔村村民走上了果树种植的发展道路。此时的赵金成，早已是宝山乡的“能人”了。他的努力得到了北锅盔村村民和各级政府的肯定，[①] 这一点我们可以从他获得的如此多的荣誉和如何当上村官中看出来。

赵金成的事业在 20 世纪 80 年代中期开始迅速发展起来。先是北锅盔村被确定为果树专业村，他所带领的乡村发展之路得到了政府的认可和支持，接着，他的技术水平又有了质的提高，获得了果树技师的职业资格，同时，他所经营的果园也喜获丰收，并且，获得了他人生中的第一个政治荣誉——吉林市劳动模范。也就是在此时，他迎来了人生中的第一个转机：1990 年，国家储备局 179 处，以三室一厅的楼房，给全家农转非，安排妻子、子女到

---

① 赵金成先后在 1987 ~ 1988 年和 1992 ~ 1993 年两度被评为吉林市劳动模范；1989 年在百业科技致富竞赛活动中获农村果树栽培能手的称号；1996 年荣获科技兴市工作者的称号；1997 年 10 月在“读书致富奔小康”评选活动中，被评为先进个人；1999 年获得文明市民标兵称号；1999 ~ 2001 年度获优秀共产党员标兵、科协系统先进工作者；2002 年接受吉林电视台乡村频道的专访。2002 年被评为吉林省劳动模范；他还是吉林省七届人大代表和吉林市十一届人大代表。

处里工作等优厚待遇，聘请他到179处做技术员。他接受了179处的高薪诚聘，将自己的果园交给几个徒弟经营。

当时，北锅盔村的党支部书记是袁学忠（1992~1997年），现已退出政治舞台，但是他也不是果树种植的行家，不能胜任技术带头人的作用。恰逢县政府也一再要求果树专业村必须有一个懂技术的人担任专业村的村长，这时村民积极要求请赵金成回村主持工作，乡政府也多次派人去做赵金成的工作。后来赵金成毅然放弃了179处的优厚待遇和美好前途，回到了北锅盔村。用他的话说：我是农民的儿子，农民养育了我，一方水土养一方人，山亲水亲不如咱农民亲，我回去！村民对赵金成充满了信任，当年他就被选为北锅盔村村主任，一直连任到2004年。此时，村支书由朱家大队支部书记吴拥军兼任（1997~2003年），由于吴在外村，又是兼任，本身又不搞果树种植，所以其号召力和影响力有限。从2004年起，赵金成开始担任村支部书记。赵金成担任村主任后，为村民办的第一件事就是解决了一直困扰村民的饮水难问题。

提到北锅盔村，不能不提起该村的唯一的一口水井。如今的北锅盔村，不但水质好，而且还好喝。但是，在早些年的时候，村民们大年三十的晚上都吃不上水，而且水里全是泥沙。1992年，赵金成去人大“找水”，跑了林业、地质等多家单位，筹集了4万余元，买了口废弃的水井，从而解决了吃水难的问题。后来，他又将部分水出售给县里引资单位娃哈哈纯净水公司，用卖水的钱和国家补贴的一部分资金，组织村民修建了村路，并返还了村民的集资款。在这一过程中，赵金成操了不少心，但是他也树立了权威，赢得了村民们的信任。

在赵金成的带领下，北锅盔村的村民们经济有了来源，生活有了质的改善，饮水的大难题也解决了，富裕的农民也回报赵金成各种荣誉。1991年赵金成当选为吉林省人大代表，后来又被选为吉林市人大代表。在我们调查中，赵金成打趣地说，当时开会不知道干啥。用他自己的话说：参政议政的能力有限，也“不懂政治”。但是，我们从他的言谈中感觉到他非常珍视这一荣誉。1994年后，经过参加县委组织部和党校开办的村级干部系统培训班，加上不断与媒体接触，现在的赵金成对于电视台的采访已经是得心应

手了。

在这个意义上，赵金成不仅仅是一个果树专业村的村长。从1991年当村长到现在，他的地位一直没有动摇过。村里大多数人认为他“确实是好人，有德”。有一阵子村民听说乡里要把他调走，集体到乡里要把他请回来。也有人说他爱出风头，“出风头的椽子先烂”。对此赵金成并不计较，他有自己的看法：“‘利和弊是秤杆子和秤砣的关系’、‘不能计较个人眼前的得失’、‘不投入长不了大个，越胆大越会犯错误，但我不怕！’”

赵金成给人的感觉就是朴实，也没有多少权力意识。他早年开始种果树，后来被村民“请了回来”当村长，因为果树种得好得了市里、省里大量的奖，他又把这种技艺无私地转化为北锅盔村的发展动力。在这个互动的过程中，他树立了个人威望，由一个村官成为参政、议政的人民代表，从而实现了乡村技术精英或经济精英向政治精英的转变和结合，乡村经济精英和政治精英身份的高度耦合，说明经济精英在乡村社会中占据着独特的地位，尤其是经济曾经极其贫困的北锅盔村。同时，也暗示着乡村纯粹的政治精英资源动员的失效。

第三节　乡村精英与农村社会的发展

北锅盔村的发展历程，再次说明农村社会的发展总是同乡村精英紧密联系在一起。通过对乡村技术能人赵金成的成长、发展同北锅盔村的社会发展尤其是村经济发展之间关系的分析，我们可以发现，乡村精英人物总是根源于乡土社会，并且能够造福一方乡土。村落经济的发展，为乡村精英的崛起创造了契机，精英人物被推上了村落社会变迁的“关节点”上。同时，这种精英人物的出现，对促进村落内发型经济的生成、发展和壮大起了关键作用，从而成为促进乡村变迁的内在主体之一。

由经济精英向政治精英的过渡，应该说是赵金成在实践中获得的一个“非意图”的结果。赵金成从一个纯粹的乡村技术精英或经济精英，变为“村官”，这一飞跃深深地根植于乡土社会的“熟人关系”、“礼尚往来”的文化传统和他本人的“乐善好施”。这里，传统的文化资源使他赢得了村民

的信任。于是，他被“委以重任”，被村民“请回来”做村长；接着，他又被选为劳动模范，人大代表，逐渐成为一个真正的政治精英，这一切只不过是乡村“熟人社会”运作逻辑自然而然的结果。高度耦合的精英身份，造就了赵金成本人人生的辉煌，更为北锅盔村的村民争取到大量的政策性资源，包括减税、政策支持、市场建立等。这种种优势成为北锅盔村发展的外在动力。

但是，这种以精英为主导的发展模式，高度依赖于精英本人的素质和奉献精神，具有较大的不确定性和非连续性。同时，精英的更替也会直接影响到村落经济的持续性发展。在北锅盔村并不是所有的人都像赵金成那样，“愿用自己毕生精力帮助村民脱贫”。由赵金成一手扶持起来的经济大户陶飞就是一个例外，据我们调查，他就是不太热衷于村落的政治事务。如何培育村落潜在的精英人物，参与乡村社会事务，促进村落发展，也是影响北锅盔村经济更长远发展的重要因素。精英的增加和更替对北锅盔村今后社会发展的影响，是一个值得继续关注的问题。

第十章　村落经济发展与地方政府行为的关系

第一节　研究视阈的转换：从村内走向村外

从一般意义上讲，推动村落经济发展的力量是多方面的。出于方便的考虑，这里权且以村落内外两方面作为分析问题的视角。首先，从村落的内部角度来看，构成村落内生结构主体的各要素有村民、家族、村民小组、社区精英等，以及村落内部的自然条件、资源环境状况等，这些都是诱发或制约村落经济持续发展的决定性力量。它们最终将决定或型塑着村落的变迁，即决定村落发展的方向、发展的道路以及发展的动力源等。这一点在前文中已经有了粗略的探讨。从村落的外部来看，来自村落所在的地方政府直接介入、介入的方式以及村落所面临的市场环境等要素会对村落的发展起着关键性作用。因此，要全面地理解北锅盔村经济发展的轨迹，仅仅将目光聚焦于北锅盔村内部，并试图从这一维度来理解村落的变迁，显然是片面和不公允的。

十一届三中全会以后，中国的改革开放和市场经济的启动、发展始终是在以政府行政性力量为主导的前提下进行的，一系列的经济成果也都是在政府大力参与的背景下取得的。同样，北锅盔村经济社会的恢复和发展与宝山乡政府直接参与、介入以及对市场要素运用有很大的关系。北锅盔村变迁的过程，也正反映了这一事实。因此，有必要将宝山乡政府带入我们分析的中心。这样，从逻辑上讲我们也就实现了探讨北锅盔村变迁的视野转换——从村域内部走向了村域的外部。

北锅盔村的变迁为我们提供了一个分析问题的“引子”，即在此背景下分析市场转型期基层政府在村落经济发展中的定位、介入的方式和程度。这是一个难以说清楚的、没有定论的老问题，但也是一个难以回避的论题。我们希望以北锅盔村为个案，对这一问题作出自己的回答和思考，进而有助于我们理解村落经济发展的轨迹。

第二节　发展道路的转变：从匮乏走向丰裕

宝山乡锅盔村（北锅盔村的前身）自清光绪初期开始垦殖以来，始终走的是一条传统的以农业种植为主的生存发展之路。尽管北锅盔村所在地域紧邻锅盔山，土质极其不好，石头又多，土壤肥力低，不适合种植庄稼，但是这种以种植业为主的生产方式一直持续到20世纪80年代初期。新中国成立以来，北锅盔村始终是宝山乡人均收入最低的一个村落。十一届三中全会以后北锅盔村原来的生产大队解体，并于1982年开始实行党中央的包干到户政策，推行家庭联产承包责任制，但是北锅盔村这种贫困的状况直到1990年仍然没有根本性的改变。据当时的统计资料显示，北锅盔村年人均收入只有200～300元，而同期宝山乡其他村人均年收入已经达到了700～800元。祖祖辈辈一直被“经济无声的压力”所困，生活资料的匮乏和生活艰辛，越发强化了北锅盔村人自我的封闭和思想的保守，反过来又进一步加剧了他们的贫穷，陷入了一种恶性循环中。

从19世纪50年代的“大跃进”、人民公社，到80年代的家庭联产承包责任制，中央一系列的富农、惠农的政策，并没有使北锅盔村人摆脱贫困的梦魇。残酷的事实说明，北锅盔人没有意识到自然环境和资源状况与地方经济发展之间的关系。自我意识的淹没使得北锅盔村人一次次与中央的富农、惠农政策失之交臂，“经济无声的压力”迫使少数村民开始探索走自己特色发展道路的可能性，即内源性的自主发展道路。

谈起果树种植，北锅盔村人并不陌生。早在生产队时期，北锅盔村就有一个不足2垧的集体果园，在那个年代，集体果园并没有给祖祖辈辈为贫穷所困的村民带来任何希望，相反，在不断的政治运动中，它逐渐淡出了人们的视野。但是，这并不意味着北锅盔村的少数技术精英也放弃了以果树种植

业来发展村落经济的信念。这其中最有代表性的人物是在生产队时期任果树技术员，后来被推选为村委会主任、村支部书记的赵金成。20 世纪 80 年代初期，随着生产队的解散，家庭联产承包责任制开始在广大农村推广开来，赵金成已经开始将村里逐渐荒凉的集体果园承包下来单干。经过十多年的努力，到了 20 世纪 90 年代中期，果树种植开始给他带来丰厚的经济回报。赵金成经营果树获得的经济上的巨大成功，对北锅盔村产生了积极的示范效应。村民争先恐后向赵金成要树苗，在自家院落种植，供自家孩子吃，同时将剩余的拿到市场出售，以补贴生活费用。尝到种植果树甜头的村民这才意识到，原来种植果树也可以增加收入，改善经济状况。于是，这种小规模的庭院经济有了进一步扩大化的动力，村民开始在原来的农作物耕地上种植果树、发展果品经济进而探索出了一条符合自身条件的可持续发展之路。

富裕的村民修建了水泥巷道

在北锅盔村果树种植的效果是立竿见影的，果品经济的收益也是令人喜出望外。仅以 1994 年果树第一次的收益为例，当时果品虽然价格不高，但是果树产量巨大，村民的收益非常可观。据宝山乡政府的统计资料显示：当

年种植果树的村民年收入普遍是往年种植粮食作物收入的6倍左右，有的达到了30倍！当初或许所有的人都没有意识到，赵金成这样一个完全个人化的选择——承包经营集体果园，会引出如此多的涟漪，最终使整个村落走上了一条面向市场、依靠发展果品经济致富的道路，从而摆脱了传统以农业种植为主的发展模式的羁绊。

村民新居

村民的自主选择和实践精神同当时宝山乡政府的支持和鼓励密切相关。事实上，当时的宝山乡政府面对着远近闻名的贫困村落也非常困惑，赵金成个人的成功和村民的大胆实践无疑给当时的地方政府带来了一剂灵丹妙药。同时，北锅盔村今后的发展方向、发展道路、产业结构的调整以及果树种植后所带来的经营、管理、技术手段、果品的质量、市场等问题也变得紧迫起来了。这些宏观性的问题直接关系到北锅盔村今后的发展前景，村落的发展也越来越同地方政府的行为密切相关。因此，这里就有必要专门分析宝山乡政府在北锅盔村村民自主创业过程中的介入行为及其介入的方式。

第三节　地方政府行为的定位：以市场为导向的介入

到目前为止，按照纵向的时间序列我们可以粗略地将地方政府与村落之间的关系，或者说乡镇政府在村落经济和社会发展中的地位、作用以及介入的方式和程度，划分为三个阶段。第一个阶段就是从新中国成立后到实行农村家庭联产承包责任制期间，农村实际上是按照类似于城市中的“单位制”形式将整个农民整合到“人民公社”和“生产队”之内。这时候的基层政府与村落之间实际上是以高度政治化的方式耦合在一起，生产队既是一种高度组织化的经济生产单位，又是基层基本的政治单位。在此之后，第二个阶段是生产队的解体和家庭联产承包责任制的推行，直到农村税费改革之前。大致说来，这一时期基层政府与村落之间的交会点主要是围绕着各种“税费”而开展。那么，村落与国家之间的关系可以称为一种“代理—被代理”的关系，即村落必须履行对上级政府的各种义务。因此，这一时期基层政府与村落之间的关系比较复杂，矛盾也比较集中和突出。第三个阶段是随着税费改革的深入，农业税最终退出中国农村历史舞台。在后农业税时代，基层政府与村落之间的权利和责任都将发生根本的转变。那么，基层政府将如何作为？如何去面对村落继续发展所提出的挑战？这是需要我们进一步思考的问题。这里，出于简单的考虑，我们权且以第二个阶段作为分析地方政府如何介入村落经济社会发展的背景。至于在第三个阶段中所提出的论题，这里暂且搁置起来，后文再叙。

北锅盔村村域经济的成功转型和巨大发展，归结起来有两个方面的原因：从村落内部来看，祖祖辈辈为“经济无声的压力”所困的村民敢于实践，大胆地选择了富于创新精神的乡村技术精英赵金成担任北锅盔村的主要领导。在赵金成的带领下，北锅盔村村民彻底地摆脱了贫穷，走上了富裕的道路。从某种意义上讲，北锅盔村村民的成功源于他们探索出了一条典型的内源性的发展道路。这正是北锅盔村人在反反复复的实践中得出的一条“铁律”。在调研中我们也发现北锅盔村村域经济从起步到走上发展的快车道，始终同当地乡政府在这一过程中的参与、支持是紧密相关的。可以说没有宝

山乡政府对以赵金成为代表的部分村民勇于实践和探索的首肯，并及时给予政策和税收等方面的支持和鼓励，北锅盔村果品经济的星星之火恐怕不会有现在的燎原之势！因此，从村落经济发展所面对的外部环境来看，宝山乡政府真可谓是这场巨变的总导演。这正是我们将要分析的重点。

事实上，1983 年宝山乡人民政府从成立开始就已经为改变锅盔村的落后面貌而努力。在家庭联产承包责任制在全国开始推行以后，当时素有“七山一水二分田”之称的北锅盔村自然而然地也落实了家庭联产承包责任制的经营方式。但是囿于自然条件的限制，这种在中国“放之四海而皆准”的解放生产力的方式，在北锅盔村却遭遇“水土不服”。不仅如此，北锅盔村当时的人均年收入在整个乡也只有其他村的 1/3～1/2。可以说，宝山乡政府的这种“普遍化”的整齐划一的工作方式在这一时期的北锅盔村是失败的。这就要求地方政府重新思考和设计北锅盔村的发展道路和发展模式，进而转变在北锅盔村“常规性”的介入方式。

早在 1958 年前后，当地曾经有一个规模不大的集体果园，到 20 世纪 70 年代初，北锅盔村又有一些村民重新开始小规模种植果树，建立小片果园。在后来的十余年里，北锅盔村的果园一直在缓慢的发展并逐步形成了一定的规模。正值宝山乡政府一筹莫展之时，北锅盔村技术精英赵金成的实践以及随后获得的巨大成功，毫无疑问为地方政府重新谋划北锅盔村经济社会发展之路提供了宝贵的实践经验。正是基于村民们的探索和实践，才使得以“发展果品经济为主导产业，走市场经济”的发展思路具备了深厚的群众基础和实施的可能性。

以上种种，使得北锅盔村果品专业村的成立似乎成了一种必然。到 20 世纪 90 年代初，宝山乡政府似乎也看到了改变北锅盔村村民命运的机会，审时度势将北锅盔村确定为果树专业村。为了实现这一目标，更好更快地发挥区域优势，宝山乡政府首先从行政区域上将原来位于北锅盔村的北锅盔屯分离出来成立一个独立的行政村，同时成立果树专业，并将之作为发展果品经济为主要产业的村落，及时出台了《关于对北锅盔村、水库和大锅盔两个果树专业屯的有关规定》的文件，在政策和税收等方面给予扶持和鼓励。规定从 1990 年开始，水库屯和大锅盔屯确定为果树专业屯，而且

对于成立果树专业屯，宝山乡政府还给予了一系列的优惠政策，其中主要有以下几项：

（1）专业屯人均留口粮田 0.6 亩，其余耕地全部按规划栽植果树；水库屯人均口粮田水田 0.33 亩、旱田 0.27 亩；大锅盔屯人均口粮田水田 0.26 亩、旱田 0.34 亩。

（2）农业税减免：水库屯减免 6 公顷，计 918.08 元；大锅盔屯减免 24 公顷，计 3781.76 元。

（3）征购粮：水库屯免征水稻 6100 公斤、玉米 8480 公斤、大豆 1400 公斤；大锅盔屯免征水稻 12000 公斤、玉米 40670 公斤、大豆 5400 公斤。

（4）口粮田按面积缴纳农业税。

（5）自 1993 年始按果树面积征收农林特产税。

（6）凡是应栽而未栽果树的农户，必须于 1991 年春建成果园，并缴纳同年核定面积的农业税和交征购粮任务，对不愿交征购粮任务的户可收其差价款，上缴乡政府。

到 1992 年，宝山乡政府为了进一步扩大果树种植的规模，走规模经济之路，将大锅盔屯和水库屯从北锅盔村分出来组成为新的北锅盔果树专业村，同时继续给予这个新成立的专业村减免农业税和农业特产税的支持。从而真正开始朝着“一村一品”的专业化发展方向迈进。截至目前，全村果树种植面积达 200 公顷，共 180 余万株。而且北锅盔村的果品生产已经辐射到周围的安乐、锅盔、车家和太平等几个行政村落，初步实现了规模经营。

与此相随的另一个问题也日益凸显，就是果品的品质，即要经营好大片的果园必须要有大批的专门的技术人员去从事苗木培植、幼苗管理、施肥、剪枝、病虫害防治等任务，这直接关系到水果的质量、价格乃至果树专业村的发展前景。在果园刚起步的时候，赵金成就义务给村民剪枝，做他们的技术指导，随着“一村一品”目标的实现，个人的力量已经是杯水车薪了，村民们迫切要求普及果树种植和管理的经验和理论知识。为此，乡政府成立了以赵金成为首的村果树专业协会，组织村民出外参观、考察和学习，每次村民从外回来，协会即召开会议，让村民谈一谈学习体会和心得。协会还组织大规模的群众集体参观、学习活动，每年长春的农博会他们要组织大量群众

来考察。同时，开展技术交流。村民在技术上有问题就会找到果树协会，通过召开协会会议，群策群力。协会解决不了的问题，就请教专家。协会还定期从外请专家或本村技术能手召开技术培训会，对果树技术进行实际讲解。经过十多年的努力，目前，北锅盔村有200多人次（约占全村总人口的1/3）掌握了果树栽培技术，几乎家家都有懂行的，先后有唐春才、赵建海、陶飞、赵福海等7人获得了果树技师的资格。随着果树种植技术知识的普及，以“金红123”、“K9”等为代表的一大批新的高质量果树品种也相继研发出来，并很快得到普及。

技术难题的攻关仍然不能完全解除果农的后顾之忧，分散的、原子化的村民还必须面对变化莫测市场风险的影响。在农民没有被组织化以前，能够带领村民开拓市场的重任恐怕也只有地方政府才能担当起来。北锅盔果树专业村的确立，也就意味着果品的生产、加工、包装和销售都紧紧地围绕着市场而展开，即北锅盔村的果品生产是以市场为导向的生产，必须遵循市场规律。为此，宝山乡政府首先从解决果品销售市场入手，先后建立了果品批发市场，免费提供给果农使用。为解决村民果品保值增值的问题，乡政府投资500多万元建设成能够容纳2000多吨的果窖，低价供村民保存果品使用。经过几年的跑市场、引客商，现在已在海南、贵州、广东、湖北、哈尔滨等地有了固定客户群；在省内他们也建立了许多客户关系，初步形成了一个覆盖全国的销售网络。在更新果树品种、追求果品质量的同时，为适应市场化品牌的要求，成功注册“磐宝”牌系列果品商标，该系列果品成功打入哈尔滨、上海、杭州、广州等大城市的超市，还进入越南、俄罗斯等国外市场。目前，北锅盔村已经成为果品生产、批发销售中心，形成了每到秋季八方客商云集于此的热闹场景，成为远近闻名的果品生产、批发和销售中心。与此同时，宝山乡政府已经开始招商引资，力图探索出一条果品深加工的产业链。

改革开放二十多年来，尤其是进入20世纪90年代，北锅盔村经济社会发生了剧烈的变迁，这始终是地方政府同村落之间进行同向或异向深入互动的过程。从这里的分析我们大致可以看出来，宝山乡政府介入的结果到目前总体上是成功的，其介入地方事务总体上是以市场为导向的，尽管其介入的

方式或多或少掺杂着行政命令的因素，但北锅盔村的变迁实际上也是政府“强干预”的结果。需要我们继续思考的是在政府“强干预”的背后，政府的行为有没有边界？如果有，到底在哪？这是下文予以探讨的问题。

第四节　探寻地方政府行为的边界

北锅盔村在短短的20年间，实现了经济与社会的“巨变”，并一跃成为远近闻名的“关东红果第一村”。这一历史性的跨越，给我们提供了一个研究具有典型性特征的“内生后发型”村落变迁的个案。在这里关注的重点是作为乡镇一级的国家基层政权在这一过程中的角色和行为的问题。事实上，改革开放以来，围绕乡镇与村落之间的互动，一直是一个争论不断的话题，具体到宝山乡镇府与北锅盔村而言，它们之间的“关系”也大致经历了三个阶段，前文已有叙述，这里不再赘述。尤其值得我们进一步关注的是，宝山乡政府在带领北锅盔村村民走向发展果品经济之路的过程中，始终是以传统的行为方式导向市场经济的，社会的转型并没有伴随着政府介入方式的转变，这其中不可避免地会衍生出很多问题。与此相关的是，在后农业税时代，基层政府如何作为呢？随着基层镇政府与乡村之间传统纽带的终结，既宣告着一个时代的结束，又对基层政权的责任和义务提出了新的挑战——在社会转型中寻求新的定位。

目前，学术界关于基层政权角色和行为的研究主要沿着两个路径展开的：一种是“结构—制度”视角；另一种是“过程—事件”视角。[①] 在前一种研究视野下，由于我国独特的行政体制和财税制度等结构性和制度性因素的“约定”，逐渐形成了对基层政权“压力型的体制”，在乡镇政府与村落互动中就表现为一种类似于厂商的“经营者”的角色。的确，在北锅盔村二十多年的变迁中，宝山乡政府始终是这场变革的先行者、参与者甚至主导着村落经济的发展方向，就其行为本身来说，用“经营者”来形容再恰当不过。乡村政权作为“经营者”而存在，的确会主动地采取各种措施去发展地

① 饶静、业敬忠：《我国乡镇政权角色和行为的社会学研究综述》，《社会》2007年第3期。

方经济，这其中也会包含着许多急功近利和好高骛远的举措，最终会给村落经济的发展前途带来不少的变数。这种担忧在北锅盔村并不是杞人忧天，随着原来果树品种的老化、新品种生长周期的影响，围绕着产业结构的调整以及接续产业的问题，北锅盔村村委会成员已经或明或暗地同宝山乡政府存在着一定分歧；同时农业税的取消，少数村民此时又有重新发展粮食种植业的倾向，等等。这些问题的解决过程，随时都决定着地方政府今后的角色定位。

这里，地方政府的行为似乎陷入了矛盾，即要么继续承担积极“经营者”的角色，全面介入村落经济、社会的发展事务，按照自己的规划继续沿着“一村一品”专业化的方向发展果品经济。要么适度的放权，将村落进一步发展的主导权让位给以乡村精英为主导的村委会成员，采取更加务实的经营策略，在保证以果品产业作为地方经济特色的同时，鼓励村民多元经营；而政府则承担起一系列“后勤保障”的任务，如信息的采集和发放、场所的供给、政策法律的保障、医疗、卫生和教育等社会事业的改进等，为经济的发展提供必要的社会支持和服务，从而担当起“服务者”的角色。当然，我们也希望宝山乡政府能够从“经营者”的定位转向“服务者”的补位，因为基层政府介入方式方法的转变，不仅仅意味着政府本身的转型，更重要的是这将标示着社会发展内涵转变，即从一种外在的“建构型”的发展思路向由发展主体的自我治理和自我发展的发展方式转变。这一转变，或许也将意味着在后农业税时代，基层政府重新向自己恰当位置的回归。

第十一章 生态环境的可持续发展与政府行为的关系

我国已经把到21世纪中叶实现生态环境的良性循环，达到碧水蓝天、山川秀美作为生态环境建设与环境保护的目标。人们已经从各种自然灾害中开始反思自己的行为。无论是自然科学还是社会科学，都展开了生态环境的可持续发展研究，让人们正确认识环境与社会的关系。

与城市环境问题相比，农村的生态环境面临着更为严峻的局面。一般认为，城市是我国环境污染最集中、最严重的地区，“控制城市污染，改善环境质量，就成为环境规划的首要任务”。对于城市环境问题的相关政策和措施从20世纪80年代纷纷出台，各城市普遍开展了环境综合整治工作，并不断完善环境管理法规。2003《中国环境状况公报》中指出，“部分城市环境质量有所改善”，而农村的环境污染、生态破坏状况日益严重，已成为制约农村发展的重要因素。

对吉林省宝山乡北锅盔村环境状况的调查指出，环境质量的提高虽然受制于经济水平这一为环境治理与改善提供物质条件的重要因素，但是产业结构、科技进步、环境法规与管理、环境意识等因素也对农村的生态环境产生不可忽视的影响。上述这些因素实际上规定了政策调控的可行区间，如果让这些因素发挥正面的、积极的作用，就有可能弥补经济系统对环境投入的不足，跨越传统的依靠经济实力治理环境的思路，实现生态环境的良性循环。地方政府应承担起重要的责任，从对农村生态环境的重视，到环境政策的制定与实施，政府无疑是环境问题的主要建构者。然而许多环境政策在宏观上制定得有理有据，但在实际工作中却难以执行，导致政策的制定与执行之间

春季茂盛的果园

存在着难以逾越的鸿沟。本章主要从环境政策制度分析入手，探讨地方政府在环境政策的制定与实施中存在的问题及原因。

第一节　环境与地方政府行为的关系

一　农村环境问题

所谓环境问题，有的学者认为“就是环境系统的失调，环境状况非其所是，难以正常运转，最终影响到人们的生产与生活，威胁到人的生存”。人类是生态环境的产物，同时又是生态环境的改造者。人类运用自己的聪明才智，通过劳动不断地改造着自然，创造着新的生活条件。然而，由于人类受认识能力和科学技术水平的限制，在改造环境的过程中往往会产生意想不到的结果，造成对环境的污染和破坏，这是环境问题产生的重要原因。

环境问题最初凸显是在城市，由于工业化与城市化的进程导致城市环境污染的严重，人们生存发展的空间出现问题，从而才引起关注。而农村相对于城市而言，受现代文明的侵蚀较少，似乎仍然是碧水蓝天、青山绿草的美丽光景，不存在所谓的“环境问题”。事实上并非如此，森林的乱砍滥伐，水土流失，洪水、旱灾的频频发生，乡镇企业的乱排污问题等，使得农村的环境问题已经日益凸显。但是人们对农村的环境问题的关注却远远不够。

二　制度与地方政府行为

鉴于实际中的环境保护通常是通过一系列制度进行的，而地方政府作为当地环境的主要建构者，是制度的制定和执行者，相关的环境政策是环境问题得以解决的关键。

制度一般可以被理解为约束人类行为的一系列规则，在人们遵守或违反它的时候，它可以提供奖励或制裁。换句话说，制度限定了什么是可以做或必须做的，它使人们有所节制并要求他们放弃某种权利以使他人或社会受益，从而制约人们在各种选择方案中进行选择的权利。无疑，设计并运行良好的制度可以促进某些预期行为的发生。然而，想当然地认为只要有制度就会发挥理想效益，或者说想当然地把制度安排等同于人类实际的行为模式，这是非常不恰当的。

在现代社会转型时期，社会失范，许多社会制度形同虚设。按照新制度经济学的观点，所谓的制度创新就是制度的替代、转换与交易过程。林毅夫将制度创新区分为两种类型：诱致性制度创新与强制性制度创新。诱致性制度创新是指人们在响应获利机会时自发倡导，组织和实行的由下而上的创新。强制性制度创新则是由政府命令和法律引入并实行的自上而下的创新。我国有关的环境保护政策，基本上是属于强制性制度创新，特别是在农村，村民环境政策法规的遵守是被迫的，而非情愿的。因此，在一些关系到自身利益的问题上，他们总是想方设法与当地政府搞好、打通关系，而部门保护主义和地方保护主义也成为环境政策执行的重要障碍。

在目前的中国社会，金钱越来越影响着人们的观念，左右着人们的行为。正如凡勃伦早就指出的那样，“在任何高度组织起来的工业社会，荣誉

最后依据的基础总是金钱力量”。目前的中国正进入这样一种社会，拜金主义成为行为的巨大驱动力，任何与之发生冲突或有损利润最大化的制度安排，都成为人们想方设法躲避的对象。因此，地方政府在执行制度时，权钱交易的腐败现象屡见不鲜。这样不仅大大损害了制度的公正性和权威性，而且实际上鼓励了违规，弱化了制度效果。在环境政策的执行中，同样存在着这样的问题。

1. 研究手段

当前的环境社会学研究，更多的是从环境意识、环境运动、可持续发展等角度展开的，缺乏从环境政策和地方政府行为这一视角进行较为全面的研究。基于此，本章的研究主要围绕着制度假设和政府行为展开分析。

事实上，在新古典经济学的基本模型中，价格机制被认为可以解决经济活动中的一切协调和激励问题，即市场价格完全有效。然而，在现实生活中，这种理想的无摩擦世界是根本不存在的。

新古典模型假定个体决策单位具有关于自身所处环境的完备知识和信息，因而在任何时点上，都能准确地从全部备选方案中选择出使其效用最大化的最优方案。新古典经济学的逻辑看起来完美而无懈可击，但是，它唯一的弱点在于它对人的基本假设，即理性。人的经济行为是完全以追逐个人私利为目的吗？人具有追逐利益的完全能力吗？

在此质疑的基础上，哈耶克和西蒙提出了有限理性的概念。哈耶克认为，“人不可能具有完全理性所需要的信息”；西蒙认为，“人的决策是一个试错的过程”。事实上，效用最大化只是人类行为意愿趋近的目标，在现实中只能有限地做到。西蒙的有限理性假说认为人只具有对信息进行处理的有限能力。诺斯等（North，Douglas）在1990年发表的《制度、制度变迁和经济绩效》中，赞同西蒙的有限理性假说，同时，诺斯在这里还强调意识形态在决定人的选择过程中的重要作用。同时，他还指出，制度实施是一个需要耗费成本的过程以及与此联系的制度的不完全性，从而强调了正式制度和非正式制度之间协调的重要性，有限理性经由奥立佛·威廉姆森引入新制度经济学文献，成为经济组织分析的基本假定之一。该假定表明：决策者通常不可能想象出他所面临的全部备选方案，也不具备关于未来各种可能性及其后果的完备知识和预见。威廉姆森在其“关系合同理论”中指出，有限理性和机会主义的存在，导致合约的不完全，从而使合约的实施成为重要环节，具有特定身份的人际关系嵌入合同关系之中，对以后的专用投资决策和重复交易起着很重要的影响作用。

借用新制度经济学中的有限理性假定，本章分析吉林省农村环境政策的制定与实施过程中面临的问题：环境政策在制定之前，权力中心不可能了解全面信息，导致政策制定的不完全性，只能是对基本目标作出原则性的界定，具体细则由地方政府来操作；因此，由政策规定的不完全性所导致的地方政府的偏离与变通行为也就不可避免。此外，政策再界定仍然是不完全的，因为它要受到一系列因素的影响，如认知差异、目标利益、组织规范、监督控制等问题的存在，导致政策执行有可能偏离决策者的初衷出现意想不到的结果。

2. 研究方法与资料来源

本章主要从制度分析入手，从社会学的视角分析农村生态环境问题的形成机制，通过对吉林省宝山乡北锅盔村的生态环境的调查，及对当地政府、村级干部和村民的访谈，评述环境保护的若干对策，特别是对地方政府在环境保护中应承担起重要责任给予强调，从而探讨调整农村发展目标、优化社会结构的可能性与重要性。

第二节 环境与利益——政府行为的“理性”选择

一 好的环境政策为何没有获得好的环境结果

20 世纪 90 年代以来，农村的生态环境问题开始恶化，其失控主要表现为，农业生产中的化肥、农药等造成的环境问题，乡镇企业发展造成的环境污染以及林业资源被乱砍滥伐造成的水土流失、植被破坏等问题。

事实上，正是由于农村生态环境的恶化，政府才开始对农村的环境问题予以重视，利用行政手段进行治理。20 世纪 90 年代初，在国务院办公厅《关于加强森林资源保护工作的通知》以及吉林省人民政府办公厅下发的

《关于加强森林资源保护管理工作通知》之后，吉林省宝山乡作出了“关于开展‘三清’，打击破坏森林资源专项斗争的方案”（以下称“三清”工作）。“三清”指的是在全乡范围内开展限额采伐，对非法征占林地和对木材非法经营、加工的清理。政策制定以后，乡政府面临的任务是成立相应的组织来执行政策。但是，“三清”工作虽然由乡长、林业站站长、派出所所长等领导组建，但由于这些成员身兼二职，既要完成原单位的例行工作，又要处理“三清”工作的有关事务，因此，在他们所要完成的长期任务与短期任务之间不可避免地存在冲突。这导致“三清”工作并没有像他们所希望的那样“力求实效，不走过场”，宝山乡的林业资源在1992～1994年间，由于木材流通市场的政策放宽，木材价格的上涨，乱砍滥伐现象呈现出上升趋势，这不禁使我们要问：好的环境政策为何并未取得好的环境效果？

1998年经过特大洪水惨痛教训之后，国务院、省、市下发了关于“封山植树、退耕还林、恢复植被、保护生态”的指示精神，宝山乡人民政府又下发了“退耕还林”实施方案，开展“五落实”工作，即落实责任人、落实资金、落实时间、落实地块、落实苗木。由林业部提供技术指导，由村、社领导负责具体实施。5年过去了，当2003年夏我们去做社会调查时发现，只有北锅盔村由于地质原因，种了果树经济林，在带来经济效益的同时，也取得了一定的生态效益，但是其他十几个村子的生态林情况，无论在面积上、棵数上还是质量上都远远没有达到林业部门的要求。而对于目前的农村环境问题，连村民都认为是“水土流失，植被破坏”，这已成为大家公认的事实了。这不禁又使我们产生疑问：为什么好的环境政策没有产生好的环境效果？

二　地方政府行为的选择性机制

在对吉林省农村环境政策实施过程的障碍分析中，我们发现，地方政府作为当地环境问题的主要建构者，他们的行为对环境问题起到了决定性的影响。由于环境问题总是涉及多方面的利益，其影响程度和范围有时不太明显，并且环境政策的执行、效益的显示是一个长期的过程，对地方政府官员的政绩和个人利益不能产生立竿见影的效果。这样一来，在地方政府政策与

利益之间的选择性机制上，地方政府理性地选择了“利益”，但是在其环境政策的制定与实施过程中，他们的选择却是有限的。

1. 政策的制定与实施

政策作为制度中一种正式规范的形式，它的运作过程由制定和实施两个部分组成。我国现存的行政体制的问题，导致了政策运作过程存在着分离性，中央政府只负责决策，而政策的具体执行由地方政府来进行，二者之间存在一种委托—代理关系。决策信息的选择缺乏现代专业化的社会调查系统的支持，更多地依靠对片面的信息来源进行先入为主的主观选择，难免产生信息误导。由于信息不完全和有限理性问题的存在，导致权力中心制定出来的政策都比较粗略，只是对政策涉及的有关方面作原则性说明，具有高度但不完全性的特征。

而事实上，政策的制定与实施经常是交织在一起的，各级地方政府经常需要根据地方的具体情况不断对政策进行再界定和调整。这个过程既包括地方政府对政策进行正常合理的灵活处置，也包括对政策进行不合理的变通。刘世定在其《占有、认知与人际关系》中，将“制度变通”定义为，“在制度实施中，执行者在未得到制度决定者的正式批准、未通过改变制度的正式程序的情况下，自行作出改变原制度中的某些部分的决策，从而推行一套经过改变的制度安排”。变通是相对于原来的制度或政策而言的，它并不是对原制度、原政策的全部改变，而只是一种部分的改变，至少在形式上与原来的制度主政策是一致的。变通是委托—代理关系中常常出现的问题。从调查的情况来看，地方政府在执行上级环境政策的过程中存在以下几种变通的方式。

（1）“上有政策，下有对策”，即利用制度与政策规定的不严密来为自己谋利益。

在我国现行的行政体制下，中央政府与各级地方政府之间实行的是金字塔式的等级规则，各级政府权力的大小由其在金字塔式的行政序列中所处的地位来决定。在这个行政序列中，权力中心位于金字塔的顶端，由它来制定多项政策，然后通过纵向隶属的行政系统，自上而下地传达给各级地方政府去执行。但是在权力中心制定的政策中一般只是对政策的基本目标和基本

精神作出原则性规定，而没有规定实现目标的具体手段，或者规定了实现目标的基本手段，但常常是强调应该做什么的有关事项，而忽略了不应该做的事项，这便使得制度与政策安排“应该如何”和“不应该如何”之间出现了若干“真空”地带，拥有一定自主权的利益主体有可能寻找各种机会摆脱权力中心的行政控制，“上有政策，下有对策”便成为一种真实体现。如吉林省林业厅制定的“加强森林资源保护”和“退耕还林”的政策中，只规定了一些基本原则和基本要求，对具体应怎样实施与操作并未提出明确的意见，而是把权力完全下放给地方政府，从而给乡政府留下变通的机会。

宝山乡根据上级政府的指示，下发了“三清”工作和“退耕还林”的实施方案。但是，由于受计划体制的束缚，政府财政所提供的环保人员编制和经费非常有限，宝山乡的环保部门只是一个有名无实的机构，环保人员基本上都由乡政府其他机制的人兼职，而实际中的环保工作期限长、任务重，使得这些工作人员很难切实执行政策。更有甚者，一些政府官员把环境管理变为谋取利益的手段，改变了其保护环境的性质，这是最典型的“政策失灵”。如 90 年代初期，“三清”工作中对木材加工和个人加工网点清理整顿，有些村民表示，给当官的一些好处，有证无证都可以生产；对于一些乡镇企业来说，过年过节的时候，给地方政府官员送些财物，或象征性地缴纳一些罚款，就可以相安无事地生产了。在当今社会，一些官员为了私人利益，放松甚至放弃有关环境政策，只要自己的利益得到满足就行，就连最具有强制性的法律也不遵守，有法不依，执法不严，以言代法，以权代法。

(2)“放权让利”中地方主义与机会主义的泛滥。

从另外的角度看，20 世纪 70 年代末以来的体制改革过程可以概括为“放权让利”。现在回过头来看，这种放权让利的过程中不仅削弱了政府的宏观调控能力，而且在其他因素的作用下，也导致了地方主义和机会主义的泛滥，妨碍了提供公共物品的环境保护。

经济学把对人们有用但同时又稀缺的东西称为“物品”。在研究物品的供给时，经济学家通常将物品区分为私人物品和公共物品两类。斯蒂格利茨

界定的两种物品：私人物品是指生产产品的成本及其销售收益全部都归卖者，而得到这种产品的收益及购买它的成本全部都属于买者。公共物品是指那些在生产或交易过程中存在外部性的物品，在增加一个人对它分享时，并不导致成本的增长，而排除任何个人对它的分享却要花费巨大成本。从这个定义上，我们可以看出，环境是一种公共物品。

改革开放前，政府垄断着几乎所有的社会资源，并通过一些具体的次级制度，如身份制、单位制和行政级别制等，加以分配和管理。这样，尽管社会内部存在着历史发展的不平衡，各地区之间的差异比较大，而且社会的横向有机联系并不紧密，但是这个社会还是以自上而下的行政力量为纽带，机械地整合在一起，表现出所谓“总体性社会”的各种特征。

改革开放后，为了刺激社会成员的积极性，政府采取了一系列以“放权让利”为特征的改革措施，给地方更多的权力和更大的好处。各级地方政府作为权力中心的代理机构，有着自身独立的目标，如地方财政收入最大化，扩大地方政府对资源的配置权力，保护在原有体制下的既得利益，争取当地人民的支持等。因此，在执行中央政策时，地方政府会尽量向本地的地方利益倾斜，以地方主义和机会主义的态度来实施中央政策，打政策的“擦边球”。所谓“打擦边球”是指能够从政策的某些条件中找到微弱的依据而实质上实行与原有政策目标在很大程度上相脱离的行动方案，或是在进入政策边界时，根据各种人情关系挤入国家政策的范围内，以便获得一定数量的国家建设投资。因此，地方政府常常在“用活、用足中央政策”的名义下，根据本地区本部门的利益来理解中央政策，利用上级的授权来追求与权力中心不一致的目标。例如，在“退耕还林”政策的规定中，对于松树、杨树等生态林国家政策给予一定的补助，而对于果树等经济林国家给予的补贴较少。宝山乡在植树造林并未达到林业部门的标准要求时，地方政府凭借与上级主管部门的关系将经济林也划入生态林，既完成了上级的任务又可以获得较高的国家补贴。

由此可见，由于信息的不完全性导致上级政府不可能制定出高度完备的政策，从而导致了地方政府在执行政策之前必须首先对政策进行再界定，在政策与利益的选择上，地方政府有可能偏离权力中心的目标而谋求自身利益。

2. 正式规则与非正式规则的摩擦

诺斯认为，制定既包括国家规定的正式规则，也包括社会认可的非正式规则。从历史发展来看，在正式约束设立之前，人们之间的关系主要靠非正式约束来维护，即使在现代社会，正式约束也只占整个行为约束中很少的一部分，人们生活的大部分空间仍然由非正式规则来约束。政策制定出来之后，由于环境的复杂性和地方政府的能动性，政策实施受到一系列非正式规范的影响。正式规则与非正式规则之间存在着复杂的相互作用，二者之间存在着摩擦。

从我们的调查情况看，在农村社区人际关系网络的"差序格局"和在长期交往过程中形成的比较固定的交往人群等因素常常会改变正式规则，导致政策在实施过程中发生与原定目标的偏离。

权力中心制定政策以后，通常委托各级地方政府来执行，因此出现了多层委托—代理关系。事实上，无论是"三清"工作还是"退耕还林"政策，最后都是由乡政府和各村委会负责实施的。乡镇政府和村委会在上级政府文件精神指导下制定了一系列具体的操作性规则，例如，在"三清"工作中，由乡镇的木材经营和加工部门提供林业部门批准的证件，由乡政府审批；"退耕还林"的过程中，由村民自愿报名栽种树木，乡政府按计划给予补助，等等。但是，在这些正式规则的后面，还存在着很多人为操作的东西，如一些非法木材经营证件的"黑箱"操作，对退耕还林人员的政策补贴不到位等，这实际上涉及政策执行中非正式规则的问题。

非正式规则是影响政策或制度运行的重要因素，政策变通在很大程度上是非正式规则嵌入的结果。事实上，在执行政策的过程中，正式规则只是决定政府官员行为选择的约束条件中的一小部分，尽管这是很重要的一部分，而实际发挥作用的是社会中存在的各种非正式规则。各级地方政府在执行上级政策的过程中，在不违背上级的"指示精神"和基本原则的情况下，或多或少都会对上级政策进行变通处理，"因地制宜"地制定自己的"土政策"。地方政府通过对"土政策"的灵活运用，在其中谋取地方利益或个人利益。例如，在木材经营加工人员的上报工作中，由于多种原因，存在故意漏报的现象，而乡政府、村委会在处理这些漏报人员问题上，就存在着"黑箱"操作。

“社会是由‘有字的规则’（正式制度）和‘无字的规则’（如风俗习惯等）共同构成的。”非正式规则是一种“无字的规则”，它能够解释农村社会生活中的许多现象，而政策制度的制定者往往只看到了“有字的规则”，却不了解乡土社会真正通行的规则是什么。事实上，“人情”、“面子”、“关系网”在其中发挥着一定作用。如在“退耕还林”的政策执行中，村民都不愿意去做，主要原因是补贴太少，乡政府要做村干部的工作，村干部又要做一些村民的工作，工作很难顺利进行，往往靠一些人际关系来推广。但是在 2003 年，国家政策规定每亩苗款补助 75 元，补 8 年，这使得一些个体户、家属都愿意去种树。但是“退耕还林”还有一定计划，也有一些额度限制，如果村民平时与村干部私人关系融洽，就可以沾村干部很多光，享受到政策优惠，当然这是个别现象。北锅盔村是一个果树专业村，从 2007 年开始，林业部门也给予一定的补贴，村民便开始与村干部拉关系，开山占耕地种果树，村里从经济利益以及个人利益等角度考虑，也就睁一只眼闭一只眼。

可见，在乡村社会，正式规则与非正式规则紧紧交织在一起，二者相互渗透，相互联系。更多的时候，是正式规则必须借助于非正式规则才能执行下去，后者在地方政府的行为选择中，同样扮演着非常重要的角色。

3. 地方政府在监管机制上的选择

地方政府在执行某项政策的过程中，必然受到上级政府、其他有关部门和群众的监督和控制。但是，上级政府更多的是采取一种仪式性的检查、抽查与视察方式，不可能对地方政府的执行行为进行全过程监督，而群众则主要是根据自身感受到的政策实施的公平与否来决定是否采取行动。

在我国现行的行政体制下，监督机制存在着一系列问题，比如上级的控制范围过宽、控制成本过高、缺乏公共信息渠道等；再加上组织内部的多种规则是建立在不完善的科层规则与科层仪式上，于是控制部门不是通过严格的考核监督程序，而是利用各种仪式性活动，如周期性的“大检查”、各种报告、评比等来监督地方政府的行为。这种仪式性活动是否真正有效却很少考虑。地方政府在“服从主义”意识的支配下，采取多种形式来迎接这些活

动，以使上级满意。在地方“本位主义”意识的支配下，又采取各种有效的手段将地方的“秘密”隐藏在幕后。如在“退耕还林”的检查工作中，市领导一到乡里检查，乡里就把市领导领到当地较有名的北锅盔村。因为它是当地一个小有名气的果树村，乡领导介绍这种经济林的栽种既为乡的经济发展作出了贡献，同时又保护了生态环境。检查的官员会给予乡领导表扬，但无法全面了解其他村子的情况，也很难发现真的问题，环境恶化问题已经在无形中被淡化。

第三节 政府行为的转变与制度创新

我们的社会正在经历前所未有的转型时期，它在摧毁许多东西的同时，也为我们的重建提供了机会和条件，这是一个既非常痛苦又充满希望的过程。在日益关注“三农”问题的今天，农村的环境问题已日益严重，并成为妨碍农村社会经济发展的一个症结，这绝非杞人忧天。

正如前文分析的那样，地方政府在执行上级环境政策、制定和实施当地环境政策的过程中，其“主导型”的地位毋庸置疑，那么转变政府的行政机制、进行制度创新、充分发挥地方政策的职能作用，应是解决农村环境问题的一个出路。

一 制度创新的理论依据——对公共选择理论的借鉴与思考

对于公共物品的提供与保障是政府的主要责任。政策作为制度的表现形式，是政府运作的中心问题，政策被视为政府活动的结果，因而政策的制定和实施便成为政府运作过程的核心。在对公共政策的研究中，文森特·奥斯特罗姆（Vincent Ostrom）的公共选择理论对于制度创新有着很好的借鉴意义。

奥斯特罗姆在其《公共事物的治理之道》中对于政策的研究，关注的是最基本的社会和政治价值观，了解这些价值观与公共机构的组织之间的某种关系，并努力将民主规范标准扩展到公共组织的运作之中。

在公共选择理论中，奥斯特罗姆把个人——指具有代表性的个人决策者——作为分析单位。与西蒙等人以效率为特征的“经济人”相比，个人决

策者被认为是一个以“自我为中心”的、理性的人，追求的是最大限度地发挥自己的能力。奥斯特罗姆的“自我为中心”是指每个人都有明显不同于他人的偏好，“理性”是指个人具有用可传递的方式将不同的选择归类的能力，“最大限度地发挥”是指个人在面临所有选择时采取的争取最大整体效益的策略。

公共选择理论的第二个特征体现在“将公共物品视为一种与公共机构的产出相关的事件”。在有些情况下，个人可能会建立某些组织，通过集体形式获取个人利益。“公共机构不是仅仅被当做依照某个上级的指令来生产这些服务的官僚机构，而是当做为了提供适合于不同社会环境下个人偏好的公共产品和服务而分配决策权力的一个手段。”

公共选择研究的第三个特征是它认为不同的决策体制（决策安排）会对寻求最高效益策略的个人产生不同的影响。对公共组织学者来说，关键的问题是个人想从一个单一和整合的官僚体制中，还是想从多重的组织安排中获得更多的利益。奥斯特罗姆遵循公共选择的逻辑得出的结论是后者。

公共选择理论学派认定：当代西方国家所面临的经济社会问题的根源不在于市场制度的缺陷，而在于政治制度的缺陷。政府必须全部或部分地对特定部门停止干预，而在另一些部门加强影响。政府职能的转变不是意味着削弱政府的职能，限制政府的行为范围，而是要转变政府行为，对政府干预的关注应集中在形式和效率而非干预的范围和程度上。

从奥斯特罗姆的公共选择理论中我们不难看出，地方政府在提供环境这类公共物品时，存在许多难以克服的问题，特别作为一个理性的、以自我为中心的组织，在多种环境问题中他们选择了个人利益和地方利益。无限扩张政府的职能与权力，不仅会与改革的方向相悖，甚至会加剧政府的腐败。

在社会转型时期，各种制度失灵的现象已是司空见惯，如果仍沿袭“经济靠市场，环保靠政府”的观点，环境效果可想而知。因此，转变政府行为机制，进行制度创新是我们谋求环境保护的最佳选择。

公共物品千差万别，纯粹的必须由政府提供的公共物品（如国防），毕竟是有限的。很多公共物品包括环境保护，并非纯公共物品，所以并不一定

要由政府完全提供，而是可以由政府之外的其他机构和团体提供。正如奥斯特罗姆指出的那样，政府作为一个公共机构，完全可以通过发展非政府的社会经济领域，并规范管理其活动，而达到提供公共物品的目的，而每个公民也会摆脱“单一和整合的官僚体制”，从多重的组织安排中获得更多的利益。这里，在形式上政府是可以超脱于一般公共物品之供给的，并且会使公共物品的供给更有效率。问题的关键是进行组织制度创新。

二　实践依据：环境保护依靠谁

在原有计划经济体制下，政府主导型环境保护有其相当的合理性。一方面，政府垄断所有社会资源，包揽所有社会经济管理事务；另一方面，也只有通过政府主导，设立环保行政部门，进行统筹规划，环境保护才有可能。此外，普通公众环境意识水平低下，所以环境保护的努力也只能来自体制内，特别是政府内部。

伴随着市场经济体制的加速建立，环境保护工作面临新的形势，“经济靠市场，环保靠政府”成为一种共识，国家环保总局环境与经济政策研究中心夏光先生认为“强调环境保护工作应立足于严格执法，通过严厉和震慑性的措施树立起环境保护工作的权威”，特别强调政府的环境管理作用，含有政府包办环境保护工作的指导思想。

然而，政府承担环境保护功能时，也有“失灵”的时候，这种“政府失灵”主要表现在以下几方面：①政府理性有限，使政府行为最多只能逐步逼近最佳环境管理效果；②政府中立有限，即政府在环境权益配额中加进了自身利益的考虑，改变了“中立的第三方”的身份；③政府实力有限，使政府面对大量的、纷至沓来的环境权益冲突事件时，心有余而力不足；④政府灵活度有限，使环境管理政策在很大程度上比合理水平要多牺牲一些经济效率。更为重要的是，随着改革开放的日趋深入和市场经济体制的逐步建立，政府主导型的环境保护面临更多的困境。对于既负有促进经济发展又负有加强环境保护双重任务的政府而言，实在有些力不从心。在今天，若要以“小政府大社会”为改革的基本导向，同时还要考虑提高环保质量，就必须探索环境保护的新途径。

第四节 寻找农村生态环境的出路

我国的环境保护工作，从一开始就把重点放在大城市、大工业和大工程中，制定的许多技术政策、法规和标准，主要是针对城市国有大中型企业的，与农村环境保护相关的环境政策和法规体系还不健全。另外，在广大农村，人们对于环境问题和有关环保政策法规缺乏了解，环境意识较差，这样不仅导致自我约束的不足，甚至使得许多个人和团体难以接受外在的不健全的自为控制，这些都会导致环境效果的降低。因而，在寻找农村生态环境的出路上，本章认为应从以下几个途径进行。

一 完善环境政策法规，建立健全监控机制

政府和立法机构面对环境问题应采取措施直接干预，或立法机构通过某些禁止或管制污染活动的法律抑制环境的恶化。实际上，政府与立法机构通常是结合在一起的。政府干预需要谋求法律方面的支持，而法律也需要通过一些具体的行政和司法机构去执行。这类制度创新被“经济合作与发展组织”定义为“直接管制”，即旨在通过管理生产过程或产品使用，限制特定污染物的排放，或在特定的时间和区域限制某些活动等直接影响污染者的环境行为方面的制度措施。直接管制对于保护农村环境无疑是必要的。

当然，我国的环境政策当中也是包含许多直接管制的内容。我们需要强调的是，政府在进行直接管制的过程中，应当通过成本收益分析去确定最优污染标准，从而确定管制标准，还要尽可能去获得有关的环境污染知识和技术信息，使政策制定尽可能地科学准确。此外，要加大环境问题的监控能力，在人力、财力、技术能力上加大力度，使那些钻政策空子和逃避惩罚的污染者负应有的责任，同时，对地方政府的个别腐败行为严惩不贷。

二 发挥非政府组织的环保作用

发达国家直接或间接参与提供环境公共物品是其环境保护成功的重要经验之一。非政府组织主要从事社会公益性活动，它是非强制、非等级和非利

润取向的网络型组织。由于它自身的一些独特性质，它能弥补市场和政府的一些缺陷，并在发展领域扮演越来越重要的角色，成为一种可供选择的组织创新。在片面追求经济发展的时代，必须在政府与市场之外，推动第三种类型的组织的发展，必须致力于在现代化进程中恢复与重建有利于环境保护的地方社会。一方面要对现有一些官方或半官方的环保社会团体进行改造，使其有效地提供公共物品；另一方面，应大力鼓励和积极引导真正具有民间性和自主性的环保社团的发展，使之成为有效地促进环境保护的组织。

三　提高地方政府和村民的环境意识

共同的价值信仰不仅有利于增进社会信用，而且可以使制度创新获得完全的合法性。但是，一旦缺乏明确一致的价值信仰，就会使各种制度得不到切实执行。农村文化教育水平相对低下，传统愚昧思想浓厚，在对环境保护的意识上明显低于城市居民。许多村民认为环境与自己没有任何关系，对森林乱砍滥伐，对野生动物滥捕滥杀。因而，地方政府一方面要提高自己的环境意识；另一方面应采取各种形式对村民进行环境保护的宣传，通过电影、电视、广播、书刊等宣传环境保护的重要意义，普及科学知识，建立生态农业区，推动环境保护工作的展开。

以上我们是从农村环境问题的建构主体——地方政府的行为入手，把制度分析引入了环境过程研究，从另一个视角研究环境社会学。在制度分析中，采用“制度过程分析”策略，探讨政策实施中地方政府行为的选择性机制问题，并关注了正式规则与非正式规则对农村环境的影响，强调了后者对前者的渗透。我们通过对宝山乡北锅盔村的生态环境的调查与分析，指出农村环境的一些共性问题。那么我们在寻求农村环境出路时，必须要进行制度创新，一方面要严格立法执法，另一方面应对社会的转型中政府出现的新问题给予关注。仅仅依靠政府主导，不会取得满意的环境效果，应在政府与市场之外，充分发挥非政府组织的环保作用，寻求另外的出路。同时提高地方政府和村民的环境意识，最终实现农村生态环境的良性循环。

第十二章　北锅盔村户访问卷分析

在前文中我们从定性的角度对北锅盔村的历史演变、村落特征、经济、社会和组织结构等方面作了初步的分析，从定性的角度以文字形式，形象生动地为我们展示出了北锅盔村社会变迁的独特力量和路径。本章，我们将从定量的角度，根据对北锅盔村的家庭结构、就业、收支情况以及行为观念等七个方面问卷调查的结果，进一步以数字的形式，客观描述北锅盔村的社会

课题组行进在调查的路上

结构。通过定量与定性相结合的研究路径，获得对北锅盔村社会特征更全面深入的认识。

本次调查共发放问卷 191 份（该村共 191 个家庭），其中回收有效问卷 187 份。

第一节　人口与家庭

这一部分通过问卷调查收集有关北锅盔村的人口和家庭结构等方面的基本信息，具体包含被调查者家庭人口、从业人数、性别、年龄、受教育程度和家庭类型六个变量，从而对北锅盔村的基本人口结构有一个整体的认识。

1. 家庭人口

在这 187 份问卷中，有 180 人对家庭人口数进行了回答。从表 12－1 的统计结果上来看，4 人户在北锅盔村最为普遍，占有效问卷 39.6%；3 人户次之，占有效问卷 28.5%，然后是 5 人户，占有效问卷 17.6%。1 人户和 2 人户及 6 人户和 7 人户总共只占全部有效问卷的 10.6%（有 3.7% 的被调查者没有回答这一问题）。因为本次调查是全数调查，因此这个结果完全可以说明该村的家庭人口规模以中、小型为主。

表 12－1　家庭人口

单位：人，%

类　别		频　次	百分比	有效百分比	累计百分比
有效值	1	1	0.5	0.6	0.6
	2	8	4.3	4.4	5.0
	3	53	28.5	29.4	34.4
	4	74	39.6	41.1	75.5
	5	33	17.6	18.3	93.8
	6	7	3.7	3.9	97.7
	7	4	2.1	2.3	100.0
	合　计	180	96.3	100.0	
系统缺失值		7	3.7		
总　数		187	100.0		

2. 家庭从业人口

从家庭从业人口数量来看，每个家庭有 1～5 人从事劳动，其中以 2 人从业为最多，占 50.8%（见表 12－2）。

表 12－2　家庭从业人口

单位：人，%

类别		频次	百分比	有效百分比	累计百分比
有效值	1	26	13.9	14.2	14.2
	2	95	50.8	51.9	66.1
	3	39	20.9	21.3	87.4
	4	22	11.8	12.0	99.5
	5	1	0.5	0.6	100.0
	合计	183	97.9	100.0	
系统缺失值		4	2.1		
总数		187	100.0		

3. 性别

在回答问卷的 187 人中，男性 143 人，占 76.5%；女性 38 人，占 20.3%；有 6 人没有填写性别。一般来讲，问卷往往由家庭中的男性来填写，这种现象可以说明一方面可能受“男主外，女主内”的传统社会文化的影响，男性在家庭中更多扮演“当家人”的角色，负责与外人打交道、沟通。另一方面似乎他们在代表家庭“外交”上更有发言权。

4. 被调查者年龄

被调查者年龄最小的为 15 岁，最大的是 75 岁，平均年龄 39 岁。除少数回答者的年龄是 20 岁以下或 60 岁以上外，大多数被访者的年龄介于 20～60 岁之间。这也许和访问员的主观选择有关系，我们的问卷只能反映填表者的自然情况，也涉及一些家庭情况。但是，家庭成员的年龄、文化程度、政治面貌的情况则没有反映。因此，我们的分析也只能是针对每个家庭的“代表”而言。

5. 被调查者的受教育情况

除 1 人受教育情况不清楚外，被调查者的教育程度绝大多数是小学和初中。其中，小学文化占所有有效数据中的 45.6%，初中文化占 46.7%，只有 1 人受过高等教育，7 人念过高中，被调查者中有 6 人为文盲（见表 12－3）。

表 12－3　性别—受教育程度分布

单位：人

类别		文化程度					总数
		不识字	小学	初中	高中	大学及以上	
性别	男	6	60	68	7	1	142
	女	0	22	16	0	0	38
总数		6	82	84	7	1	180

在被调查者中，在男性中受过初中及以上教育的人口，占男性被调查人口的 53.5%；而在女性被调查者中，没有人受到过高中或高等教育（当然，我们的调查没有涉及填表人以外的家庭人口的教育情况，不能反映北锅盔村实际的男女受教育差别）。女性受初中教育的人口，占本性别被调查人口的 42.1%。这只能反映出被调查者的初始教育在性别中的差异性。

6. 家庭结构类型

调查结果表明，北锅盔村的家庭结构以核心家庭为主，其中夫妇与子女同住的两代户比重占 50.9%（见表 12－4）。三代的家庭也比较多见，比重占 24.9%。这与改革开放以来我国农村家庭结构的变化趋势是一致的，即家庭规模小型化，家庭结构核心化。产生这一变化的主要原因与家庭中年轻人经济能力的变化、人们观念的更新、计划生育政策等有关。

表 12－4　家庭结构类型的统计分析

单位：%

类别		频次	百分比	有效百分比	累计百分比
有效值	1 人户（未婚/丧偶/离婚/无子女）	1	0.5	0.6	0.6
	夫妇 2 人户（无子女）	8	4.3	4.6	5.2
	夫妇 2 人户（与子女分居）	3	1.6	1.7	6.9
	两代户（夫妇与未婚子女）	88	47.1	50.9	57.8
	两代户（夫妇与已婚子女）	16	8.6	9.2	67.1
	三代户	43	23.0	24.9	91.9
	联合家庭（两对或两对以上同辈夫妇及其长辈与子女）	14	7.5	8.1	100.0
	合计	173	92.5	100.0	
系统缺失值		14	7.5		
总数		187	100.0		

第二节 劳动就业及收入

我们的问卷在本部分主要是了解北锅盔村村民的就业和收入状况，因此我们设计的变量主要有：被调查者的就业地点、从事的主业、去年全年从事主业的时间、上年主业的收入、第一兼业、兼业从业时间、上年兼业收入、上年外出打工收入等内容。

1. 就业地点

关于就业地点的有效数据有 179 个，其中 95.5% 的人在本村就业，填问卷人中无人在外省就业，只有 8 人在村外就业。

2. 从事的主业

统计结果表明，有 140 人种植经济作物，占被访人数的 77.3%（见表 12－5）。该村是典型的果树专业村，种植果树是大部分人的主业不足为奇。另外有 18.2% 的人种粮，两项共占被访人口的 95.5%。可见，在该村人们的主业仍然是广义的农业，社会经济结构比较单一，而且村民在保持北锅盔村果品经营专业化的同时，还存在着经营的兼业化倾向。

表 12－5 对从事的主业的统计分析

单位：人，%

类别		频次	百分比	有效百分比	累计百分比
有效值	种粮	33	17.6	18.2	18.2
	种植经济作物	140	74.9	77.3	95.15
	林业	1	0.5	0.6	96.1
	工业	1	0.5	0.6	96.7
	商业	2	1.1	1.1	97.8
	服务业	2	1.1	1.1	98.9
	科技卫生	2	1.1	1.1	100.0
	总数	181	96.8	100.0	
系统缺失值		6	3.2		
总数		187	100.0		

3. 主业从业时间与收入

从村民从事主业的时间来看，从事主业的时间从 2 到 12 个月不等，平

均7个半月左右。从村民从事主业的收入来看，收入最少的数百元，最多的50000元，均值是6322元，标准差为7606元。这一结果可能受到几个极端值的影响。但是，随着果品经济的发展，村民之间的收入差距日渐增大却是一个客观存在的现象。

4. 兼业从业时间及收入

在调查中有25人没有回答关于“第一兼业”的问题。有30人没回答上年兼业从业月数，有31人没有回答上年兼业收入。从有效数据来看，有69.8%的人从事种粮，22.2%的人兼业种植经济作物；只有4人从事建筑业，2人从事科技卫生，2人赋闲，从事商业、服务业和教育文化各1人。这表明，绝大部分的人在种粮或种果树，只不过两者的比例不同，使其中的一种成为主业而另一种成为兼业。

5. 外出务工

统计结果表明，46人有外出务工收入，最高值达到50000元。但是，对务工收入与文化程度的分析发现收入似乎与受教育程度没有太大关系。例如，收入50000元的人只有小学文化程度。这说明，村民外出打工收入的高低与受教育程度之间相关性不大。因为，村民外出打工所从事的职业基本上都是高劳动强度的和时间密集型的。

第三节　家庭经营状况

关于家庭经营状况的调查，主要是以家庭为单位进行的，问卷中所包含的变量主要围绕着家庭被调查者经营状况、所属行业和经营业绩等方面。

1. 企业经营

问卷结果显示，该村只有1户从事工业经营，其固定资产现值20000元，全年平均流动资金30000元，全年经营总收入20000元。另有1户从事建筑业经营，其固定资产现值5000元，全年经营总收入6500元，全年生产纯收入5000元。村中无运输业、商业和饮食业。有2户从事服务业，其中1户固定现值10000元，年收入5000元。有1户从事其他经营，年纯收入2400元。

2. 农业经营

多数户从事农业经营。具体情况见表12－6，我们认为，表12－6的填写与农民对问卷中“家庭企业经营状况”和对自身情况的理解有很大关系，很多人没有填写，即使是关于“农业”的项目。问卷标注的“个体、私营企业主填此表”可能对此造成了影响或解释不清。问卷的本意可能更注重企业性经营行为，初步判断，填写此项的多为一般农户。

表12－6　对从事农业经营状况的统计

单位：人次，元

类　别	人　次	最小值	最大值	均值	标准差
农业固定资产现值	87	200.00	100000.00	24456.3218	22673.80263
农业全年生产经营成本	46	1000.00	15000.00	3863.0435	2793.19480
农业全年生产纯收入	74	1000.00	70000.00	8667.5676	9951.99585
农业全年生产经营总收入	52	300.00	33000.00	9121.1538	7480.28354
农业全年平均流动资金	33	1500.00	8000.00	3966.6667	1476.62340
农业现在借贷款余额	6	0.00	6000.00	2833.3333	2136.97606
农业其中当年新增固定资产	21	200.00	10000.00	3116.6667	3030.93770
有效值	2	—	—	—	—

在187份有效问卷中，有169户回答了粮食作物经营总产量这一问题，这169户的总产量是762445公斤，产品出售总量是537520公斤，商品率70.5%（见表12－7）。

表12－7　对粮食产量的描述统计

单位：户，公斤

类　别	频　次	最小值	最大值	均值	标准差
粮食作物总产量	169	500.00	47000.00	4511.5089	5299.34977
粮食作物产品出售数量	123	0.00	47000.00	4370.0813	5909.92171

有100多人回答了关于种植经济作物的问题，其中经济作物的总产量为743050公斤，经济作物产品出售的总量为604100公斤，经济作物的商品率为81.3%。

表 12-8　对经济作物产量的描述统计

单位：人，公斤

类　别	频　次	最小值	最大值	均值	标准差
经济作物经营数量(垧)	141	0.07	5.00	0.6099	0.78233
经济作物总产量	131	0.00	50000.00	5672.1374	7393.94805
经济作物产品出售数量	105	0.00	50000.00	5753.3333	8060.41272

3. 畜牧业经营

（3）问卷显示，仅有 19 户饲养了大牲畜（马、牛、骡、驴），每户有 2~4头不等，其中只有 2 户家庭共计出售了 3 头牲畜。可见该村的畜牧业主要是为了满足生活和生产需要，商品率很低，更谈不上有什么规模。小牲畜（猪、羊、狗）也仅有 15 户饲养，数目一般 1~3 头，只有 1 户有 20 头，但并没有出售，仅有 2 户各出售 1 头。除一户饲养了 500 只家禽外，其他饲养家禽的有 81 户，饲养的规模一般从几只到几十只不等。其中，只有 17 户出售过他们饲养的家禽，数目也很少。村中没有人从事渔业生产。

第四节　家庭收入

由于问卷中有关收入的项目都是针对家庭而言的，如在问及“您去年主业收入”这一问题时，我们考虑答题者的回答恐怕会是其家庭全年的主业收入。因为，在农村很少有家庭分开计算，丈夫种地挣了多少钱，妻子种地挣了多少钱。而该村恰是以家庭经营为特征的，这使我们的分析不能以从业者为单位进行，而以家庭进行。

1. 各种收入之间的相关分析

由于我们在调查中发现，该村主要种植经济作物果树，其次是种粮，工业、建筑业、商业服务业等不发达，我们估计家庭经营总收入应该和粮食作物出售数量、经济作物出售数量相关。对统计结果的分析证实了这种想法。经济作物出售数量与家庭经营收入的相关系数是 0.686，在 0.01 显著水平下统计结果是显著的。也就是说，用经济作物出售数量去估计家庭经营总收入可以减少47.1%的误差，在家庭经营总收入变量的变异量中，可被经济作物出售量解释的变异量百分比为47.1%。粮食作物出售数量与家庭经营总收入的相关系数是0.504，用粮食作物出售数量去估计家庭经营总收入可以减少25.4%的误差，在家庭经营总收入变量的变异量中，可被粮食作物出售量解释的变异量百分比为25.4%。这与经济作物和粮食作物在该村的地位是相符的。当年全家总收入与家庭经营收入高度相关，相关系数0.768。控制了劳务工资收入变量以后，二者的相关系数达到了0.8633，控制了其他非生产性经营收入后，二者的相关系数达到0.9452。

表12-9　各种收入之间的相关分析

单位：公斤，万元

类　别	项　目	经济作物产品出售数量	粮食作物产品出售数量	家庭经营总收入
经济作物产品出售数量	皮尔森相关	1	0.133	0.686**
	显著水平(双尾)	—	0.197	0.000
	数　值	105	95	59
粮食作物产品出售数量	皮尔森相关	0.133	1	0.504**
	显著水平(双尾)	0.197	—	0.000
	数　值	95	123	63
家庭经营总收入	皮尔森相关	0.686**	0.504**	1
	显著水平(双尾)	0.000	0.000	—
	数　值	59	63	89

** 相关分析的显著水平是0.01（双尾）。

2. 收入的描述性分析

调查中，我们主要从集体经营收入和家庭经营收入两个方面考察北锅盔村村民收入状况。为方便数据分析，课题组将村民收入统一赋予以下14个取值：600元以下为“1”；600~1000元为“2”；1001~2000元为“3”；2001~3000元为“4”；3001~5000元为“5”；5001~8000元为“6”；8001~10000元为“7”；10001~12500元是为“8”；12501~15000元为“9”；15001~20000元为“10”；20001~25000元为“11”；25001~30000元为“12”；30001~40000元为“13”；40001~50000元为“14”。

调查结果表明有18户从村集体经营得到了收入，数额从100元到2000

元不等，均值是590.2元，标准差是418.6元。有9户从经济联合体中得到了收入，数额从200元到8000元不等，均值是1622.7元，标准差是2447.7元。标准差是均值的1.51倍。充分说明了在从经济联合体得到收入上其内部差异很大（见表12－10）。

表12－10　全家总收入分组分布

类　别		频　次	百分比(%)	有效百分比(%)	累计百分比(%)
有效值	3.00(1001～2000元)	3	1.6	2.0	2.0
	4.00(2001～3000元)	8	4.3	5.3	7.3
	5.00(3001～5000元)	37	19.8	24.7	32.0
	6.00(5001～8000元)	36	19.3	24.0	56.0
	7.00(8001～10000元)	28	15.0	18.7	74.7
	8.00(10001～12500元)	6	3.2	4.0	78.7
	9.00(12501～15000元)	11	5.9	7.3	86.0
	10.00(15001～20000元)	8	4.3	5.3	91.3
	11.00(20001～25000元)	4	2.1	2.7	94.0
	12.00(25001～30000元)	5	2.7	3.3	97.3
	13.00(30001～40000元)	3	1.6	2.0	99.3
	14.00(40001～50000元)	1	0.4	0.7	100.0
	合　计	150	80.2	100.0	
系统缺失值		37	19.8		
总　数		187	100.0		

说明：村民未选择的取值，表中没有列出。

在调查统计中我们发现，在家庭经营总收入的构成中，以农业收入和林业、商业服务业收入为主，其他牧业、渔业、工业、运输业、建筑业收入在该村收入中占很小的比例。当年全家总收入分组分布见表12－11。

这项统计是以家庭为单位对问卷进行统计分析的，问卷提供了150个家庭的总收入信息。其中，大部分家庭收入在3001～10000元之间。具体来说，有19.8%的村民家庭总收入在3001～5000元之间，有19.3%的村民家庭总收入在5001～8000元之间，有15.0%的村民家庭总收入在8001～10000元之间。从总体来看，家庭收入最少的是1001元，最多的是50000元，这种收入的个体差距还是很大的。

表 12－11　家庭经营总收入的构成项目中各项情况

单位：户，元

项　目	频　次	最小值	最大值	均　值	标准差
农业收入	134	280.00	33000.00	4903.7313	4573.29033
林业收入	7	0.00	22000.00	10428.5714	7870.98348
牧业收入	2	0.00	3000.00	1500.0000	2121.32034
渔业收入	0	0.00	0.00	0.0000	—
工业收入	2	0.00	350.00	175.0000	247.48737
运输业收入	2	100.00	1000.00	550.0000	636.39610
建筑业收入	8	100.00	3000.00	1637.5000	1191.56260
商业服务业收入	6	500.00	6000.00	3583.3333	2107.52620
其他经营收入	44	100.00	35000.00	5875.0000	6812.23677
有效值	1	—	—	—	—

表 12－12　家庭经营总收入分组分布

类　别		频　次	百分比(%)	有效百分比(%)	累计百分比(%)
有效值	2.00(601～1000 元)	3	1.6	3.4	3.4
	3.00(1001～2000 元)	3	1.6	3.4	6.7
	4.00(2001～3000 元)	3	1.6	3.4	10.1
	5.00(3001～5000 元)	11	5.9	12.4	22.5
	6.00(5001～8000 元)	28	15.0	31.5	53.9
	7.00(8001～10000 元)	19	10.2	21.3	75.3
	8.00(10001～12500 元)	4	2.1	4.5	79.8
	9.00(12501～15000 元)	9	4.8	10.1	89.9
	10.00(15001～20000 元)	5	2.7	5.6	95.5
	11.00(20001～25000 元)	1	0.5	1.1	96.6
	12.00(25000～30000 元)	1	0.5	1.1	97.8
	13.00(30001～40000 元)	2	1.1	2.2	100.0
	合　计	89	47.6	100.0	
系统缺失值		98	52.4		
总　数		187	100.0		

家庭经营收入的来源也是多样的，其中包括农业经营收入、林业经营收入、牧业经营收入、劳务工资收入等，这更加说明了村民经营的兼业化特征是非常普遍的，即便是在北锅盔果树专业村也不例外。下面让我们分别考察

一下这些经营收入。

农业经营收入的分析表明，有134户村民提供了农业经营收入的情况。统计结果是，大部分农户家庭农业收入在1001～5000元之间，具体说来，有18.2%的农户农业经营收入在1001～2000元之间，有14.4%的农户农业经营收入在3001～5000元之间。农业经营收入最少的在600元以下，最多的在30000元左右。

有一户收入3000元，有一户没有收入。

表12－13　家庭农业收入分组分布

类　别		频　次	百分比(%)	有效百分比(%)	累计百分比(%)
有效值	1.00(最低值～600元)	8	4.3	6.0	6.0
	2.00(601～1000元)	11	5.9	8.2	14.2
	3.00(1001～2000元)	34	18.2	25.4	39.6
	4.00(2001～3000元)	14	7.5	10.4	50.0
	5.00(3001～5000元)	27	14.4	20.1	70.1
	6.00(5001～8000元)	15	8.0	11.2	81.3
	7.00(8001～10000元)	15	8.0	11.2	92.5
	8.00(10001～12500元)	3	1.6	2.2	94.8
	9.00(12501～15000元)	3	1.6	2.2	97.0
	10.00(15001～20000元)	3	1.6	2.2	99.3
	11.00(20001～25000元)	1	0.5	0.9	100.0
	总　数	134	71.7	100.0	
缺失值		53	28.3	—	—
总　数	—	187	100.0	—	—

表12－14　家庭牧业收入分组分布

类　别		频　次	百分比(%)	有效百分比(%)	累计百分比(%)
有效值	1.00(最低值～600元)	1	0.5	50.0	50.0
	4.00(2001～3000元)	1	0.6	50.0	100.0
	合　计	2	1.1	100.0	
系统缺失值		185	98.9	—	—
总　数		187	100.0	—	—

表 12-15 家庭林业收入分组分布

类别		频次	百分比(%)	有效百分比(%)	累计百分比(%)
有效值	1.00(最低值~600 元)	1	0.5	14.3	14.3
	6.00(5001~8000 元)	3	1.7	42.8	57.1
	7.00(8001~10000 元)	1	0.5	14.3	71.4
	10.00(15001~20000 元)	1	0.5	14.3	85.7
	11.00(20001~25000 元)	1	0.5	14.3	100.0
	合计	7	3.7	100.0	—
系统缺失值		180	96.3	—	—
总数		187	100.0	—	—

关于林业收入统计结果表明，有 7 户农户有林业收入，180 户报告无该项收入。在这 7 户中，有 3 户收入在 5001~8000 元之间。收入最多的在 20000~25000 元之间，最少的在 600 元以下。

家庭劳务性工资收入分组分布见表 12-16。

表 12-16 家庭劳务工资收入分组分布

类别		频次	百分比(%)	有效百分比(%)	累计百分比(%)
有效值	1.00(最低值~600 元)	7	3.6	30.4	30.4
	2.00(601~1000 元)	5	2.7	21.8	52.2
	3.00(1001~2000 元)	4	2.1	17.4	69.6
	4.00(2001~3000 元)	4	2.1	17.4	87.0
	5.00(3001~5000 元)	2	1.1	8.7	95.7
	7.00(8001~10000 元)	1	0.5	4.3	100.0
	合计	23	12.3	100.0	
系统缺失值		164	87.7		
总数		187	100.0		

从问卷来看，有 23 户被调查户有该项收入，164 户无该项收入。在 23 户农户中，有 30.4% 的农户劳务性工资收入在 600 元以下，21.7% 的农户该项收入在 601~1000 元之间。该项收入最多的是 8001~10000 元之间。

家庭纯收入分组分布见表 12-17。

表 12－17　家庭纯收入分组分布

单位：%

类　　别		频　次	百分比	有效百分比	累计百分比
有效值	1.00（最低值～600 元）	2	1.1	1.4	1.4
	2.00（601～1000 元）	6	3.2	4.1	5.4
	3.00（1001～2000 元）	19	10.2	12.9	18.4
	4.00（2001～3000 元）	17	9.1	11.6	29.9
	5.00（3001～5000 元）	46	24.6	31.3	61.2
	6.00（5001～8000 元）	33	17.6	22.4	83.7
	7.00（8001～10000 元）	10	5.3	6.8	90.5
	8.00（10001～12500 元）	3	1.6	2.0	92.5
	9.00（12501～15000 元）	1	0.5	0.7	93.2
	10.00（15001～20000 元）	8	4.3	5.4	98.6
	12.00（25001～30000 元）	2	1.1	1.4	100.0
	总　数	147	78.6	100.0	
系统缺失值		40	21.4		
总　　数		187	100.0		

统计结果表明问卷显示，147 户提供了该项信息。从表 12－19 中可以看出，纯收入相对集中于 1001～2000 元、2001～3000 元、3001～5000 元、5001～8000 元这四个收入组，所占比重达到 78.2%。纯收入低于 1000 元的仅占 5.5%，而高于 8000 元的也占到 16.3%。这说明，刚刚富裕起来的北锅盔村，收入差距已经显露出来了。

第五节　家庭支出

支出是农户社会经济行为的一个重要方面。这里所说的支出，既包括生产性支出，也包括消费性支出。生产性支出包括生产经营支出和购置生产性固定资产的支出，以及缴纳税款、集体提留和其他社会负担。消费支出包括食品支出、衣着支出、耐用消费品，以及建房、交通、医疗、教育、娱乐、人情往来等支出项目。

关于生产支出情况，126 户农户提供了该信息。在这 126 户中，有 90.5% 的农户生产经营支出在 601～5000 元之间（见表 12－20）。具体来说，有 15.9% 的农户生产经营支出在 601～1000 元之间，37.3% 的农户生产经营

支出在1001～2000元之间，20.6%的农户生产经营支出在2001～3000元之间，16.7%的农户生产经营支出在3001～5000元之间。而生产经营支出高出5000元的仅占6.7%，低于600元的也仅占3.2%。

表12－18 生产经营支出分组分布

类别		频次	百分比(%)	有效百分比(%)	累计百分比(%)
有效值	1.00(最低值～600元)	4	2.1	3.2	3.2
	2.00(601～1000元)	20	10.7	15.9	19.0
	3.00(1001～2000元)	47	25.1	37.3	56.3
	4.00(2001～3000元)	26	13.7	20.6	77.0
	5.00(3001～5000元)	21	11.2	16.6	93.7
	6.00(5001～8000元)	3	1.6	2.4	96.0
	7.00(8001～10000元)	4	2.1	3.2	99.2
	(30001～40000元)	1	0.5	0.8	100.0
	总数	126	67.4	100.0	
系统缺失值		61	32.6		
总数		187	100.0		

缴纳税款：133户农户提供了该项信息，其中最少的是50元，最多的是12000元，均值619.4元，标准差为1141.9元（见表12－19）。

表12－19 缴纳税款

单位：户，元

类别	频次	最小值	最大值	均值	标准差
缴纳税款	133	50.00	12000.00	619.4737	1141.95494

集体提留和上缴：有111户农户提供了该项信息，其中最少的是40元，最多的是9000元，均值565.2元，标准差为866.6元（见表12－20）。

表12－20 集体提留和上缴支出

单位：户，元

类别	频次	最小值	最大值	均值	标准差
集体提留和上交	111	40.00	9000.00	565.2252	866.64331

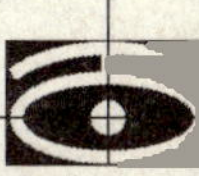

其他社会负担：45户农户提供了该项信息，其中最少的是20元，最多的是1500元，均值257.5元，标准差为350.8元（见表12-21）。

表12-21 其他社会负担统计

单位：户，元

类　别	频　次	最小值	最大值	均值	标准差
其他社会负担	45	20.00	1500.00	257.5556	350.78584

购置生产性固定资产：45户农户提供了该项信息，其中最少的是50元，最多的是47100元，均值3964.4元，标准差为8102.4元（见表12-22）。

表12-22 购置生产性固定资产

单位：户，元

类　别	频　次	最小值	最大值	均　值	标准差
购置生产性固定资产	45	50.00	47100.00	3964.4444	8102.41001

总之，税款、集体提留和上缴支出以及其他社会负担，是农户与生产有一定关系的支出。它们大致反映出在农村税费改革前，村民的负担情况。

表12-23 生活消费支出

单位：户，元

类　别	频　次	最小值	最大值	均值	标准差
生活消费支出	64	100.00	60000.00	3920.4688	7415.98519
食品支出	117	100.00	5000.00	883.3333	803.65544
衣着支出	118	100.00	5000.00	680.5085	563.49163
耐用消费品	71	20.00	5500.00	349.1549	687.04491
建房支出	14	50.00	45000.00	10475.0000	15887.30444
交通支出	62	20.00	1000.00	234.0323	174.09682
医疗支出	97	20.00	8000.00	652.2165	1232.31045
教育支出	59	6.00	4000.00	1222.1356	1109.18988
娱乐支出	17	50.00	600.00	173.5294	181.24366
人情往来支出	130	100.00	3500.00	848.2308	666.19650
其他生活支出	57	100.00	3500.00	721.9298	694.30191

全年家庭总支出：99户农户提供了该项信息，其中最少的是510元，最多的是45000元，均值6834.4元，标准差为5517.8元（见表12－24）。

表12－24　全年家庭总支出

单位：户，元

类　别	频　次	最小值	最大值	均　值	标准差
全年家庭总支出	99	510.00	45000.00	6834.4444	5517.83901
有效值	99	—	—	—	—

全年家庭总支出分组分布：

家庭总支出分组分布显示，99份问卷提供了该信息。40.4%的农户家庭总支出集中在3001～5000元、5001～8000元和8001～10000元之间。支出最少的在600元以下，最多的在40000元以上（见表12－25）。

表12－25　家庭总支出分组分布

类　别		频　次	百分比(%)	有效百分比(%)	累计百分比(%)
有效值	1.00(最低值～600元)	1	0.5	1.0	1.0
	3.00(1001～2000元)	6	3.2	6.1	7.1
	4.00(2001～3000元)	8	4.3	8.1	15.2
	5.00(3001～5000元)	33	17.5	33.3	48.5
	6.00(5001～8000元)	23	12.3	23.2	71.7
	7.00(8001～10000元)	17	9.1	17.3	88.9
	8.00(10001～12500元)	2	1.1	2.0	90.9
	9.00(12501～15000元)	3	1.6	3.0	93.9
	10.00(15001～20000元)	4	2.1	4.0	98.0
	11.00(20001～25000元)	1	0.5	1.0	99.0
	14.00(40001～50000元)	1	0.5	1.0	100.0
	总　数	99	52.9	100.0	
系统缺失值		88	47.1		
总　值		187	100.0		

第六节　家庭财富

家庭财富与家庭收入密切相关，或者说家庭财富是农户收入的一种积

累。在这里，我们把家庭财富理解为家庭动产与不动产之和，动产包括农户的存款以及各种生产资料，这一部分以各种生活耐用品为主，不动产主要指农户的住房。

就房屋的结构类型而言，在我们调查的187户农户中，以砖瓦结构为主，占总数的87.0%，另外，有11.8%和1.2%农户的房屋结构为土木结构和楼房（见表12-26）。房屋的结构类型可以从侧面反映了农村居民的生活质量和居民生活水平的提高程度，同时，也反映了当地的建筑传统和生态条件。在调查中，有87.0%的农户房屋结构为砖瓦结构，说明农民的生活水平在逐步提高。楼房的比重在农村比较小，一是说明农民的建筑理念问题，同时也说明楼房在农村的确生活不方便，比如取暖、上下水都存在问题，因此，楼房在农村不太适用。

表12-26　村民居住房屋类型

单位：户，%

类别		频次	百分比	有效百分比	累计百分比
有效值	土木结构房	20	10.7	11.8	11.8
	砖瓦结构	147	78.6	87.0	98.8
	楼　房	2	1.1	1.2	100.0
	总　值	169	90.4	100.0	
系统缺失值		18	9.6		
总　值		187	100.0		

从统计结果中可以看出，改革开放以来尤其是20世纪80年代初期，农户急于建房的动机和原因，即房屋破损和式样翻新。也就是说，改善和提高原有的居住条件是建房的主要原因，这从另一个侧面体现了农民生活水平的提高和农民对美好生活的向往。详见表12-27、表12-28。

表12-27　村民房屋面积的统计

类　别	频　次	最小值	最大值	均值	标准差
房屋建筑总面积(平方米)	180	24.00	130.00	69.3333	17.31268
房屋现值(元)	175	500.00	45000.00	16308.5714	10940.84332

表 12－28　村民建房原因

单位：户，%

类　别		频　次	百分比	有效百分比	累计百分比
有效值	收入宽裕	8	4.3	4.7	4.8
	村里流行	4	2.1	2.4	7.1
	原房破损	117	62.6	69.6	76.8
	结　婚	7	3.8	4.2	81.0
	式样翻新	15	8.0	8.9	89.9
	扩大面积	7	3.7	4.2	94.0
	其　他	10	5.3	6.0	100.0
	总　值	168	89.8	100.0	
系统缺失值		19	10.3		
总　值		187	100.0		

在建房是否借款问题的统计中，我们可以看出，有 69.5% 的农户借款了，只有 30.5% 没借款（见表 12－29）。这个数据说明农民的消费理念正在发生变化，农民敢于花明天的钱办今天的事，说明农民对未来生活充满信心，同时也说明对自身获得财富能力的一种自信。

表 12－29　建房是否借款

单位：%

类　别		频　次	百分比	有效百分比	累计百分比
有效值	借　款	114	61.0	69.5	69.5
	没借款	50	26.7	30.5	100.0
	总　值	164	87.7	100.0	
系统缺失值		23	12.3		
总　值		187	100.0		

从表 12－30 中可见，拥有生活资料尤其是耐用消费品的多寡，是农户富有程度的一个重要指标。户访问卷着重考察了农户的耐用消费品拥有情况。统计显示，在这些消费品中，手表、自行车、彩色电视机的拥有量最高，摩托车、收音机、电话、洗衣机的拥有量较高，而冰箱、照相机、录像机、电子琴的拥有量最少，该村村民无人购买空调、微波炉、计算机。可见，农户的生活水准基本保持在满足日常生活消费、休闲需要，家庭的精神生活质量有待于进一步地提高，当然，物质财富的获得是其基础要件。

表 12-30　生活用财产情况的统计

财产	手　表（块）	自行车（辆）	收音机（个）	黑白电视机（台）	洗衣机（台）	彩色电视机（台）	电冰箱（台）
户数	106	111	30	97	32	134	6
数量	1~5	1~3	1~3	1~2	1~2	1~2	1
财产	照相机（架）	录像机（台）	电子琴（架）	电话机（部）	手机（部）	音响（套）	摩托（辆）
户数	8	4	1	70	23	18	40
数量	1	1~2	1	1~2	1~2	1	1

在某种程度上，耐用消费品的现值比数量更能反映农户家庭财富的实际。表 12-31 是对各种耐用消费品的现值进行统计的结果。可以看出，一些最普通的耐用消费品尽管入户率比较高，如手表、自行车、彩色电视机，该村拥有量分别为 102 块、105 辆和 130 台，这些普通消费品满足农户的基本生活需要。而对一些对农民来说“可有可无”、能够提高农民物质生活和精神生活质量的消费品，拥有量就比较少，如电子琴 1 台，现值也很小，只有 20 元；录像机、照相机、电冰箱该村的拥有量仅为 4、8 和 7 台。如果要进一步追问的话，一个说明农户的消费能力的确有限；另外，也说明农民的

表 12-31　生活资料现值

单位：户，元

类　　别	频　次	最小值	最大值	均　值	标准差
手表现值	102	30.00	400.00	52.6500	56.32225
自行车现值	105	30.00	300.00	61.0600	46.26295
收音机现值	30	30.00	400.00	51.3433	73.44150
黑白电视机现值	96	0.00	500.00	54.3469	66.17227
彩电现值	130	200.00	5000.00	926.1538	671.23095
洗衣机现值	30	50.00	4000.00	414.0000	700.66766
电冰箱现值	7	500.00	1500.00	928.5714	345.03278
照相机现值	8	50.00	280.00	117.5000	90.03967
录像机现值	4	45.00	600.00	325.1125	249.80503
电子琴现值	1	20.00	20.00	20.0000	—
电话现值	43	50.00	360.00	193.9535	84.85673
手机现值	21	50.00	3000.00	852.3810	762.47560
组合音响现值	18	50.00	800.00	310.0000	223.81715
摩托车现值	43	300.00	38001.00	4004.6744	5550.56209

消费观念问题。在调查中，我们也了解到有些农户家里经济条件完全能够达到购买冰箱、照相机等消费品的程度，但他们认为那些东西不必需，宁可把钱攒着。

表 12-32　生产用财产情况

单位：户

类　别		胶轮马车现有数量	货车现有数量	大中型拖拉机现有数量	小型拖拉机现有数量	机动三轮车现有数量	加工机械现有数量
数值	有效值	7	0	3	129	5	0
	缺失值	180	187	184	58	182	187

生产资料作为家庭财富的一部分，在以家庭经营为主要经营方式的中国农村，当然是非常重要的。户访问卷仅仅问及诸如汽车、拖拉机、加工机械、机动三轮车、马车等价值较大的生产资料。作为动产，农户拥有生产资料的状况，大体上能够反映农户家庭财富的多寡。据表 12-33 统计显示，该村的生产资料以小型拖拉机为主，该村村民无人购买小汽车、货车、加工机械。

表 12-33　生产资料现值

单位：户，元

类　别	频　次	最小值	最大值	均值	标准差
胶轮马车现值	7	30.00	400.00	144.2857	134.51854
大中型拖拉机现值	4	1000.00	3000.00	2200.0000	979.79590
小型拖拉机现值	124	300.00	6000.00	2562.0968	1055.73099
机动三轮车现值	5	100.00	4000.00	1920.0000	1567.48206

第七节　观念与行为

在观念与行为这一部分中，课题组围绕生育教育观、养老问题、民主与法律意识、物质与文化消费观、互助意识、科学技术观念、社会与行政关系等 7 个方面来考察村民的观念与行为方式。

1. 生育教育观

主要围绕着对农村村民养育孩子的原因、是否具有性别偏好等方面进行统计分析。生育观主要是指人们对生育的认识和看法。本调查主要围绕村民

的生育目的、生育偏好两个方面进行考察。

生育观念的第一个构成要素就是生育目的，它决定着人们生育行为的动机。这里我们提供了8种目的让问卷回答者选择，并要求回答者只选择一个作为最主要答案。据表12－37统计显示：生育目的占前三位的是养儿防老和增加家庭乐趣，其比例分别是23%和21.3%。看来，养儿防老仍然是农民最主要的生育目的，这是一种最现实的选择。从具体情况来说，农民的生活保障来源非常单一，一个是土地，一个是子女，等老了丧失劳动能力时，在社会养老保障还不健全时，养老保障只能来源于子女。可见，养儿防老是非常现实的选择。

表12－34　你养育孩子的目的

单位：人，%

类　别		频　次	百分比	有效百分比	累计百分比
有效值	养儿防老	41	21.9	23.0	23.0
	传宗接代	21	11.2	11.8	34.8
	为社会尽义务	17	9.1	9.6	44.4
	家庭需要劳动力	34	18.2	19.1	63.5
	家庭稳固	24	12.7	13.5	77.0
	生活乐趣多一些	38	20.3	21.3	98.3
	其他	3	1.6	1.7	100.0
	总　值	178	95.2	100.0	
系统缺失值		9	4.8		
总　值		187	100.0		

表12－35　你喜欢自己的孩子是男孩还是女孩

单位：人，%

类　别		频　次	百分比	有效百分比	累计百分比
有效值	男	130	69.6	72.2	72.2
	女	50	26.7	27.8	100.0
	总　值	180	96.3	100.0	
系统缺失值		7	3.7		
总　值		187	100.0		

生育观念的第二个构成要素是子女的性别偏好。为了测试回答者的这种偏好，问卷提出了“你喜欢自己的孩子是男孩还是女孩”，要求被调查者提

供自己对这个说法的真实态度。调查结果显示，在187户村民中，180户回答了该问题，有69.5%的农户选择希望自己的孩子是男孩，只有26.7%的农户选择了女孩。可见这种生男偏好在农村还很有市场。

表12－36 你认为农村一对夫妇没有男孩行不行

单位：户，%

类别		频次	百分比	有效百分比	累计百分比
有效值	行	76	40.6	43.9	43.9
	不行	89	47.6	51.4	95.4
	说不清	8	4.3	4.7	100.0
	总数	173	92.5	100.0	
系统缺失值		14	7.5		
总值		187	100.0		

在上一问题的基础上，我们又进一步提出“你认为农村一对夫妇没有男孩行不行”，有173户村民回答了该问题，14户未作回答，回答“行”与“不行”的比例相差很小，仅差7个百分点。这一数据表明，虽然农民更希望生男孩，但这种愿望不是绝对的，不可改变的，说明农民的生育观念中的性别偏好在逐步转变。

表12－37 你对孩子职业有何期望

单位：户，%

类别		频次	百分比	有效百分比	累计百分比
有效值	大城市工作	41	21.9	22.5	22.5
	把地种好	25	13.4	13.7	36.3
	在村办企业工作	2	1.1	1.2	37.4
	成为个体户	27	14.4	14.8	52.2
	经商	24	12.8	13.2	65.4
	科技人员	51	27.3	28.0	93.4
	其他	12	6.4	6.6	100.0
	总值	182	97.3	100.0	
系统缺失值		5	2.7		
总值		187	100.0		

子女长大后，将面临就业问题。在187份问卷中有5份未作回答，其中父母最希望子女从事的职业是科技人员，其次为到大城市工作、成为个体户，占比重最小的是在村办企业工作。以上数据也从侧面显示，在北锅盔村，父母还是非常重视子女的教育问题的，希望自己的子女能成为有知识、有文化的人，也希望子女们能创造更多的财富，生活得更好。

2. 养老问题

围绕养老问题，课题组设置了以下6个问题，下面我们依次作分析。

在“你是否愿意与子女生活在一起”问题上，有182人回答了该问题，其中，有79.7%的村民选择了“愿意”，只有17.6%的回答“不愿意”（见表12－38）。进而，我们又进一步追问，“如果你愿意与子女生活在一起，原因是什么”，其统计结果显示，大部分人选择“生活上互相照应”、“共享天伦之乐”，其比例分别是54.1%和39.0%。可见，解决父母生活上的需要是父代与子代共同生活的首选原因。统计结果见表12－39。

表12－38　你是否愿意与子女生活在一起

单位：人，%

类　别		频　次	百分比	有效百分比	累计百分比
有效值	愿　意	149	79.7	81.9	81.9
	不愿意	33	17.6	18.1	100.0
	总　值	182	97.3	100.0	
系统缺失值		5	2.7		
总　值		187	100.0		

表12－39　对愿意与子女共同生活的原因

单位：人，%

类　别		频　次	百分比	有效百分比	累计百分比
有效值	共享天伦之乐	47	31.5	31.5	31.5
	精神慰藉	2	1.3	1.3	32.8
	生活上互相照应	90	60.4	60.4	93.2
	感情深不能离开	7	4.7	4.7	97.9
	其　他	3	2.1	2.1	100.0
	总　值	149	92.0	100.0	

在“你的父母是否愿意与子女共同生活”这一问题的回答中，在165人中，有72.7%的村民选择“愿意”，只有15.0%的人选择“不愿意”（见表12－40）。与上述调查结果一致，其原因主要是农民生活保障来源单一。关于这一原因，上面已经分析过，不再赘述。

表12－40　你的父母是否愿意与子女共同生活

单位：人，%

类别		频次	百分比	有效百分比	累计百分比
有效值	愿意	136	72.7	82.4	82.4
	不愿意	28	15.0	17.0	99.4
	没回答	1	0.5	0.6	100.0
	总值	165	88.2	100.0	
系统缺失值		22	11.8		
总值		187	100.0		

在关于养老方式的调查数据中，我们看到，村民最希望的养老方式是“与子女在一起，居家养老”，其所占比例为49.7%；其次是“由子女出钱，自己单过”，比例为17.1%；另外占有较大比例的是“没想过”，比例为15.0%（见表12－41）。从这些数据中，可以看出无论从物质赡养、精神慰藉、生活照料，还是从养老送终上，最能给老人以安全感的是与子女在一起，居家养老的方式，能够充分地享受天伦之乐。选择“由子女出钱，自己单过”的占第二位，关于这一原因，我们在入户访谈中，获得这样的信息：由于父代和子代在价值观念、生活方式、消费理念上的差距越来越大，在农村有一些老人愿意选择空巢的方式安度晚年。在被选的养老方式，占第三位的是“没想过”，为什么会出现这样的状况呢？在有些家庭中，尤其是多子女的家庭中，将来究竟在哪养老，无论对父母来说，还是对子女来说，似乎都是一个非常敏感的问题。有的父母不愿意提及此问题，“走一步看一步”、“到时再说”成了不少老年人的养老心态。最后，在被选养老方式中，所占比例最小的是“住养老院”，其主要原因是经济问题，对于北锅盔村来说，“去敬老院养老，那是不可想象的，家庭的经济还成问题，哪有钱去那呀”。再有，目前对于有些老人，有几个子女，他还有选择的余地。另外还有观念

上的原因，相当一部分人认为，去老年公寓，子女在脸面上不好看，虽然在理论上，认为去老年公寓不是子女的不孝，但一旦落实到行动中时，人们会有各种各样的顾虑。

表 12-41　村民最希望的养老方式

单位：人，%

类　别		频　次	百分比	有效百分比	累计百分比
有效值	由子女出钱，自己单过	32	17.1	18.4	18.4
	住敬老院	7	3.7	4.0	22.4
	与子女在一起，居家养老	93	49.7	53.4	75.9
	自己有钱，与子女分开过	14	7.5	8.0	83.9
	没想过	28	15.0	16.2	100.0
	总　值	174	93.0	100.0	
系统缺失值		13	7.0		
总　值		187	100.0		

从孝敬父母标准的统计数据上，可看出在北锅盔村村民心目中的孝敬就是“让老人吃好住好”，占 79.7%（见表 12-42）。其标准十分单一，物质需求的满足可以涵盖一切，精神上的孝敬无从提起。

表 12-42　对“孝敬父母”标准的理解

单位：%

类　别		频　次	百分比	有效百分比	累计百分比
有效值	让老人吃好住好	149	79.7	100.0	100.0
系统缺失值		38	20.3		
总　值		187	100.0		

“人到老年，最担心什么”，调查数据显示，村民最担心“有病没钱治”，其次为“儿女不养老”、“收入没保障”，其比例分别为 34.2%、21.4% 和 20.3%（见表 12-43）。归纳担心的这些问题，从总体来看，村民的老年需求主要是经济和物质需求，对精神需求的要求不高。这也反映出农村社会保障体系的缺失，给农民的生活带来的消极影响。

表 12－43　人到老年最担心的问题

单位：%

类别		频次	百分比	有效百分比	累计百分比
有效值	有病没钱治	64	34.2	38.8	38.8
	儿女不养老	40	21.4	24.2	63.0
	收入没保障	38	20.3	23.0	86.1
	得不到社会尊重	23	12.3	13.9	100.0
	总　值	165	88.2	100.0	
系统缺失值		22	11.8		
总　值		187	100.0		

3. 民主与法律意识

村民的民主与法律意识强弱，从侧面反映村民的政治素质如何，反映中国的民主法制建设的成果。同时民主与法治意识如何也是衡量中国农村法治建设的重要内容。这一部分主要围绕着村民对有关农业法律的认知，纠纷调解方式的选择以及村委会选举的参与情况等问题来考察当下村民的民主与法律意识。

“中国有农业法吗”，在187份问卷中，有174人做了回答，其中，明确回答“有”的占64.7%，回答“不知道”的占23.0%，只有5.3%的人回答“没有”（见表12－44）。这说明村民对基本的农村政策或多或少有一些了解和认识。

表 12－44　村民对有关《农业法》的认知

单位：人，%

类别		频次	百分比	有效百分比	累计百分比
有效值	有	121	64.7	69.5	69.5
	没有	10	5.3	5.8	75.3
	不知道	43	23.0	24.7	100.0
	总　值	174	93.0	100.0	
系统缺失值		13	7.0		
总　值		187	100.0		

民事纠纷的解决途径。据调查结果显示，村民解决问题的主要途径是找村干部调解或诉诸法律，这两项占解决途径的76.4%；村民通过忍让和找有

威望的人调解矛盾的比例较少（见表 12－45）。但是我们看到村民选择诉诸法律解决纠纷的比例也不大，仅占 16.0%，说明北锅盔村在一个熟人的共同体内部仍然是一个“少讼”的社会，从另一个侧面也反映出村民之间维系关系相当大的一部分是基于“地缘”和“血缘”关系。

表 12－45　发生或涉及民事纠纷解决方式的选择

单位：%

类　别		频　次	百分比	有效百分比	累计百分比
有效值	找有威望的人调解	5	2.7	2.9	2.9
	找村干部调解	113	60.4	64.6	67.4
	诉诸法律	30	16.0	17.1	84.6
	双方协商	19	10.2	10.9	95.4
	忍耐让步	8	4.3	4.6	100.0
	总　值	175	93.6	100.0	
系统缺失值		12	6.4		
总　值		187	100.0		

登记结婚是日常生活中最基本的法律常识，对“不登记就结婚是否合法”的回答，91.4% 的人选择了不合法，有 2.1% 的人认为不登记结婚是合法的，另有 0.5% 的人不知道是否合法。详见表 12－46。

表 12－46　对结婚不登记是否合法的分析

单位：人，%

类　别		频　次	百分比	有效百分比	累计百分比
有效值	合　法	4	2.1	2.3	2.3
	不合法	171	91.4	97.1	99.4
	不知道	1	0.5	0.6	100.0
	总　值	176	94.1	100.0	
系统缺失值		11	5.9		
总　值		187	100.0		

参加村委选举是村政参与的一项重要内容。这种参与是否积极主动是衡量村民的村政参与意识和政治成熟程度的一个重要指标。户卷统计显示，有

91人参加了最近一次的村委选举，82人未参加，其比例分别为48.7%和43.9%（见表12-47）。这样，参加了上次选举的人与没有参加的人几乎是各占一半，参与率比较低。

表12-47 对村民参加最近一次村委选举情况的分析

单位：人，%

类别		频次	百分比	有效百分比	累计百分比
有效值	参加	91	48.7	52.6	52.6
	未参加	82	43.8	47.4	100.0
	总值	173	92.5	100.0	
系统缺失值		14	7.5		
总值		187	100.0		

从表12-48中进一步反映出村民的政治参与程度是非常低的，也说明农村政治与村民日常生活之间的关联是极其薄弱的。这个问题的根源是村民自治程度不高，农民通过用脚来投票——拒绝参与的方式，来反映在不管是谁当选的情况下对自身的经济地位都不可能有大的改变的事实。这或许是当前整个中国农村自治中存在的问题。

表12-48 村民未参加选举的原因

单位：人，%

类别		频次	百分比	有效百分比	累计百分比
有效值	不感兴趣	30	16.0	25.2	25.2
	不在家	56	29.9	47.1	72.3
	不知道	26	13.9	21.8	94.1
	其他	7	3.7	5.9	100.0
	总值	119	63.6	100.0	
系统缺失值		68	36.4		
总值		187	100.0		

村民会议出席情况统计结果显示，村民出席村民会议的积极性比较高。从未出席过村民会议的人所占比例仅为7.0%，其余的除13人未作回答外，有161人都不同程度地出席了村民会议，所占比例为92.5%（见表12-

49）。从这些数据中可以看出，在农民选举政治参与程度低下的同时，却通过参与村民会议的方式来表达自身的意见和利益，客观上反映了村民会议在农村政治中的地位非常重要。

表 12-49　参加村民会议的情况

单位：人，%

类别		频次	百分比	有效百分比	累计百分比
有效值	每次都参加	48	25.7	27.6	27.6
	大部分参加	61	32.6	35.1	62.6
	有时参加	52	27.8	29.9	92.5
	从未参加	13	7.0	7.5	100.0
	总　值	174	93.0	100.0	
系统缺失值		13	7.0		
总　值		187	100.0		

在关于反映意见渠道的回答中，通过村民小组、村民大会、找村领导、找党支部这四种途径解决的比重很大，合计占72.1%。在这四项中，村民最倾向于“找村领导”，其比例为32.6%（见表12-50）。向村以上领导机关反映，占3.7%；向报社、电台反映的占0.5%，背后议论、不反映的合计占17.3%。可见，在大多数村民心目中，村领导拥有行政权力，能够帮他们

表 12-50　村民反映意见或建议的最主要渠道

单位：人，%

类别		频次	百分比	有效百分比	累计百分比
有效值	通过村民小组	33	17.6	18.9	18.9
	村民大会	30	16.0	17.1	36.0
	找村领导	61	32.6	34.9	70.9
	找党支部	11	5.9	6.3	77.1
	向村以上领导机关反映	7	3.7	4.0	81.1
	向报社、电台反映	1	0.5	0.6	81.7
	背后议论	14	7.7	8.0	89.7
	不反映	18	9.6	10.3	100.0
	总　值	175	93.6	100.0	
系统缺失值		12	6.4		
总　值		187	100.0		

解决问题，这种传统解决问题的方式在农村中还很重要。同时这一数据也说明，国家的行政权力在农村的发挥途径还比较畅通。

财务公开是否知道的问题，应该从两个层面分析，一是村里的财务是否公开了；二是即使财务公开了村民是否真正了解财务的使用情况。调查来的数据显示，知情的占20.3%，知道一部分的占24.6%，完全不知情的占50.7%（见表12-51）。这里的不知情就有两种情况，一是村里财务根本没公开，二是财务公开了，但部分村民对此事不感兴趣，认为村上的钱怎么花跟自己没任何关系。

表12-51 村务公开的了解程度

单位：人，%

类别		频次	百分比	有效百分比	累计百分比
有效值	知情	38	20.3	21.0	21.0
	知道一部分	46	24.6	25.4	46.4
	不知情	95	50.7	52.5	98.9
	不感兴趣	1	0.5	0.6	99.4
	不回答	1	0.5	0.6	100.0
	总值	181	96.8	100.0	
系统缺失值		6	3.2		
总值		187	100.0		

村民对收入差距的认识，实际上从侧面反映了村民对家庭收入户际差异的一种心态。调查结果显示，有172人回答了该问题，有61.5%的村民认为收入差距大，33.1%的人认为不大（见表12-52）。可见，在刚刚富裕起来

表12-52 村民之间收入差距的情况

单位：人，%

类别		频次	百分比	有效百分比	累计百分比
有效值	大	115	61.5	66.9	66.9
	不大	57	30.5	33.1	100.0
	总数	172	92.0	100.0	
系统缺失值		15	8.0		
总数		187	100.0		

的北锅盔村，村民在收入上的差距已经通过各种方式显示出来了，并且村民已经感受到这种差异的存在。收入差距的拉大，以及贫富差距问题，不仅存在于城乡之间、不同地区间、不同职业间，同样也存在于农户家庭间。收入差距问题已经成为最具普遍性的社会问题。

村民安排生产首先考虑的因素。问卷统计结果显示，有168人回答了该问题，其中有51.3%的人认为安排生产首先应考虑的是“市场行情”，其次考虑自家需要，再次是服从村里安排，最后是完成国家任务和仿效别人。他们所占的比例分别为21.4%、8.0%、5.3%和1.1%（见表12－53）。从这些统计结果中可以看出，农民生产的市场意识已经提升，理性选择开始凸显。

表12－53　村民安排生产首先考虑的因素

单位：人，%

类别		频次	百分比	有效百分比	累计百分比
有效值	自家需要	40	21.4	23.8	23.8
	完成国家任务	10	5.3	6.0	29.8
	服从村里安排	15	8.0	8.9	38.7
	效仿别人	2	1.1	1.2	39.9
	市场行情	96	51.3	57.1	97.0
	其他	5	2.7	3.0	100.0
	总值	168	89.8	100.0	
系统缺失值		19	10.2		
总值		187	100.0		

村干部收入问题。关于该问题170人做了回答，其中认为“很高”和“较高”的比例合计为24.6%，回答为“与村民差别不大”的比例为42.8%，甚至有2.1%的人认为“低于村民”（见表12－54）。另外，我们在入户访谈中也了解到村干部的收入的确不高，甚至个别地区还出现有的干部整日为村里的事忙活，家里的农活顾不上，却拿不到工资的情况。可见农村的行政干部报酬的数量和结构是需要思考和斟酌的问题。

表 12 - 54 村民对村干部的收入评价

单位：人，%

类　别		频　次	百分比	有效百分比	累计百分比
有效值	很　高	13	7.0	7.6	7.6
	较　高	33	17.6	19.4	27.1
	与村民差别不大	80	42.8	47.1	74.1
	低于村民	4	2.1	2.4	76.5
	说不清	40	21.4	23.5	100.0
	总　值	170	90.9	100.0	
系统缺失值		17	9.1		
总　值		187	100.0		

村干部处理问题的公正性和村干部的威望可以概括为村干部的形象问题。这一问题是一个村落的政治、经济、社会关系网络的重要节点，对村落的政治、经济和社会的发展影响很大。就调查结果看，在北锅盔村村干部的形象总体来看是好的，如认为“村干部处理问题是公正的”的比例为45.5%，选择村干部“有很高威望”、“有威望”的合计占50.3%（见表12 -55、表12 -56）。但是也需要进一步改进，有5.3%的人认为村干部处理问题“不公正”，有23.0%的人回避该问题；另外有6.4%的人认为村干部“威望不高”或“没威望”，8.6%的人回避该问题。

表 12 - 55 村干部处理问题的公正性

单位：人，%

类　别		频　次	百分比	有效百分比	累计百分比
有效值	公　正	85	45.5	49.7	49.7
	有时公正	32	17.1	18.7	68.4
	不公正	10	5.3	5.8	74.3
	说不清	43	23.0	25.1	99.4
	不回答	1	0.5	0.7	100.0
	总　值	171	91.4	100.0	
系统缺失值		16	8.6		
总　值		187	100.0		

表 12－56　村干部的威望

单位：人，%

类别		频次	百分比	有效百分比	累计百分比
有效值	有很高威望	26	13.9	14.9	14.9
	有威望	68	36.4	38.9	53.7
	一般	53	28.3	30.3	84.0
	威望不高	3	1.6	1.7	85.7
	没威望	9	4.8	5.1	90.9
	说不清	16	8.6	9.1	100.0
	总值	175	93.6	100.0	
系统缺失值		12	6.4		
总值		187	100.0		

村民对获得较高社会地位或经济收入条件的分析目的是考察各种资源或资本对经济地位和社会地位关系的认识和态度问题。各种资源包括文化资源、权力资源、经济资源、关系资源以及家庭背景和个人奋斗等。究竟拥有哪方面资源的人拥有较高的社会地位和经济地位。关于这个问题的认识，回答的比较分散。但从调查结果可以看出，村民最认同的是个人奋斗，认为勤奋努力的人最该获得较高的社会地位和经济地位，其所占比例为 38.0%（见表 12－57）。其他的选项就比较分散，其对社会地位与经济地位的影响的认识，按选择比例的多少排序，依次为文化资源、权力资源、经济资源、家庭背景、关系资源。

表 12－57　村民对获得较高社会地位或经济收入条件的分析

单位：人，%

类别		频次	百分比	有效百分比	累计百分比
有效值	有文化有学历的人	32	17.1	18.4	18.4
	当干部的人	25	13.4	14.4	32.8
	有资产的人	18	9.6	10.3	43.1
	社会关系广的人	10	5.3	5.7	48.9
	家庭背景硬的人	17	9.1	9.8	58.6
	勤奋努力的人	71	38.0	40.8	99.4
	其他	1	0.5	0.6	100.0
	总值	174	93.0	100.0	
系统缺失值		13	7.0		
总值		187	100.0		

经济生活状态的评价。据调查结果显示，在北锅盔村，村民对自家的生活状态基本是满意的，选择“很满意”和“基本满意”的合计为54.5%。

表12-58 村民对自己经济生活的满意程度

单位：人，%

类别		频次	百分比	有效百分比	累计百分比
有效值	很满意	26	13.9	15.2	15.2
	基本满意	76	40.6	44.4	59.6
	不太满意	38	20.3	22.3	81.9
	很不满意	25	13.4	14.6	96.5
	说不清	6	3.2	3.5	100.0
	总值	171	91.4	100.0	
系统缺失值		16	8.6		
总值		187	100.0		

分析显示，村民社会阶层的自我评判，只有一户选择上层，大部分认为是中层，选择中上层和中层的合计为59.4%。这种选择结果是符合中国人的中庸心理的。

表12-59 村民社会的分层

单位：人，%

类别		频次	百分比	有效百分比	累计百分比
有效值	上层	1	0.5	0.6	0.6
	中上层	37	19.8	21.4	22.0
	中层	74	39.6	42.7	64.7
	下上层	43	23.0	24.9	89.6
	下下层	18	9.6	10.4	100.0
	总值	173	92.5	100.0	
系统缺失值		14	7.5		
总值		187	100.0		

4. 物质与文化消费观

村民的物质与文化消费观可以反映村民的物质和精神文化生活状况。本部分主要通过电视节目选择的类别等指标来分析村民的文化和消费观念。

调查发现，有42.2%的人喜欢看农业科技节目，希望通过了解和掌握农业科技发家致富（见表12－60）。另外，22.5%的人喜欢看新闻，21.4%的人喜欢文化娱乐节目。这说明村民对电视节目的选择性很强，它已经成为村民获得相关信息与外界联系的重要渠道。

表12－60　村民最喜欢的电视节目类型

单位：人，%

类别		频次	百分比	有效百分比	累计百分比
有效值	新闻联播	42	22.5	25.6	25.6
	农业科学技术	79	42.2	48.2	73.8
	文化娱乐	40	21.4	24.4	98.2
	其他	3	1.6	1.8	100.0
	总　值	164	87.7	100.0	
系统缺失值		23	12.3		
总　值		187	100.0		

村民支出的内容调查。家里有存款首先用于哪些方面。这个问题可以说明村民的消费观念。如果有存款，首先解决什么呢，根据调查数据我们按选择比例多少作以下排序：一发展生产，占36.4%；二盖房子，占22.5%；三攒钱养老，占11.8%；四改善生活，占10.6%；五买家具，占2.7%；最后是旅游、请客送礼、娱乐消遣，三项合计占3.1%（见表12－61）。从这

表12－61　村民支出的内容

单位：户，%

类别		频次	百分比	有效百分比	累计百分比
有效值	盖房子	42	22.5	24.6	24.6
	买家具	5	2.7	2.9	27.5
	发展生产	68	36.4	39.8	67.3
	改善生活	20	10.6	11.6	78.9
	请客送礼	1	0.5	0.6	79.5
	娱乐消遣	1	0.5	0.6	80.1
	攒钱养老	22	11.8	12.9	93.0
	旅　游	4	2.1	2.3	95.3
	其　他	8	4.3	4.7	100.0
	总　值	171	91.4	100.0	
系统缺失值		16	8.6		
总　值		187	100.0		

些数据的排序中，我们可以清楚地看出，村民的需求仍停留在物质生活的满足上，精神需求小，满足其精神需求的物质基础也不够完善。这也反映了马克思的“经济无声的压力”在当地仍然存在着。

5. 互助意识

农民与外界所发生的关系有对上、对下、对内、对外四种关系。对上是与国家、政府发生关系，对下与土地，对外与市场，对内就是村民之间的互助了。那么，村民在帮工、红白喜事等行为上的互助程度如何，我们需要考察一下村民的互助意识。

关于经济困难的第一帮助人问题，可以将以上选项归为两类，一类是寻求内部力量解决，如家里人、本族人、亲戚、长辈，一类是寻求外部力量解决，如村干部、朋友和政府有关部门。调查结果显示，解决经济问题主要依靠内部力量，其所占比例合计为 70.5%，而寻求外部力量解决的仅占 24.1%（见表 12－62）。该结果说明，村民经济的困难的帮助人是单一的和薄弱的。政府等外界力量在经济上对村民的帮助是很微弱的。

表 12－62 村民的求助网

单位：人，%

类别		频次	百分比	有效百分比	累计百分比
有效值	家里人	67	35.8	37.9	37.9
	本族人	14	7.5	7.9	45.8
	朋友	28	15.0	15.8	61.6
	亲戚	50	26.7	28.2	89.8
	村干部	11	5.9	6.2	96.0
	政府有关部门	6	3.3	3.4	99.4
	长辈	1	0.5	0.6	100.0
	总值	177	94.7	100.0	
系统缺失值		10	5.3		
总值		187	100.0		

调查结果显示，村民之间的互助意识还是很高的，村民的精神面貌是积极向上的、向善的。有 79.1% 的人认为，同改革前比，互助意识比以前更好了；有 60.4% 的人愿意帮助陷入困境又不认识的人（见表 12－63、表 12－64）。

表 12－63　村民互助意识的状况

单位：人，%

类　别		频　次	百分比	有效百分比	累计百分比
有效值	比以前更好	148	79.1	84.1	84.1
	没变化	9	4.9	5.1	89.2
	比以前差	12	6.4	6.8	96.0
	不知道	7	3.7	4.0	100.0
	总　值	176	94.1	100.0	
系统缺失值		11	5.9		
总　值		187	100.0		

表 12－64　村民是否愿意帮助不认识的人

单位：人，%

类　别		频　次	百分比	有效百分比	累计百分比
有效值	愿　意	113	60.4	66.1	66.1
	不太愿意	40	21.4	23.4	89.5
	不 愿 意	7	3.7	4.1	93.6
	不 知 道	11	5.9	6.4	100.0
	总　值	171	91.4	100.0	
系统缺失值		16	8.6		
总　值		187	100.0		

当有人被欺负时，有 39.0% 的人选择“上前制止”，36.4% 的人选择“找警察或干部解决”，两项之和为 75.4%，说明村民的互助意识是非常强烈的。只有 3.7% 的选择事不关己，高高挂起，2.2% 的人无所适从，10.7% 的人带有从众心理（见表 12－65）。反映农民朴素的正义感还是非常的强烈。

表 12－65　如果有人被欺负你会怎么做

单位：人，%

类　别		频　次	百分比	有效百分比	累计百分比
有效值	上前制止	73	39.0	42.4	42.4
	不管闲事	7	3.7	4.1	46.5
	大家怎么办，我就怎么办	20	10.7	11.6	58.1
	找警察或干部解决	68	36.4	39.5	97.7
	不知道	4	2.2	2.3	100.0
	总　值	172	92.0	100.0	
系统缺失值		15	8.0		
总　值		187	100.0		

从实际情况来看，互助动机是复杂的综合性的。从调查结果看，41.7%的人不图回报，仅凭良心帮助别人；有36.9%的人认为，我帮别人，将来别人也会帮我（见表12-66）。

表12-66　村民帮助有困难的人的动机

单位：人，%

类别		频次	百分比	有效百分比	累计百分比
有效值	凭良心	78	41.7	43.8	43.8
	谁都可能遇到困难，应该帮助	55	29.4	30.9	74.7
	积德行善，好心有好报	8	4.3	4.5	79.2
	做人就应该如此	15	8.0	8.4	87.6
	不去帮别人，会被人议论	1	0.6	0.6	88.2
	不帮别人，别人也不会帮自己	6	3.2	3.4	91.6
	帮他渡过难关	15	8.0	8.4	100.0
	总数	178	95.2	100.0	
系统缺失值		9	4.8		
总数		187	100.0		

6. 科学技术观念

农民对科学技术的态度和持有的观念，直接影响到农民学科学的积极性和自觉程度。同时，更会影响农民学科学的行为，而科技的拥有程度是衡量农村劳动生产率的一个标尺，同时也是能否创造更多财富的资本。

“在科技方面最想学什么”，有179户明确做了回答，其中被选比例最大的是想学种植技术，所占比例为70.6%；其次为养殖技术和农村管理技术，其比例都为8.0%（见表12-67）。北锅盔村是以栽种果树为特色的

表12-67　村民在科技方面想学到的内容

单位：户，%

类别		频次	百分比	有效百分比	累计百分比
有效值	种植技术	132	70.6	73.7	73.7
	养殖技术	15	8.0	8.4	82.1
	新产品加工技术	14	7.5	7.8	89.9
	农村管理技术	15	8.0	8.4	98.3
	其他（请注明）	3	1.6	1.7	100.0
	总值	179	95.7	100.0	
系统缺失值		8	4.3		
总值		187	100.0		

村庄，因此，农户回答想学种植技术的比例最高是可想而知的，符合农业生产的需要。

农民致富能否离得开科学技术，这个问题实质在问农民对科技的认同问题、科技在生产中的作用问题。调查结果显示，有 87.7% 的农民同意致富离不开科技，这部分农民已充分认识到科技对生产力的作用；只有 3.7% 的人不完全同意此观点，认为科技与农业生产结合的潜力很小（见表 12－68）。

表 12－68　农民致富离不开科学技术

单位：人，%

类别		频次	百分比	有效百分比	累计百分比
有效值	同意	164	87.7	95.9	95.9
	不完全同意	7	3.7	4.1	100.0
	总数	171	91.4	100.0	
系统缺失值		16	8.6		
总数		187	100.0		

现代农民主要通过什么样的形式学习科学技术呢？调查数据显示，有 32.1% 的人是向有经验的人请教，占第一位；25.2% 的农户学习技术是靠“请专家来村讲解”，占第二位；其次所占比例较高的是“看电视”和“进学习班听课”，比例分别为 18.2% 和 12.8%；所占比例最小的是“听广播”，为 0.5%（见表 12－69）。在北锅盔村的调查中我们了解到，随着人们生活

表 12－69　村民学习科学技术的形式

单位：%

类别		频次	百分比	有效值	累计百分比
有效值	看电视	34	18.2	19.4	19.4
	听广播	1	0.5	0.6	20.0
	进学习班听课	24	12.8	13.7	33.7
	读书看报	9	4.8	5.1	38.9
	请专家来村讲解	47	25.2	26.9	65.7
	向有经验的人请教	60	32.1	34.3	100.0
	总值	175	93.6	100.0	
系统缺失值		12	6.4		
总值		187	100.0		

内容的日益丰富，广播作为20世纪七八十年代的唯一消遣休闲的家用电器，如今正在淡出人们的生活圈子，通过听广播学科技的人就更少了。另外，通过读书看报的途径获得科技知识的所占比例也很小，仅为4.8%，为什么会这样呢？在北锅盔村，平时有读书习惯的人就不多，因此通过读书看报学习科技知识的比例小是可想而知的。

影响农业科学技术普及的因素有很多，有主观的、有客观的。在北锅盔村的调查结果显示，影响农业科技普及的因素主要有两个，一是农民文化水平低、接受能力差，二是缺乏农业技术专业人员。这两项之和占被选比例的64.2%（见表12－70）。从调查结果看，缺乏适应农村需要的新技术不是影响农业科技普及的主要因素。

表12－70　村民认为影响农村科学技术普及的因素

单位：人，%

类别		频次	百分比	有效百分比	累计百分比
有效值	农民文化水平低、接受能力差	66	35.3	37.5	37.5
	缺少适应农村需要的新技术	36	19.3	20.5	58.0
	缺农业技术专业人员	54	28.9	30.7	88.6
	农民接受新技术慢	18	9.6	10.2	98.9
	其他(请注明)	2	1.1	1.1	100.0
	总值	176	94.1	100.0	
系统缺失值		11	5.9		
总值		187	100.0		

附录1 宝山乡及北锅盔村自然概况

一 自然概况

宝山乡位于磐石市市境西南，北纬42°46′~42°56′、东经125°53′~126°11′。东西长24公里，南北宽15.5公里，幅员243.4平方公里。东与牛心镇、河南街为邻，北与朝阳山镇接壤，西与梅河口市山泉乡相接，南与辉南县毗邻。乡政府驻地距磐石市6公里。

全乡地处低山丘陵区，东高西低，多岗坡地，境内最高山大锅盔山，海拔630米。亮子河由北向南流经6个村，挡石河由东向南流经4个村，分别汇入辉发江。沿河两岸多平地，土壤多为白浆土、灰棕壤，余为水稻土。无霜期为125天。境内有小（Ⅰ）型水库4座，小（Ⅱ）型水库11座，塘坝56座。森林面积1069公顷，森林覆盖率为29.1%。有石灰石、方解石、铁矿石、金矿石、页岩石、矿泉水等矿产，其中宝山青云村周边矿泉水，经有关部门鉴定，属偏硅酸型矿泉水，且水源充足。吉林娃哈哈饮用水有限公司在此开发，公司坐落在青云村原宝山罐头厂旧址。国道202线在乡境穿越南北。沈吉线铁路途经乡境内东南，并靠山村建有车站。

二 行政区划

2004~2007年，宝山乡辖宝山、孤顶子、占多、大沟、长兴、安乐、太平、北锅盔、锅盔、横河、亮子河、靠山、北河14个行政村，72个自然屯，102个村民小组。

三 人口民族

2004年，全乡有217687人，其中非农业人口950人；满族1535人，朝鲜族915人，蒙古族1人，回族3人，其他少数民族2450人。2005年全乡28783人，其中非农业人口1002人；满族1608人，朝鲜族932人，蒙古族1人，回族3人，其他少数民族2544人。2006年，全乡有28873人，其中非农业人口1018人；满族1613人，朝鲜族953人，蒙古族1人，回族3人，其他少数民族2570人。2007年，全乡有28919人，其中非农业人口1019人；满族1648人，朝鲜族965人，蒙古族7人，回族5人，其他少数民族2625人。

四 经济发展

2004年全乡地区生产总值25620万元，比上年增长13%；2005年，全乡地区生产总值26000万元，比上年增长14.8%；2006年，全乡地区生产总值30940万元，比上年增长19%；2007年，全乡地区生产总值36820万元，比上年增长19%。

1. 农业

2004年，全乡地区产值25620万元，耕地面积6843公顷，其中水田2126公顷、旱地4717公顷，粮食总产量40128吨，其中水稻7200吨、玉米30890吨、大豆1035吨，农业总产值30081万元，牛存栏5246头、猪存栏3690头、禽存栏213万只。

2005年，全乡地区产值26000万元，比上年增长14.8%，耕地面积6843公顷，其中水田2126公顷、旱田4717公顷，粮食总产量46307吨，比上年增长15.4%，其中水稻8426吨、玉米36400吨、大豆1115吨，农业总产值32000万元，比上年增长6.4%，牛存栏6836头、猪存栏4620头、禽存栏307万只。

2006年，全乡地区产值30940万元，比上年增长19%，耕地面积6843公顷，其中水田2106公顷、旱田4737公顷，粮食总产量54205吨，比上年增长17%，其中水稻9800吨、玉米42000吨、大豆1300吨，农业总产值38080万元，比上年增长19%，牛存栏7765头、猪存栏13062头、禽存栏183万只。

2007年，全乡地区产值36820万元，比上年增长19%，耕地面积7060公顷，其中水田2100公顷、旱田4960公顷，粮食总产量62000吨，比上年增长14.4%，其中水稻10000吨、玉米50000吨、大豆526吨，农业总产值45320万元，比上年增长19%，牛存栏7850头、猪存栏15210头、禽存栏386万只。

2004年，全乡共有农用拖拉机841台、灭茬机124台、播种机134台、翻地犁639台，机灭茬2986公顷、机翻地1645公顷、机播种2130公顷。2005年，全乡共有农用拖拉机912台、灭茬机124台、播种机134台、翻地犁706台，机灭茬3160公顷、机翻地2480公顷、机播种2970公顷。2006年，全乡共有农用拖拉机984台、灭茬机131台、播种机135台、翻地犁789台，机灭茬3320公顷、机翻地4000公顷、机播种3310公顷。2007年，全乡共有农用拖拉机1224台、灭茬机169台、播种机151台、翻地犁1195台，机灭茬4267公顷、机翻地6367公顷、机播种3527公顷。

2004年，全乡绿化村屯任务2个屯，实际完成村屯2个，绿化路任务3公里，实际完成绿化路数3公里，迹地造林4.94公顷，实际完成迹地造林4.94公顷，退耕补植任务85公顷，实际完成85公顷，育苗面积1.5公顷，植树22.8万株，森林覆盖率29.87%。2005年，全乡绿化村屯任务2个屯，实际完成村屯2个，绿化路任务3公里，实际完成绿化路数3公里，迹地造林5.15公顷，实际完成迹地造林5.15公顷，退耕补植任务42公顷，实际完成42公顷，育苗面积1.5公顷，全乡植树数11万株，森林覆盖率29.87%。2006年，全乡绿化村屯任务2个屯，实际完成村屯2个，绿化路任务3公里，实际完成绿化路数3公里，迹地造林2.9公顷，实际完成迹地造林2.9公顷，退耕补植任务30公顷，实际完成30公顷，育苗面积1.5公顷，植被恢复任务15公顷，植被恢复完成数15公顷，全乡植树数11.4万株，森林覆盖率29.87%。2007年，全乡绿化村屯任务2个屯，实际完成村

屯2个，绿化路任务5公里，实际完成绿化路数5公里，迹地造林1.79公顷，实际完成迹地造林1.79公顷，退耕补植任务20公顷，实际完成20公顷，育苗面积1.5公顷，植被恢复任务10公顷，植被恢复完成数10公顷，全乡植树数806万株，森林覆盖率29.9%；

2. 工业

2004年，全乡共有各类企业1657户，产值15561万元，其中私营企业14户，产值1634万元；个体企业1643户，产值13927万元；主要产品大桶矿泉水30595吨，红砖1100万块，铁矿石3.2万吨。2005年，全乡共有各类企业1784户，产值30660万元，其中私营企业10户，产值2370万元；个体企业1774户，产值28290万元；主要产品大桶矿泉水31849吨，红砖1100万块，铁矿石7714吨，石灰石3.5吨。2006年，全乡共有各类企业1669户，产值44446万元，其中私营企业10户，产值5071万元；个体企业1659户，产值39375万元；主要产品大桶矿泉水28212吨，鸡肉分割2730吨，红砖900万块，铁矿石825吨，石灰石17.7万吨，木制工艺品15万个。2007年，全乡共有各类企业1672户，产值29200万元，其中私营企业10户，产值15373万元；个体企业1662户，产值13827万元；主要产品大桶矿泉水28000吨，鸡肉分割6090吨，木制工艺品3820万个，东北大米2600吨。

3. 商业

2004年，全乡共有各类商业企业104户，销售收入672万元，其中，供销社7户，销售收入210万元；个体企业97户，销售收入462万元。2005年，全乡共有各类商业企业106户，销售收入750万元，其中，供销社7户，销售收入240万元；个体企业99户，销售收入510万元。2006年，全乡共有各类商业企业106户，销售收入880万元，其中，供销社7户，销售收入350万元；个体企业99户，销售收入530万元。2007年，全乡共有各类商业企业107户，销售收入890万元，其中，供销社7户，销售收入350万元；个体企业100户，销售收入540万元。

4. 特色经济

2004年，全乡特色总收入7436万元，其中果树业2366万元，蔬菜业3951万元，中药材120万元，特色作物320万元，经济作物533万元，食用

菌106万元，采集业570万元，庭院加工1960万元；全乡共培训15850人次，全乡特产资金投放共1037万元，其中贷款573万元。2005年，全乡特色总收入10077万元，其中果树业2367万元，蔬菜业3807万元，中药材120万元，特色作物323万元，经济作物324万元，食用菌36万元，采集业1147万元，庭院加工1953万元；全乡共培训15850人次，全乡特产资金投放共2570万元，其中贷款1250万元。2006年，全乡特色总收入13616万元，其中果树业2292万元，蔬菜业3807万元，中药材120万元，特色作物623万元，经济作物324万元，食用菌36万元，采集业1147万元，庭院加工5267万元；全乡共培训15850人次，全乡特产资金投放共2670万元，其中贷款1360万元。

5. 招商引资

2004～2007年，共完成引资项目16项，其中工业加工项目10项，养殖项目5项，矿业开采项目1项；完成引资额13830万元，其中固定资产投资完成6703万元。2004年，招商引资指标为1200万元，其中固定资产600万元，实际完成项目3项，完成引资额4000万元，其中固定资产1768万元：①吉林盈宝禽业有限公司，项目总投资3000万元，其中固定资产投资1420万元；②磐石市宝丰米业有限公司，项目总投资500万元，其中固定资产投资130万元；③磐石市金盾乙炔气厂，项目总投资500万元，其中固定资产投资118万元。2005年，招商引资指标为1200万元，其中固定资产800万元，实际完成项目6项，完成引资额3070万元，其中固定资产1670万元：①吉林盈宝禽业有限公司二期扩建项目，项目总投资2000万元，其中固定资产投资1000万元；②宝山中心校教学楼项目，项目总投资390万元，其中固定资产投资390万元；③永安石灰石矿，项目总投资120万元，其中固定资产投资50万元；④车家肉鸡养殖场，总投资120万元，其中固定资产50万元；⑤安乐肉鸡养殖场，总投资140万元，其中固定资产60万元；⑥长白山野生植物基地，总投资120万元，其中固定资产50万元；⑦大沟肉鸡养殖场，项目总投资180万元，其中固定资产70万元。2006年，招商引资指标为1200万元，其中固定资产850万元，实际完成项目5项，完成引资额3760万元，其中固定资产1754万元：①吉林华晟源酒业有限公司，项目总投资900万元，其中固定资产投资503万元；②磐石市中科建筑墙体材料有限公司，项目总投资1000万元，其中固定资产投资500万元；③磐石市展望建筑装饰材料有限公司，项目总投资560万元，其中固定资产投资152万元；④吉林市天下粮仓工贸有限公司磐石分公司，项目总投资800万元，其中固定资产投资312万元；⑤磐石市宝丰米业有限公司，总投资500万元，其中固定资产投入284万元。2007年，招商引资指标1800万元，其中固定资产投资850万元，实际引进项目1个，引进资金3000万元，其中固定资产投资1511万元：吉林嘻嘻美饮品有限公司，项目总投资3000万元，其中固定资产投资1511万元。

五 乡村建设

2004年，全乡共建农户房数110户，建筑面积16859平方米，重点建设项目宝山中心校教学楼、盈宝禽业有限公司、宝山果品有限公司，投资12.7万元，动用土方1400立方米、石方500立方米，溢洪道护坡20米，动有石方20立方米，投入资金6000元；设计修建了西兴隆水库溢洪道工程，动用土方300立方米、石方200立方米，工程总造价4.5万元；修建肖家水库溢洪道工程，动用土方400立方米、石方260立方米，工程总造价5.7万元；亮子河村渠道口方浆砌维修四处，动用土方200立方米、石方100立方米，投入资金7000元；恢复维修南大桥水库下游拍洪闸一处，投入资金1.2万元。2005年，全乡共建农户房数216户，建筑面积16965平方米，新建安乐、永安两个小型水库的溢洪道，共投入资金17万元，其中村投入6000元，水管站投入11万元；投入资金2万多元为太平二站购买水泵、电机、胶管、铁线等设备；重新修建南大桥水库西干渠渡槽，投入1.2万元；维修北河电站、锅盔水库下的拦河坝，宝山屯的塘坝及溢洪道，肖家水库北侧用石头护砌，小大沟拦河坝维修等，共投入资金6万多元；对孤顶、永安、安乐、车家等八处水库的放水闸阀进行了更换，投入资金1万多元。2006年，全乡共建农户房数147户，建筑面积10383平方米，重点建设项目宝山政府办公楼维修，华晟源酒业有限公司、宝山敬老院改造、维修，投资9.5万元；新修大沟村的三八水库溢洪道，其中村筹集3万元，水管站投入6.5万元；对占多水库进行护坡，投入资金3.8万元，其中村投入2.8万元，水管站投入1万元；维修靠山电站、小长兴电站、西靠山电站、小八队电站，投入资金2万元；安乐水库大坝裁弯取直，投入1.3万元；对胜利、东太平、青年等水库闸阀进行更换，小一型水库大坝坝顶垫黄沙、入库路修整，锅盔水库、横河水库上游路基进行护坡，恢复朝阳、占多等拦河坝，共投入资金3万元；申请国家补助资金12万元，修建太平二站，磐海大渠道清淤11公里，村社出资4万元，投入人工5000个。2007年，全乡共建农户房数188户，建筑面积16300平方米，重点建设项目吉林嘻嘻美饮品有限公司、宝山中心校平方改造、维修。

2004年全乡共修筑公路48125公里，折合209138平方米，工程总造价1045600元，修筑桥涵88处，投资48万元。2005年，全乡共修筑公路62697公里，折合241739平方米，工程总造价11845211元，修筑桥涵97处，投资34万元。2007年，全乡共修筑公路222563公里，折合8818915平方米，工程总造价4497647元。投入资金10.6万元，新建孤顶水库溢洪道，其中村投入3万元，站投入7.6万元；对北河抽水站、小八队电灌站、东靠山电站进行维修与设备更新，投入资金2万元；对靠山鲜社、小大沟、后大营等6处拦河坝进行维修，投入资金1.6万元；对北孤顶、肖家、大一步等水库的闸阀进行更换，维修中立水库闸阀后土方滑坡，修建亮子河小八队谷房、渡槽，维修西胜塘坝、田家塘坝等，共投入资金2.4万元。农田水利建设中，对南大桥渠道进行清淤5公里，动用土方500立方米；并且投入16万元，对亮子河村本屯安装自来水；对太平村的胜利屯安装自来水；投入10.6万元，对宝山村的杜家屯进行了自来水安装，投入16万元。

六 文教卫生

2004~2007年，乡政府设有文化站，各村建立了文化室，全乡每年都组织开展秧歌、篮球赛等多种项目的文体活动。2004年全乡有线电视网络新发展4个村2个屯。村有：太平村、宝山村、孤顶村、小锅盔村。屯有：朝阳屯、河口屯。全年共发展用户达到1700户。截至2004年底，全乡有线电视已发展为10个村26个屯，村级覆盖率达27%；2005年，全乡有线电视网络新发展70户；2006年，全年总计已达到351户；2007年又发展了

100 多户。

2004～2007 年，全年共有中小学校 12 所，其中小学 11 所、中学 1 所；教职工 228 人，其中小学 145 人、中学 83 人；校舍总面积小学为 5893.5 平方米，中学为 8344 平方米。

2004 年，乡有卫生院 1 个，医护人员 34 人，床位 10 张；有村卫生所 39 个，医护人员 39 人。2005 年，乡有卫生院 1 个，医护人员 34 人，床位 10 张；有村卫生所 38 个，医护人员 38 人。2006 年，乡有卫生院 1 个，医护人员 34 人，床位 10 张；有村卫生所 34 个，医护人员 34 人，参加新型合作医疗 21075 人。2007 年，乡有卫生院 1 个，医护人员 35 人，床位 10 张；有村卫生所 33 个，医护人员 33 人，参加新型合作医疗 22159 人。

2004 年，全乡共有育龄妇女 7536 人，已婚育龄妇女 6020 人，出生人口 238 人，计划生育率 96%，综合节育率 90%，人口自然增长率 3.20%，被评为磐石市计划生育先进单位；2005 年，全乡共有育龄妇女 8543 人，已婚育龄妇女 5917 人，出生人口 234 人，计划生育率 96%，综合节育率 89%，人口自然增长率 4%，被评为吉林市计划生育先进单位；2006 年，全乡共有育龄妇女 8618 人，已婚育龄妇女 5881 人，出生人口 259 人，计划生育率 95%，综合节育率 89%，人口自然增长率 4%，被评为吉林市计划生育先进单位；2007 年，全乡共有育龄妇女 8668 人，已婚育龄妇女 5863 人，出生人口 212 人，计划生育率 96%，综合节育率 88%，人口自然增长率 3.5%。

七 人民生活

2004 年，全乡人均年收入 4010 元，砖瓦住房 95%，人均居住面积 20 平方米；全乡有大客车 5 台，大货车 28 台，小货车 49 辆，两轮、三轮车 510 台；农户电话 3600 部，占全乡总数的 60% 以上，移动电话 1100 部，电视普及 100%，其他电器拥有率达 100%，网通覆盖全乡，并建成两个发射台。2005 年，全乡人均年收入 4413 元，砖瓦住房 96%，人均居住面积 22 平方米；全乡有大客车 5 台，大货车 29 台，小货车 51 辆，两轮、三轮车 530 台；农户电话 3650 部，占全乡总数的 60% 以上，移动电话 1400 部，电视普及 100%，其他电器拥有率达 100%。2006 年，全乡人均年收入 4856

元，砖瓦住房97%，人均居住面积23平方米；全乡有大客车5台，大货车32台，小货车53辆，两轮、三轮车550台；农户电话3730部，占全乡总数的62%以上，移动电话1600部，电视普及100%，其他电器拥有率达100%。2007年，砖瓦住房98%，人均居住面积25平方米；全乡有大客车5台，大货车35台，小货车55辆，两轮、三轮车600台；农户电话4000部，占全乡总数的70%以上，移动电话2000部，电视普及100%，其他电器拥有率达100%，并在太平胜利村和亮子河村本屯及宝山杜家村安装了自来水。

北锅盔村简介：位于乡政府南部2.5公里，幅员6.7平方公里，耕地面积48公顷。辖北锅盔、大锅盔、水库屯3个自然屯，3个村民小组。184户，735人。有商业网点4个，卫生所5个。

附录2　宝山乡北锅盔村发展备忘录

一　宝山乡北锅盔村村史

随着改革开放的进一步深入，为调整种植结构，1992年4月，宝山乡党委、政府决定成立北锅盔果树专业村。村支部书记袁学忠，村主任赵金成，会计马俊龙，妇女主任张桂兰。成立以后村委班子努力工作，协调分配苗木，当年栽植面积40公顷，果树专业村初具规模。1997年全村果树面积达160公顷，产量达500多吨，其中"K9"果总产量100吨，产值达20万元；"123"果400吨，产值48万元，首次突破年人均收入2000元。

1997年，袁学忠辞去书记职务，由吴荣军任书记。村班子在上级的关怀和支持下，积极引导果农提高产量。在扩大种植面积的同时，产量翻了一番，产值达到200万元，人均收入突破3000元大关。

2003年6月，吴荣军辞去书记职务，由现任车家村书记许兴旺代理书记。2004年赵金成任北锅盔村支部书记。在赵书记的主持下，第六届村民委员会换届选举顺利完成，邓喜丰当选为村主任，吕英际任村会计，赵玉梅任妇女主任，给我村班子注入了新的活力。连续三年的自然灾害，使我村走入了低谷，然而，面对这些困难，村班子并没有退缩，而是积极开拓市场，引导果农调整种植结构，带领村民出去考察，多方联系客户，仅2004年8月销往大连的"123"果就达800多吨，销往哈尔滨、长春等大城

市的“K9”果就达100多吨，摆脱了目前的困境。现在，村委会正在摸索带领果农走增收致富的新路子。

宝山乡北锅盔村村委会

2005年10月

二　宝山乡北锅盔村成立以来大事记

1992年宝山乡北锅盔村成立

1993年4月自来水投入使用

1995年4月村自筹资金改扩校舍

2002年9月由于并校，原村委会办公室、校舍卖给养鸡大户马岩

2002年10月村办公室建成使用

2003年3月主街水泥路筹建

2003年10月主街水泥路投入使用

2003年10月宝山乡北锅盔村果品有限公司成立

2004年第六届村委会选举产生

2005年9月，第二主街水泥路投入使用

三　宝山乡北锅盔村组织机构沿革

1992年4月北锅盔村成立

村党支部书记：袁学忠

村主任：赵金成

村会计：马俊龙

村妇女主任：张桂兰

1997年4月

村党支部书记：吴荣军

村主任：赵金成

村会计：马俊龙

2004 年 4 月

村党支部书记：赵金成

村主任：邓喜丰

村会计：吕英际

村妇女主任：赵玉梅

四　北锅盔村关心下一代工作委员会组成人员名单

填报单位公章：北锅盔村　　　　　　　　　　　　2005 年 8 月 10 日

会内职务	姓　名	性别	年龄	民族	党派	文化程度	职称	现（原）工作单位及职务	备注
主任	赵金成	男	55	汉	党员	高中		村支部书记	
常务副主任	袁学忠	男	62	汉	党员	初中		原村支部书记	
副主任	邓喜丰	男	52	汉	党员	初中		村委会主任	
成员	薛广福	男	60	汉	党员	大专		原村小学校长	
	马俊龙	男	51	汉	党员	高中		原村会计	
	赵玉梅	女	40	汉	党员	初中		村妇女主任	
	陶　飞	男	45	汉	党员	高中		民兵连长	

五　宝山乡北锅盔村关心下一代工作委员会五老队伍成员名单

邓　惠　原乡党委副书记、供销社主任

薛广福　原村小学校长

唐玉贵　原占多村支部书记

邓焕生　原宝山林场副厂长

张桂兰　原北锅盔村妇女主任

马俊龙　原村会计

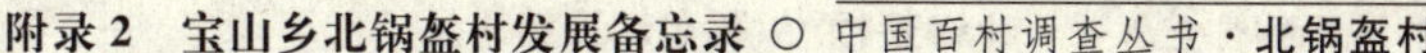

矫庆俊　原锅盔村支部书记

袁学忠　原北锅盔村支部书记

李洪全　原北锅盔村社主任

赵金成　北锅盔村支部书记

六　五老"十个一"活动纪实表

填报单位：北锅盔村关工委　　　　2005年8月10日

五老姓名	作一次报告	写一篇文章	提一条建议	合法权益	一次专题调查	一次谈心活动	传授一项科技	帮教一个失足青少年	帮助贫困生	其他好事
赵金成							果树栽培			安排接送学生
袁学忠			学生上大学，村补助							
马俊龙										
薛广福										
邓　惠	二十岁宣讲									
唐玉贵										
矫庆俊										
邓焕生							植树造林			
张桂兰										
李洪全										

附录3　宝山乡北锅盔村村委会自评材料

（二〇〇一年度）

一年来，我村在乡党委和乡政府的正确领导下，村委会全体成员认真学习了江泽民总书记的“三个代表”精神，在政治上、思想上严格要求自己，以廉政、高效、务实的工作态度，带领全体村民继续以发展果业为主，其他副业并存的方针，因户制宜，全面发展我村的经济，使我村经济收入已跃上了一个新的台阶。我们积极配合了乡党委的各项工作，认真及时地完成了党委、政府下达的各项任务，受到党委的好评，村民的满意率大幅度上升。

2001 年春节过后，我召集了村委会会议，研究制定了一年的工作规划。利用冬闲时间，组织全体村民进行果树技术培训，要求每户派有知识的人参加。为了巩固成果，技术人员又到每屯每户开现场会，使各户都能掌握果树栽培技术。针对技术差、困难户，我们组织果树协会会员进行无偿的服务（果树修剪），使他们到秋后也能有个好收成，为实现共同富裕打下了良好基础。

在果树管理方面，近几年早春干旱，果树受到了不同程度的影响，我们大力推广树盘地膜覆盖和铺草技术，使干旱程度有所改善。在病虫害防治上，要求以屯为单位，户户同一时间打药，做到了全村统一防治，使病虫害无处藏身，大大减轻了病虫害的发生。对于我村地力严重退化的趋势，我们采取了大力集造农家肥，大做城粪下乡这篇文章，到城里收集农家肥，全村年用农家肥达到了 4000 立方米，实现了囤果囤肥的目标。在这项工作中，果农已经得到了甜头，为生产绿色无污染果品开了个好头。

针对我国加入世贸组织后农业所受到的冲击，我村明年的工作重点是在

果品的质量、品牌、销售上下工夫。在质量上，教育村民“萝卜快了不洗泥”的时代已经结束，必须清醒地认识到果品质量是我们占领国内市场、走出国门的首要条件，使商品果率大幅度上升。在品牌上，我们要采取果箱印上我们的产地、果名；到农贸市场上展示我们的果品；利用新闻媒体宣传我们的果品，使我们的果品有一定的知名度。在销售上，大力招揽客户，为客户创造便利条件，教育村民坚持顾客就是上帝的宗旨，做到决不坑害顾客，使回头客增多。再就是发展一批当地经纪人队伍，使肥水不流外人田，增加村民收入。

明年的种植结构要进行调整，改变过去只求产量不求效益的弊病，引导农民以市场需求为导向，因户制宜，发展本户的特色产品（如种瓜、种甜玉米等），达到同样田亩增收增值的目的。

搞好文明屯建设，主要做到屯内街道整洁，柴草垛、喂牲畜要有固定地点，不准放在街道上，改变过去脏乱不整洁的外观。教育村民不赌博、不酗酒，做健康向上、文明、有知识的新型农民。

2002 年是我国加入世贸组织的第一年，我村有信心在乡党委、乡政府的领导下，全面认真完成上级交给的各项任务，把我们的本职工作做好。带领本村村民迈向新的更高的致富台阶。

北锅盔村村长：赵金成

2002 年 1 月

附录4　让宝山红果飘香，领群众共奔小康

（记宝山乡北锅盔村支部书记赵金成）

我叫赵金成，今年49岁，是宝山乡果树专业村——北锅盔村村支部书记。几年来，我用辛勤的汗水带领全村群众靠发展果树产业发了家，走上了脱贫致富奔小康的快车道，我们村成了远近闻名的“关东红果第一村”。

一　与果树结缘，学本领发家

20年前的北锅盔村是全乡出名的穷村子，别说吃饱住好，就连大年三十都有吃不上饺子的人家。全村人均耕地不足1.5亩，而且贫瘠、石头多，粮食亩产不足千斤，除了人吃和喂马，毫无余粮可卖，好的人家也就够年吃年用的，更别说致富奔小康了。穷则思变，我感到作为一名党员，我有责任为群众趟出一条致富新路。踏遍了全村沟沟坎坎的我不顾家人反对，承包了村里当时年上缴600元还没人敢包的老果园，做起了靠果树发家的梦，也从此与果树结下了不解之缘。当时的果园是树老枝枯产量少，经济效益特别低。我曾先后到瓦房店、烟台、延吉、和龙、东风、公主岭等地的几十个果园参观学习，并与之建立了经常性联系。为了拓宽视野增长知识，我用长了老茧的手摸起了当时看来如同“天书”的果树专业技术书。参观学习加买书的钱，先后用去了3000～4000元。经过几年的努力，我不仅掌握了果树种植管理的全套技术，成了果树方面的行家里手，而且在1990年参加的省科委举办的统一考试中以优异的成绩获得了果树技师职称。与此同时，也完成了老果园的更新改造，引进了新品种。果园连年丰收，

每年都有几千元甚至上万元的收入。我成了全村第一个“万元户”，第一个骑上了摩托车。

二 与乡亲携手，领大家致富

1990年辉南179处听说我有过硬的果树种植管理技术，以每月基本工资143元（当时相当于副处级领导的待遇）聘请我，让我负责管理179处的大果园，并且可以转干。我把家里的果园转包出去后应聘上任了。家里的果园效益也颇好，这一切让很多人都眼“热”了，开始尝试在房前屋后栽果树，换些零用钱。

北锅盔村地处锅盔山东南，有独特的小气候，适合发展果树产业，加上人均耕地少，土地贫瘠，靠粮食生产已无发展可言。经过几年的尝试，在乡党委和乡政府的支持下，1992年北锅盔村被确定为果树专业村。乡政府鼓励农民把口粮田以外的地都种上果树，乡领导找我、乡亲们也一致推选我做“带头人”。179处领导知道后，千方百计挽留我，当时我转干的申请已获批准，而且179处把我的工资涨到每月197元，并答应把我爱人和孩子都转为非农户口。面对这些优厚的待遇，我确实犹豫了，思想斗争特别激烈，一面是自己精心经营管理两年多的军工厂大果园，优厚的工资诱人的待遇；一面是家乡父老等我帮助致富。乡情难舍，几度徘徊，几经思考后，我还是回来了，回到了北锅盔村，挑起了第一任果树专业村村长的担子，甘当带领大家致富的“领头雁”。

俗话说“万事开头难”。作为专业村村主任，我一方面要和村班子一起抓好村里的大小事务，另一方面要带领大家把种植果树作为一种产业来做大。但是，要让大家用摸惯了锄杆子的手拿起剪刀、锯子摆弄果树，确实大费周折。乡里利用山、水、林、田、路综合治理的机会，动员全乡社员给北锅盔村在老梯田上挖出果树坑，谁栽树归谁。很多村民还是把树坑添上接着种苞米，到秋苞米结的没有核桃大，可这些村民就是痴心不改。为了真正转变村民的思想，我开始在全村的年轻人中广招徒弟，从种果树解决孩子吃水果的问题开始，到算种果树比种粮食效益好的细账，渐渐地一些有头脑的小青年心活了、上道了，栽植果树的面积也逐年扩大了。有些保守户也想种果

树了，但又怕弄不好丢面子，晚上就到我的果园里挖走几棵大树栽到自家的院子里，每年春天我家果园都要丢些树，家里人都很生气，但我却认为这是一件好事，证明大家都想搞果树了。我在村里搞起了果树培训班，向大家公开承诺，免费赠送优质果树苗，同时免费帮助大家搞病虫害灾情预报等果树技术服务，就这样全村种果树的热潮掀起来了，建起了大小70多个果园。

随着种树建园数量的增加，帮助大家掌握果树栽培管理技术成了当务之急，我一面起早贪黑向群众传授知识，培训技术骨干；一面深入各屯各户，面对面地帮教指导，把培训班办到各家各户的果园里，手上干着活，嘴里讲着技术，收到了很好的效果。每到果树剪枝和嫁接季节也是我最忙、最累的时候，几年内，骑坏了两辆摩托车，车的轮胎更不知换了多少茬。春节刚过，正月初六就有人找上门让我们去帮助剪枝。冬天上山，雪没膝盖，而且一干就是一整天，晚上到家鞋都冻得脱不下来，老伴心疼得直掉眼泪。夏天嫁接果树，早上一身露水，中午一身汗水，晚上蚊虫叮咬，往树干上蹭痒痒，蹭得后背都破了皮。村民屈玉发家6口人，瞅着别人家栽树挣钱，他们也急，可是跟他们说什么都听不懂，怎么教也教不会。我又不能把这样的困难户扔下不管，于是就把屈玉发的大儿子屈宝林雇到自己家的果园里，按月开工资，让屈宝林用自己家的果树实习。前后6年，我不知在他身上花了多少工夫，让这个连数都数不明白的傻小子学会了怎样剪枝、打药、上肥、嫁接等果树栽培管理技术，又帮屈玉发家建了一处果园，近几年屈玉发家果园每亩都能收入1万元，彻底脱贫致富了。

有人给我算过一笔账，1992年以来，义务帮大家剪枝、嫁接、办班传授技术，平均每年都要奉献两个多月的工作日，加上免费给大家的树苗等，折算人民币累计要达13万~14万元，而且我自家的果园要雇人管理，剪枝、嫁接不及时，更新换代跟不上，跟其他大户比已经落后了。但每当看到全村春天十里花香，秋天红果满枝时又无比欣慰，总想着过几年大家都行了，再好好管自家的园也不迟。我总认为：“自己少收入点没啥，谁让咱会技术，又是村干部呢！”

经过几年的努力，现在全村有200多人掌握了果树栽培管理技术；191户几乎家家都有懂行的，都能独立管理果园；全村户户都有果园，年收入4万~5万元的大户有三十多户，年收入1万元的占一半多，最少的户也

能收入3000～5000元。现在全村共有果树200公顷，180万余株，主栽品种是“金红123”、“K9”，另外还有海棠、铃铛、李子、山楂、梨、草莓、红树莓、灯笼果、黑豆等十多个树种，上百个品种，年收入300多万元，人均3300多元，真正是靠果树致富了。家家住上了砖瓦房，户户看上了彩电，95%以上的农户有了手扶拖拉机，一大半小青年骑上了摩托车。近几年又装上了程控电话，今年还要上有线电视，修了入村水泥路，还在大锅盔屯水果批发市场建了个漂亮的大山门。昔日贫穷的小山村，今日成了全乡富裕村。

三　与市场对接，送红果“入世”

为把全村的果树产业做大做强，1999年我又在村里成立了果树协会，改变了过去一家一户单打独斗，不成规模的现象。2000年，又为自己的系列果品注册了“磐宝牌”商标，并在2001年省博览会上获得了优质产品奖。北锅盔村的果品产业已初具规模，北锅盔村已成为果品生产、批发、销售中心，每到秋季，八方客商云集，使“磐宝”牌系列果品在哈尔滨、上海、杭州、广州等大城市的超市上都有亮丽的身影，而且走出国门，进入俄罗斯、越南等国外市场。同时带领大家进一步走依靠科学提高果品的可比效益，努力实现生产、包装、贮运、销售一条龙，创造更高的附加值。现在北锅盔村的果树生产已辐射到周边的安乐、锅盔、车家、太平等几个村，全乡的果树种植面积已达500公顷，400多万株。在今年换届选举中，承蒙乡党委和群众的厚爱，我又当选为村党支部书记。今后，我有信心也有决心带领群众把果品产业做得更大更强，在致富奔小康的道路上，越走越宽、越走越远。

附：赵金成个人简历

男，汉族，1954年2月19日出生。

1954～1962年　儿童

1962～1968年　锅盔小学读书

1968～1971年　宝山中学读书

1971～1972年　大锅盔社员

1972～1982年　罐头厂、果树场技术员

1982～1992年　承包果园

1992～2004年　北锅盔村村主任

2004～2006年　北锅盔村村支部书记

获奖情况

1987年：磐石县百业科技致富能手

1987年：被吉林市政府评为劳动模范

1988年：当选吉林省七届人大代表

1989年：被吉林市科协评为果树栽培能手

1992年：被磐石县人民政府评为劳动模范

1992年：当选吉林市十一届人大代表

1994年：被评为1992～1993年吉林市劳动模范

1995年：被磐石县委县政府评为发展农村经济最佳能人

1996年：被磐石市委市政府评为科技兴市先进工作者

附录5　充分发挥组织优势，帮农民抱团儿闯市场

（宝山乡北锅盔村党支部在全市
“三创二建”交流会的发言材料）

近年来，我们宝山乡北锅盔村党支部不断解放思想、转变职能、强化服务，充分发挥组织优势，在扎实开展党员科技传播活动的基础上，又因势利导组建了党员产业联合体，提高了农民进入市场的组织化程度，促进了村域经济的较快发展。目前，全村共有果树200公顷，180万株。

一　抓引导　晓以利害变观念

十几年前的北锅盔村是全乡出名的穷村，人均耕地不足1.5亩，而且多是贫瘠的山坡地，粮食亩产不足千斤，别说吃饱住好，甚至连大年三十都有吃不上饺子的人家。北锅盔村地处锅盔山的东南坡，有独特的小区域气候，适合发展果树产业。在乡党委的大力支持和党员干部的带领下，充分发挥党员科技传播点的辐射作用，使果树产业不断发展壮大，到1998年已建起大小果园70多个，共计100多公顷。

随着产业的发展，各种问题也逐渐显现出来，由于各家各户分散经营，生产技术不规范，果品质量不标准，销售渠道不畅通，尽管果树年年增产，农民增收却很缓慢。村党支部领导通过外出参观考察和在村里调查研究，终于找到问题的症结，那就是我们缺少联合，一家一户单打独斗导致无序竞争，造成利益流失。因此，村党支部决定把大家组织起来，拢到一起创市场。1999年，我们开始尝试组建最初的党员产业联合体。

然而，“万事开头难”，当村干部到农户家中鼓励加入果树产业联合体时，几乎都吃了“闭门羹”。村民一是认为联合体是“穿新鞋，走老路”，和家庭联产承包前的“大锅饭”没什么两样；二是对村干部不信任，不相信村干部有能力把联合体搞好，担心自己加入后利益受损。为了消除村民的疑虑，切实转变其观念，我们采取先易后难、先里后外的办法，挨家挨户做工作。先里后外，就是先从亲戚朋友开始，再逐步扩展；先易后难就是先找那些脑子比较活的人，按照这个办法，一个一个地给他们讲解加入联合体的好处，帮助他们算细账，让他们心服口服。这样一来，先是亲戚朋友想通了、加入了，渐渐地一些有头脑的小青年心活了，从观望到开始有意识地向联合体靠拢，后来保守户的脑袋也在一点点地开窍。

二　抓示范　党员干部联农户

在做村民的思想工作过程中，我们深切地感到，要想让群众完全消除顾虑，自愿加入到产业联合体中来，必须党员干部带头干，做给群众看。为此，我们采取干部带党员、党员联农户的办法组建工作。村支部书记赵金成、村长吴荣军、妇联主任赵玉梅等人率先加入果树产业联合体，并针对党员思想先进、政治素质高、容易发展的实际，耐心做他们的思想工作，很快使陶飞等一批党员和科技示范大户加入到联合体中来。为了进一步增强联合体的吸引力，使更多的群众加入进来，2000 年支部书记赵金成与村长吴荣军、会计马俊龙等 5 名村干部联合 3 个专业大户带头投资 50 万元，注册了磐石市果品有限公司，为自己的系列果品注册“磐宝”牌商标，并在 2001 年吉林省农博会上获得了优质产品奖。同时建立了宝山果品批发市场，使北锅盔村成为果品生产、包装、批发、销售中心，使“磐宝”牌系列果品远销到哈尔滨、上海、杭州、广州等二十多个大中城市，而且还走出国门，进入俄罗斯、越南等国外市场。我们的成功让越来越多的人眼热心跳。村民屈宝林一家抱着试试看的心理加入了联合体，没想到在联合体的帮助下，通过资金、技术的扶持，产业不断发展壮大，年收入都在 1 万元以上。村民唐运辉是个孤儿，加入联合体以后，联合体帮助他建起了新房、成了家，又无偿提

供了一处果园，并捐助500元钱买果树苗，扶持他发展果园。科技大户把课堂挪到他家的果园里，手把手地教技术。目前，他家的果园效益很好，今年又发展起养猪业。这样，在党员干部的引导帮助下，一些农民纷纷加入到联合体中来。

三 抓服务 加强管理促发展

为进一步推进联合体的健康发展，我们重点在服务和管理上下工夫。一是协调土地。村党支部抓住小流域综合治理的契机，在乡里的支持下，林业和水利部门审批了60公顷作为产业发展用地。二是由联合体统一负责树苗、资金的捐助和协调工作。三是技术服务。首先是干部家里建立科技传播点，为村民服务。其次积极与省农科院、左家特产研究所等科研单位联系，聘请专家和技术人员到村里向群众传播知识，培训技术骨干。同时组织联合体内的技术骨干深入到各屯各户，面对面地帮，手把手地教。每到果树剪枝和嫁接的季节，是科技大户最忙最累的时候，有时甚至春节刚过就有人找上门让去帮助剪枝。有人给我们算过一笔账，自1992年以来，村党员干部和科技大户义务帮大家剪枝、办班传授技术等，平均每年都有两个多月的工作日，为群众节省人工费1万元以上。仅赵金成书记一人的义务工、捐助给大家的树苗折合人民币累计达10万元以上。

在联合体的作用下，现在全村有200多人掌握了果树栽培管理技术，家家都有懂行的，都能独立管理果园。仅果树一项年收入4万~5万元的大户就有三十多户，年收入1万元的占一半以上，最少的户也能收入5000~6000元。现在全村共有果树200多公顷，180多万株，年收入300多万元，人均收入3300多元。昔日贫穷的小山村变成了今日全乡的富裕村。

为进一步增强果树产业的发展后劲，充分发挥党员干部的先锋模范作用，如今我们又进一步完善规范了党员产业联合体，建立了以党员干部和科技大户为主体的经纪人组织和科技服务组织，负责拓展市场、收集信息、引进技术、组织学习、改良品种、开展服务、发展产业。在此基础上，我们村党支部还积极通过招商引资，引来客商尹军到我村建起一座储藏量达500吨

的果窖，他还准备投资建果汁厂实现果品就地销售，就地增值。现在北锅盔村的果树生产已辐射到周边的安乐、锅盔、车家、太平等几个村。全乡的果树种植面积已达500公顷，400多万株。

今后，我们将继续发挥村党支部的组织优势，进一步把党员产业联合体做大做强，加快农民致富奔小康的步伐。

附录6　成立农村合作经济组织的意义

（吉林市领导在吉林市农村经纪人协会成立大会上的讲话）

成立农村经济合作组织是建设小康社会的需要，也是推进农村经济组织创新的世纪举措，对搞活农村市场流通、提升农民进入市场的组织化程度，促进区域经济发展和农民增收致富具有积极的作用。

一　充分认识发展农村经纪人（合作经济组织）队伍的意义

随着农业和农村经济进入新的发展阶段，通过农村经纪人的有效服务，把农民组织起来，把生产与市场连接起来，把家庭经营的灵活性与规模经营的竞争优势结合起来，对于调动农民的生产积极性，促进农村经济发展，具有重要意义。

（1）加快农村经纪人队伍建设，是提高农民的组织化程度，解决卖产品难问题的重要途径。虽然近年来农业生产力水平有所提高，农业经济得到了一定的发展，但是现有农业生产零散、结构不合理、质量不高，虽有增产但很难增收的特点，一些农产品卖不出去，直接影响和制约了农村经济的发展。农村经纪人正是适应农村生产力发展需要自发形成的新生事物，以其信息灵通、渠道广泛、服务周到的优势，可以有效地将农民组织起来，扩大生产经营规模，拓展农产品经营渠道，即可缓解难农产品卖的问题，同时又促进农村市场流通和产业结构调整。

（2）加快农村经纪人队伍建设是搞活农村流通市场、促进区域经济发

展的迫切需要。农村经纪人组织是农村市场中最活跃的基础因素，它是随着市场需要而生成的民间自治组织，其机制灵活、市场化程度高，对于有效组织农产品流通、引导生产、扩大对外联系、提高农产品价值具有重要作用。

（3）加快农村经纪人队伍建设，是引导农民进入市场、增加收入的现实选择。加快农村经纪人组织建设、推进经济组织创新可以统一配置资源，使生产要素实现优化组合，增强市场开拓能力，降低经营成本，提高整体竞争力，促进农民增收。提高农产品的市场竞争力，主要依靠搞活农村市场流通。因此，完善农村经纪人组织是搞活流通、搞活农村市场、帮助农民增收的重要手段。

二 要切实发挥农村经纪人协会的积极作用

近年来，磐石市农村经纪人队伍有了很大发展，在促进农村经济发展上发挥了重要作用。但是，农村经纪人队伍组织化程度不高、关联度不强的问题应然存在。因此，发挥好协会的作用，加快农村经纪人队伍建设，成为发展农村经济、增加农民收入的当务之急。一要积极引导农民进入国内外农产品市场。农村经纪人组织是民间组织、流通组织、合作组织，这三个属性决定了促进流通是协会的主要任务。协会要坚持以市场为导向，组织农村经纪人、带领广大农民围绕磐石市主导产业和优势产业，围绕优、绿、特农产品，围绕农村市场需求广泛开展经纪活动，不断扩大经营规模，拓展经纪领域，在经纪活动中实现自身价值。

二要处理好发展与规范的关系。坚持在发展中规范，在规范中发展的原则，在壮大农村经纪人队伍的同时，要做好农村经纪人的培训和认证工作，提高内存经纪人的素质。要注意培养农村经纪人依法经营、规范运作、诚实守信的经营观念和服务意识，坚持买卖双方及经纪人都有效益的“三赢”原则，使经纪人业务持久，使农村经纪人真正成为农村离不了的人。

三要加强横向与纵向的合作与联合。一方面，要强化农村经纪人之间、农村经纪人与各类农村经济合作组织之间的合作与联合，相互协作，相互配

合，实现优势互补；另一方面，要强化农村经纪人与各级供销社在平等自愿、互惠互利基础上的合作，共同开发利用供销社有效资产和经营设施，利用供销社的营销网络和经营渠道联合搞好农副产品的连锁经营业务和发展农资商品的连锁经营。

四要积极推动经纪人向更高层次发展。要积极鼓励、指导和引导农村经纪人不断寻求发展，有一定条件和基础的农村经纪人可以领办农业产业龙头企业、农村合作经济组织和基层合作社。优秀的农村经纪人可以担任基层供销社的领导，一方面推进供销社开放办社，真正办成农民的合作经济组织；另一方面借助供销社的网络优势，扩大农民经纪人的业务。

五要为农村经纪人创造宽松的外部环境。要加强协会与政府有关部门之间的沟通和联系，及时反映农村经纪人的意见和要求，帮助农村经纪人解决在经济活动中遇到的困难和问题，切实维护农村经纪人的合法权益。

三　要积极推进农村经纪人队伍的快速发展

农村合作经济组织协会和农村经纪人协会建设作为市政府确定的六项基础工程之一，已纳入了对县（市）区工作的重要考核内容，希望各级政府及有关部门进一步提高意识、统一思想、加强领导，促进农村经纪人队伍的健康快速发展。

各级政府要着眼于我市农村经济发展的实际，充分认识抓好农村经纪人组织建设的重要性和紧迫性，把引导扶持发展作为解决“三农”问题的重要手段，放在农村工作的重要位置，进一步完善措施、强化组织领导、加大扶持力度，发挥好他们的作用。各级供销社要积极承担起组织、引导、协调和管理、规范的职责，认真抓好农村经纪人协会的建设。各有关部门要从促进农村经济发展的大局出发明确责任、密切配合、通力合作，为农村经纪人等中介组织发展提供支持、创造条件。各级民政、工商部门要简化程序，在注册登记、办理证照方面给予政策倾斜；各级财政、计划、经贸等部门要在扶贫、农业综合开发和农业产业化项目开发等方面的资金和立项上给予大力支持；金融部门要把经纪人经营活动所需资金作为信贷支农的重点予以支持；

各级税务部门要落实国家有关减免政策，对农村经纪人所从事的经纪业务在税收上予以优惠；各级新闻、宣传部门要加大对农村经纪人和中介组织的宣传力度，突出宣传农村经纪人在为农民增收中的作用，共同营造一个有利于农村经纪人发展的社会氛围。

（2004 年 3 月 31 日）

附录7　关于林地开发利用的有关规定

（中共磐石市市委办公室磐石市人民政府办公室）

为充分开发利用我市林地资源，本着有利于森林资源保护、有利于林业发展、有利于促进农民增收的原则，特制定此规定。

一　毁林开荒地

1. 1994～1999年期间被农民毁林开荒侵占的林地，经农户与当地林业站签订协议后，造林或种植果树及中草药的，林业部门免收林地植被恢复费。利用这部分林地种植粮食的，林业部门将继续按每公顷每年300元标准收取林地植被恢复费。

2. 2000年以后被农民毁林开荒侵占的林地要无条件地全部交回林业部门统一还林。

二　退耕还林地

3. 允许农民在近两年来的退耕还林地（坡度15度以下）间作采叶、采茎的中草药材。属于翻土、刨根、攀缘和高棵的中草药材一律禁止间作。

4. 间作中草药材一律不准起垄，不准动用牲畜，不准动用机动农机具，不准喷施农药。间作时在树苗的两侧各留60厘米的空间，幼林抚育和田间管理锄下来的蒿草，不准堆放在树苗株距的空间，苗成活率必须达到85%以上。

5. 退耕还林户实行间作的由当地林业站进行设计，落实到林班小班，报市退耕还林办公室，由市退耕还林办公室统一报省林业厅审批。

6. 凡是实行间作的退耕还林户，要按第 3 条和第 4 条的要求与当地林业部门签订协议书。间作农户是管护的第一责任人。

7. 由于间作毁坏苗木或影响苗木正常生长的，依据《退耕还林条例》和《森林法》有关规定给予处罚。

8. 林业场（站）负责日常跟踪检查，林业局负责全面质检验收。对苗木成活率低于 85% 的要终止间作，同时对有关乡镇街给予通报批评。

9. 落实乡镇街干部包村、包户责任制。包村、包户的乡镇街干部是管护的主要责任人，如果在所包村实行间作的农户中有违反间作要求的，追究相关人员的责任。

三　国有林地

10. 允许农民在不破坏森林植被的条件下，在国有林地内种植适合林冠下生长的中草药和山野菜。

11. 林业部门收取林冠下开发利用林地有偿使用费，每公顷每年 100 元。

12. 林冠下开发利用林地要集中连片，整个山坡或整条沟系要统一开发，每户农民开发面积控制在 2 公顷以内。

13. 农民可向当地林业站提出林冠下开发利用林地的申请，由林业站上报审批。

14. 林冠下开发利用林地的农户负有森林防火和资源保护的义务和责任，出现火情及乱砍盗伐林木的现象要及时向林业站报告。对故意破坏森林资源的林冠下开发农户，林业部门将依据《森林法》有关规定严肃处理。

四　村屯附近的国有山林

15. 村屯附近的国有山林，可采取市场化运作的方式对外进行承包管护、造林和开发。

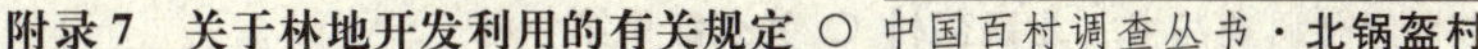

16. 承包人要向当地林业部门提出申请，经林业部门设计后签订协议。

17. 承包人应履行协议规定，违者追究责任。

主题词：林业政策　林地　开发　规定　通知

中共磐石市市委办公室秘书科

2004年4月9日印发

参考文献

费孝通：《乡土中国　生育制度》，北京大学出版社，2003。

费孝通：《江村经济》，商务印书馆，2003。

陆学艺主编《内发的村庄》，社会科学文献出版社，2001。

陆学艺主编《当代中国社会阶层研究报告》，社会科学文献出版社，2002。

陆学艺主编《改革中的农村与农民——对大寨、刘庄、华西等13个村庄的实证研究》，中共中央党校出版社，1992。

陈吉元、胡必亮主编《当代中国的村庄经济与村落文化》，山西经济出版社，1997。

《磐石市市志》，吉林人民出版社，2005。

张其仔：《中国农村可持续发展研究》，广西人民出版社，1998。

潘宗白：《中国农村经济社会发展研究调查与比较》，中共中央党校出版社，2000。

凡勃伦：《有闲阶段论——关于制度的经济研究》，商务印书馆，1964。

〔美〕罗伯特·丹哈特：《公共组织理论教程》，华夏出版社，2002。

道格拉斯·C. 诺思：《经济史中的结构与变迁》，上海三联书店、上海人民出版社，1994。

袁方：《社会学百年》，北京出版社，1999。

赵凯农、李兆光：《公共政策如何贯彻执行》，天津人民出版社，2003。

黄宗智：《华北的小农经济与社会变迁》，中华书局，1986。

洪大用:《社会变迁与环境问题》,首都师范大学出版社,2001。

施坚雅:《中国农村的市场和社会结构》,中国社会科学出版社,1998。

姚洋,《制度与效率——与诺斯对话》,四川人民出版社,2002。

〔日〕饭岛伸子:《环境社会学》,社会科学文献出版社,1998。

杨明:《环境问题与环境意识》,华夏出版社,2002。

国家环境保护局编《中国环境保护事业(1981~1985)》,中国环境科学出版社,1988。

童宛书:《环境经济问题》,中国人民大学出版社,1983。

曲格平:《中国环境问题及对策》,中国环境科学出版社,1989。

林梅:《环境政策实施机制研究》,《社会学研究》2003 年第 1 期。

林毅夫:《关于制度变迁的经济学理论:诱致性变迁与强制性变迁》,上海三联书店、上海人民出版社,1994。

刘世定:《占有、认知与人际关系》,华夏出版社,2003。

郝志功:《当代环境问题导论》,湖北科学技术出版社,1988。

周学志、汤文奎:《中国农村环境保护》,中国环境科学出版社,1996。

图书在版编目（CIP）数据

关东红果第一村/沈强主编．—北京：社会科学文献出版社，2010.8

（中国百村调查丛书）

ISBN 978－7－5097－1614－4

Ⅰ.①关…　Ⅱ.①沈…　Ⅲ.①乡村－社会调查－调查报告－磐石市　Ⅳ.①D668

中国版本图书馆CIP数据核字（2010）第115791号

关东红果第一村　　·中国百村调查丛书·**北锅盔村**·

主　　编／沈　强

出 版 人／谢寿光
总 编 辑／邹东涛
出 版 者／社会科学文献出版社
地　　址／北京市西城区北三环中路甲29号院3号楼华龙大厦
邮政编码／100029
网　　址／http：//www.ssap.com.cn
网站支持／（010）59367077
责任部门／皮书出版中心（010）59367127
电子信箱／pishubu@ssap.cn
项目经理／邓泳红
责任编辑／丁　凡
责任校对／赵士孝
责任印制／蔡　静　董　然　米　扬

总 经 销／社会科学文献出版社发行部
（010）59367080　59367097
经　　销／各地书店
读者服务／读者服务中心（010）59367028
排　　版／北京中文天地文化艺术有限公司
印　　刷／北京季蜂印刷有限公司

开　　本／787mm×1092mm　1/16
印　　张／17.5
字　　数／276千字
版　　次／2010年8月第1版
印　　次／2010年8月第1次印刷

书　　号／ISBN 978－7－5097－1614－4
定　　价／45.00元